■2025年度中学受験用

玉川聖学院中等部

3年間スーパー過去問

●収録内容一覧

入試問題と解説・解答の収録内容

2024年度　1回	算数・社会・理科・国語
2024年度　2回	算数・国語 (解答のみ)
2023年度　1回	算数・社会・理科・国語
2023年度　2回	算数・国語 (解答のみ)
2022年度　1回	算数・社会・理科・国語
2022年度　2回	算数・国語 (解答のみ)

～本書ご利用上の注意～　以下の点について，あらかじめご了承ください。

★別冊解答用紙は巻末にございます。本書に収録している試験の実物解答用紙は，弊社サイトの各校商品情報ページより，一部または全部をダウンロードできます。

★編集の都合上，学校実施のすべての試験を掲載していない場合がございます。

★当問題集のバックナンバーは，弊社には在庫がございません（ネット書店などに一部在庫あり）。

合格を勝ち取るための『スーパー過去問』の使い方

本書に掲載されている過去問をご覧になって，「難しそう」と感じたかもしれません。でも，多くの受験生が同じように感じているはずです。なぜなら，中学入試で出題される問題は，小学校で習う内容よりも高度なものが多く，たくさんの知識や解き方のコツを身につけることも必要だからです。ですから，初めて本書に取り組むさいには，点数を気にしすぎないようにしましょう。本番でしっかり点数を取れることが大事なのです。

過去問で重要なのは「まちがえること」です。自分の弱点を知るために，過去問に取り組むのです。当然，まちがえた問題をそのままにしておいては意味がありません。

本書には，長年にわたって中学入試にたずさわっているスタッフによるていねいな解説がついています。まちがえた問題はしっかりと解説を読み，できるようになるまで何度も解き直しをしてください。理解できていないと感じた分野については，参考書や資料集などを活用し，改めて整理しておきましょう。

このページも参考にしてみましょう！

◆どの年度から解こうかな　「入試問題と解説・解答の収録内容一覧」

本書のはじめには収録内容が掲載されていますので，収録年度や収録されている入試回などを確認できます。

※著作権上の都合によって掲載できない問題が収録されている場合は，最新年度の問題の前に，ピンク色の紙を差しこんでご案内しています。

◆学校の情報を知ろう!!「学校紹介ページ」

このページのあとに，各学校の基本情報などを掲載しています。問題を解くのに疲れたら息ぬきに読んで，志望校合格への気持ちを新たにし，再び過去問に挑戦してみるのもよいでしょう。なお，最新の情報につきましては，学校のホームページなどでご確認ください。

◆入試に向けてどんな対策をしよう？「出題傾向＆対策」

「学校紹介ページ」に続いて，「出題傾向＆対策」ページがあります。過去にどのような分野の問題が出題され，どのように対策すればよいかをアドバイスしていますので，参考にしてください。

◇別冊「入試問題解答用紙編」

本書の巻末には，ぬき取って使える別冊の解答用紙が収録してあります。解答用紙が非公表の場合などを除き，（注）が記載されたページの指定倍率にしたがって拡大コピーをとれば，実際の入試問題とほぼ同じ解答欄の大きさで，何度でも過去問に取り組むことができます。このように，入試本番に近い条件で練習できるのも，本書の強みです。また，データが公表されている学校は別冊の１ページ目に過去の「入試結果表」を掲載しています。合格に必要な得点の目安として活用してください。

本書がみなさんの志望校合格の助けとなることを，心より願っています。

株式会社　声の教育社　編集部

玉川聖学院 中等部

所在地	〒158-0083 東京都世田谷区奥沢7-11-22
電　話	03-3702-4141
ホームページ	https://www.tamasei.ed.jp
交通案内	東急東横線・東急大井町線　「自由が丘駅」より徒歩６分 東急大井町線　「九品仏駅」より徒歩３分

くわしい情報は
ホームページへ

トピックス

★突然のWEB授業にも即応できる充実したシステムを活用。
★説明会は全てホームページからの予約制(昨年度)。

創立年
昭和25年

女子校

高校募集
あり

2024年度応募状況

募集数			応募数	受験数	合格数	倍率
第１回	２科	35名	68名	65名	24名	2.7倍
	４科		50名	44名	30名	1.5倍
第２回	２科	35名	220名	207名	125名	1.7倍
第３回	２科	20名	86名	59名	32名	1.8倍
	４科		73名	35名	30名	1.2倍
第４回	２科	10名	168名	73名	63名	1.2倍
適性検査型		不定	7名	7名	7名	1.0倍
多文化共生		不定	17名	16名	13名	1.2倍

入試情報（参考：昨年度）

第１回入試　２月１日午前
出願期間：１月10日～１月31日
試験科目：２科(国語･算数)または
４科(国語･算数･社会･理科)，面接

第２回入試　２月１日午後
出願期間：１月10日～１月31日
試験科目：２科(国語･算数)，面接

第３回入試　２月２日午前
出願期間：１月10日～２月２日
試験科目：２科(国語･算数)または
４科(国語･算数･社会･理科)，面接

第４回入試　２月３日午後
出願期間：１月10日～２月３日
試験科目：２科(国語･算数)，面接

適性検査型入試　２月１日午前
出願期間：１月10日～１月31日
試験科目：適性検査Ⅰ(作文)・適性検査Ⅱ

多文化共生入試　２月１日午後
出願期間：１月10日～１月26日
試験科目：２科(国語・算数)または
２科(英語・算数)，面接

教育方針

どのような状況の中でも，自分のすばらしい価値を知り，世界の人々と共に生きることのできる優しく確かな心を育てる学校です。

プロテスタントのミッションスクールとして，聖書が示す世界観を通して自分に向き合い，世界の課題に向き合いながら，自分の使命を発見していくことができます。

聖書の言葉より，「信仰・希望・愛」がスクールモットーとなっています。

１．かけがえのない私の発見
～ありのままの自分を生かす女子教育～
自分のそのままの思いを言葉にしたり，表現することを自由に楽しめる空気があります。「かけがえのない自分」を心と体で体験してください。

２．違っているからすばらしいという発見
～他者と共に生きる人格教育～
自分を見つめながら，他者と出会っていく体験は，総合科人間学の中で，自分自身の言葉となって，多様な人々と生きる問題意識を深めていきます。

３．自分の可能性，使命の発見
～世界をつなげる国際教育～
あなたの特性をあなた自身が発見し，心を磨き，自分の使命を見出すために，十分に悩み，十分に学ぶことができる学校です。

Facebook　　X(旧Twitter)

編集部注―本書の内容は2024年4月現在のものであり，変更されている場合があります。正確な情報は，学校のホームページ等で必ずご確認ください。

算数　出題傾向＆対策

◆基本データ（2024年度１回）

試験時間／満点	45分／100点
問題構成	・大問数…７題 計算１題（５問）／応用小問１題（５問）／応用問題５題 ・小問数…22問
解答形式	数値を記入するものと，途中式も書くものがある。必要な単位などは印刷されている。作図問題も見られる。
実際の問題用紙	Ｂ５サイズ，小冊子形式
実際の解答用紙	Ｂ４サイズ

◆出題傾向と内容

▶過去３年の出題率トップ３
１位：四則計算・逆算26％　２位：角度・面積・長さ15％　３位：速さ，調べ・推理・条件の整理９％

▶今年の出題率トップ３
１位：四則計算・逆算20％　２位：表とグラフ17％　３位：角度・面積・長さ12％

計算問題は，小数や分数の混ざったものが中心に出題されています。

応用小問では，割合と比，数の性質，場合の数，速さなどから，はば広く取り上げられています。

応用問題では，平面図形の角度，図形の面積，立体の体積と表面積，グラフ，条件の整理などから出題されています。条件の整理についての問題は，順を追って考えたり，場合分けをしながら考えることが重要です。

◆対策～合格点を取るには？～

まず，計算力を毎日の計算練習で身につけましょう。計算の過程をきちんとノートに書き，答え合わせのときに，どんなところでミスしやすいかを発見するように努めてください。

応用問題では，はじめに教科書にある重要事項を整理し，類題を数多くこなして，基本的なパターンを身につけていくとよいでしょう。

図形では，求積問題，角度の問題を重点的に学習しましょう。そのさい，ノートに大きく図をかき，途中式も残しておきましょう。

特殊算については，参考書などにある「○○算」の基本を学習し，公式をスムーズに活用できるようになりましょう。

分野 ＼ 年度		2024		2023		2022	
		1回	2回	1回	2回	1回	2回
計算	四則計算・逆算	●	●	●	●	●	●
	計算のくふう	○	○				
	単位の計算						
和と差	和差算・分配算						
	消去算						
	つるかめ算						
	平均とのべ				○		
	過不足算・差集め算		○				
	集まり		○		○		
	年齢算						
割合と比	割合と比			○			○
	正比例と反比例						
	還元算・相当算						
	比の性質						
	倍数算						
	売買損益	○	○			○	
	濃度				○		
	仕事算						
	ニュートン算						
速さ	速さ	●	○	○	○	●	○
	旅人算	○			○		
	通過算						
	流水算						
	時計算						
	速さと比						
図形	角度・面積・長さ	◎	●	◎	◎	●	●
	辺の比と面積の比・相似						
	体積・表面積		◎	◎	○	○	○
	水の深さと体積			○		○	●
	展開図	○			○		○
	構成・分割						
	図形・点の移動						
表とグラフ			●	◎	◎	○	
数の性質	約数と倍数	○		◎	○		
	N進数						
	約束記号・文字式						
	整数・小数・分数の性質	◎				○	◎
規則性	植木算						
	周期算						
	数列						
	方陣算						
	図形と規則						
場合の数				○			
調べ・推理・条件の整理		●		●		●	
その他							

※　○印はその分野の問題が１題，◎印は２題，●印は３題以上出題されたことをしめします。

社会　出題傾向＆対策

◆基本データ（2024年度１回）

試験時間／満点	35分／100点
問題構成	・大問数…８題 ・小問数…42問
解答形式	記号選択が大半をしめるが，適語の記入（漢字指定あり）も出題される。
実際の問題用紙	Ｂ５サイズ，小冊子形式
実際の解答用紙	Ｂ４サイズ

◆出題傾向と内容

●地理…日本の農林水産業や工業，地形に関する問題などがよく出題されています。統計を使った問題も多く出されており，産業や人口などの統計値の上位県を白地図に記号で示し，それぞれの県に関する問題や共通する特徴などを問う大問として例年出題されています。方位や地図記号など，地形図の読み取りが出題されることもあります。

●歴史…あるテーマに沿って，各時代を説明した短い文章が５つ程度並ぶ形式の大問や，図版や資料を読み取らせる大問が例年出題されています。また，政治や経済だけではなく，文化や産業に関連する内容も多く，並べかえ問題なども見られます。

●政治…日本国憲法の基本原則や三権分立のしくみ，国際関係などについての出題が中心です。また，一つのテーマに基づいた表やグラフと説明文から，内容を読み取らせたり，計算させたりする問題が例年見られます。歴史や地理もふくめた総合問題形式で問うこともあります。

分野＼年度			2024	2023	2022
日本の地理		地図の見方		○	
		国土・自然・気候	○	★	○
		資源		★	
		農林水産業	★	○	★
		工業	○	○	○
		交通・通信・貿易		○	○
		人口・生活・文化	○	○	
		各地方の特色	○	○	
		地理総合	★	★	★
世界の地理					
日本の歴史	時代	原始～古代	○	○	○
		中世～近世	★	★	○
		近代～現代	○	○	○
	テーマ	政治・法律史			
		産業・経済史	★	★	
		文化・宗教史			
		外交・戦争史	○		
		歴史総合		★	★
世界の歴史					
政治		憲法	★	★	
		国会・内閣・裁判所	○	○	○
		地方自治			
		経済		○	
		生活と福祉			
		国際関係・国際政治	○	○	★
		政治総合		★	
環境問題			○		
時事問題			★		★
世界遺産					
複数分野総合			★		★

※　原始～古代…平安時代以前，中世～近世…鎌倉時代～江戸時代，近代～現代…明治時代以降

※　★印は大問の中心となる分野をしめします。

◆対策～合格点を取るには？～

はば広い知識が問われていますが，問題のレベルは標準的ですから，まず，基礎を固めることを心がけてください。教科書のほか，説明がていねいでやさしい標準的な参考書を選び，基本事項をしっかりと身につけましょう。語句記入の割合が比較的高く，その多くが漢字指定です。ふだんから社会用語は意識して漢字で書くようにしましょう。

地理分野では，統計値の上位県をテーマごとにまとめて，特色をつかんでおくとよいでしょう。このほか，地図記号の復習や，日本と関係の深い国々の特色のまとめも万全にしておくとよいでしょう。

歴史分野では，教科書や参考書を読むだけでなく，分野ごとに各時代のおもなできごとをまとめると学習効果が上がります。できあがった年表は，各時代，各分野のまとめに活用できます。この作業はおおいに威力を発揮するはずです。

政治分野では，日本国憲法の基本的な内容と三権についてはひと通りおさえるとともに，日本の政治や世界各国の情勢なども，新聞やテレビのニュース番組で確認しておきましょう。

理科 出題傾向＆対策

◆基本データ（2024年度１回）

試験時間／満点	35分／100点
問題構成	・大問数…４題 ・小問数…24問
解答形式	大半が記号選択や用語の記入，数値の記入だが，作図や記述問題もある。
実際の問題用紙	Ｂ５サイズ，小冊子形式
実際の解答用紙	Ｂ５サイズ

◆出題傾向と内容

中学入試全体の流れとして，「生命」「物質」「エネルギー」「地球」の各分野をバランスよく取り上げる傾向にありますが，本校の理科もそのような傾向をふまえ，各分野からはば広く出題されているようです。

●**生命**…動物の分類やヒトのたん生，ヒトのからだのしくみ，メダカの育ち方，生物と環境などが出題されています。

●**物質**…水溶液の性質と中和反応，気体の性質などが取り上げられています。計算問題も出題されています。

●**エネルギー**…音の伝わり方，ふりこ，力のつり合い（てこ，滑車，ばね），かん電池・豆電球のつなぎ方と明るさ，電気回路，電磁石などが出題されています。

●**地球**…月食，日食，太陽系の惑星，太陽・月の観察，流れる水のはたらきと地層，天気の移り変わり，気象の観測や太陽高度・地温・気温の変化などが出題されています。

分野 ＼ 年度		2024	2023	2022
生命	植物			
	動物	★		
	人体			★
	生物と環境		★	
	季節と生物			
	生命総合			
物質	物質のすがた			
	気体の性質		★	
	水溶液の性質	★		★
	ものの溶け方			
	金属の性質			
	ものの燃え方			
	物質総合			
エネルギー	てこ・滑車・輪軸			
	ばねののび方		★	
	ふりこ・物体の運動			
	浮力と密度・圧力			
	光の進み方			
	ものの温まり方			
	音の伝わり方	★		
	電気回路			★
	磁石・電磁石			
	エネルギー総合			
地球	地球・月・太陽系	★		
	星と星座			
	風・雲と天候			★
	気温・地温・湿度			
	流水のはたらき・地層と岩石		★	
	火山・地震			
	地球総合			
実験器具				
観察				
環境問題				○
時事問題				
複数分野総合				

※　★印は大問の中心となる分野をしめします。

◆対策～合格点を取るには？～

本校の理科は，各分野からまんべんなく基礎的なものが出題されていますから，基礎的な知識をはやいうちに身につけ，そのうえで，問題集で演習をくり返すのがよいでしょう。また，理科に関連のある環境問題に目を配っておくことも必要です。

「生命」は，身につけなければならない基本知識の多い分野です。ヒトのからだのしくみ，生物の分類，動物や植物のつくりと成長などを中心に，ノートにまとめながら知識を深めましょう。

「物質」は，気体や水溶液，ものの溶け方，金属などの性質に重点をおいて学習するとよいでしょう。中和反応や濃度，気体の発生など，表やグラフをもとにした計算問題もよく出題されています。

「エネルギー」では，計算問題としてよく出される力のつり合いや物体の運動に注目しましょう。てんびんとものの重さ，てこ，ばね，滑車，ふりこなどについての基本的な考え方をしっかりマスターし，さまざまなパターンの計算問題にチャレンジしてください。

「地球」では，太陽・月の観測と動き，季節と太陽の動き，日本の天気と地温・気温の変化，流れる水のはたらきなどが重要なポイントです。

国語 出題傾向&対策

◆基本データ（2024年度１回）

試験時間／満点	45分／100点
問題構成	・大問数…２題 文章読解題１題／知識問題１題 ・小問数…19問
解答形式	記号選択と適語・適文のぬき出しのほかに，記述問題も見られる。記述問題は字数制限のないものも出されている。
実際の問題用紙	Ｂ５サイズ，小冊子形式
実際の解答用紙	Ｂ４サイズ

◆出題傾向と内容

▶近年の出典情報（著者名）
小　説：北川佳奈　如月かずさ　キャサリン・ブルートン　巣山ひろみ

●読解問題…年度や試験回によって異なりますが，小説・物語文，随筆が取り上げられています。小説・物語文では，人物の行動の理由や心情の変化などを問うものがよく出題されています。また，随筆では，接続語や指示内容を答える問題，筆者の考えをつかむ問題などがよく見られます。

●知識問題…漢字は読み書き合わせて10問程度出題されています。そのほかに，画数，部首，品詞の識別，ことわざ，慣用句，敬語の使い方，文学作品の知識に関する問題などがはば広く取り上げられています。

◆対策～合格点を取るには？～

内容や心情の読み取りといった細部の文脈に関連した問題が主なものです。したがって，①指示語の指す内容，②人物の行動の理由，③人物の心情などに注意しながら読み進めてください。また，記号問題だけでなく，本文の内容をまとめる問題や，自分の体験や考えを記述する問題が出題されています。場面ごとの内容を簡潔にまとめたり，自分の考えを言葉で表現したりする習慣をつけましょう。

漢字の読みや書き取り，文法・語句については，基本から標準レベルの問題をしっかり練習しておきましょう。文学史の知識は例年出題されているので，代表的な日本文学に加えて海外文学も押さえておきましょう。

分野＼年度			2024		2023		2022	
			1回	2回	1回	2回	1回	2回
読	文章の種類	説明文・論説文						
		小説・物語・伝記	★	★	★	★	★	★
		随筆・紀行・日記						
		会話・戯曲						
		詩						
		短歌・俳句						
解	内容の分類	主題・要旨	○	○	○	○	○	
		内容理解	○	○	○	○	○	○
		文脈・段落構成						
		指示語・接続語	○	○			○	○
		その他			○	○		○
知	漢字	漢字の読み	○	○	○	○	○	○
		漢字の書き取り	○	○	○	○	○	○
		部首・画数・筆順	○	○	○	○	○	
	語句	語句の意味	○	○				○
		かなづかい					○	
		熟語	○	○		○		○
		慣用句・ことわざ	○		○		○	
	文法	文の組み立て						○
		品詞・用法		○	○		○	○
		敬語				○		
識		形式・技法						
		文学作品の知識			○	○	○	○
		その他						
		知識総合						
表現		作文					○	○
		短文記述	○	○	○	○		
		その他						
放送問題								

※　★印は大問の中心となる分野をしめします。

カコを追いかけ
ミライをつかめ
「今の説明、もう一回」を何度でも
web過去問
ストリーミング配信による入試問題の解説動画
もっと古いカコモンないの？
カコ過去問
「さらにカコの」過去問をHPに掲載（DL）
声の教育社
詳しくはこちらから

2025年度 中学受験用

玉川聖学院中等部 3年間スーパー過去問

をご購入の皆様へ

お詫び

本書、玉川聖学院中等部の入試問題につきまして、誠に申し訳ございませんが、以下の問題は著作権上の都合により掲載することができません。設問と解説、解答は掲載してございますので、ご必要とされる方は原典をご参照くださいますよう、お願い申し上げます。

記

2023年度〈第1回試験〉国語 一 の問題文

以上

株式会社　声の教育社　編集部

2024年度 玉川聖学院中等部

【算　数】〈第１回試験〉（45分）〈満点：100点〉

1　次の計算をしなさい。ただし，(4)は途《と》中の計算も解答らんにかくこと。

(1)　$19 - 3 \times 6 + 4 \div 2$

(2)　$450 \times 0.029 - 13 \times 0.29 + 6.8 \times 2.9$

(3)　$3.2 \times 3.2 + \frac{1}{2} \div 0.05$

(4)　$3\frac{1}{2} - \left(\frac{4}{5} \div \frac{8}{15} + \frac{2}{5}\right)$

(5)　$\frac{2}{3} \times \{10 - 2 \times (5 - 3)\}$

2　次の□に当てはまる数字を入れなさい。ただし，(3)は途中の計算も解答らんにかくこと。

(1)　6.3 km の道のりを分速□m で進むと，１時間 15 分かかります。

(2)　□円の品物の 35 % 引きは 2600 円です。

(3)　$\frac{5}{6}$，0.9，$\frac{13}{15}$ を小さい順に並べると，真ん中の数は□です。

(4)　十の位を四捨五入すると 1000 になる整数のうちで，一番大きい数は□です。

(5)　28 の約数をすべてたすと□です。

3 長方形の紙を次の図のように折りました。(ア)と(イ)の角度を求めなさい。

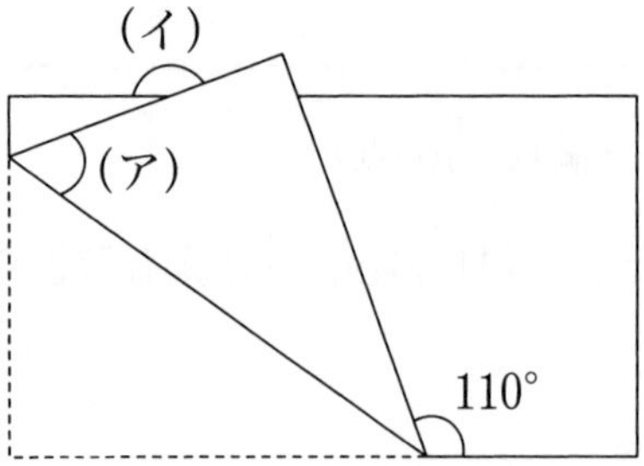

4 図のかげの部分は，三角形ABCから，3つの頂点A，B，Cを中心とした半径3cmの円の一部を除いたものです。かげの部分の面積を求めなさい。

ただし，円周率は3.14とします。

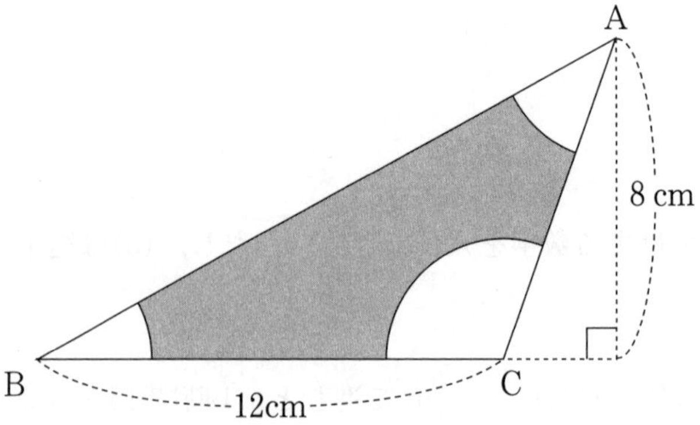

5 図は直方体の展開図です。この展開図を組み立ててできる直方体の体積と表面積を求めなさい。

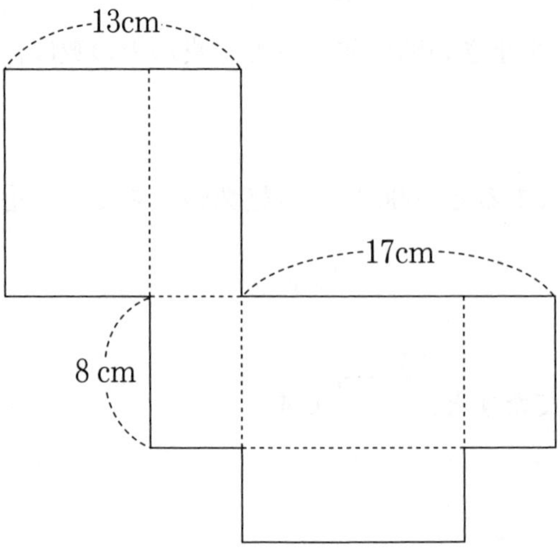

6 聖子さんは家から1800ｍ離れた公園で，花子さんと午後２時に会う約束をしました。

聖子さんはお菓子を買うために途《と》中でスーパーマーケットに寄ろうと考え，計画を立てました。下のグラフは聖子さんの計画です。次の問いに答えなさい。ただし，計画での歩く速さは一定とします。

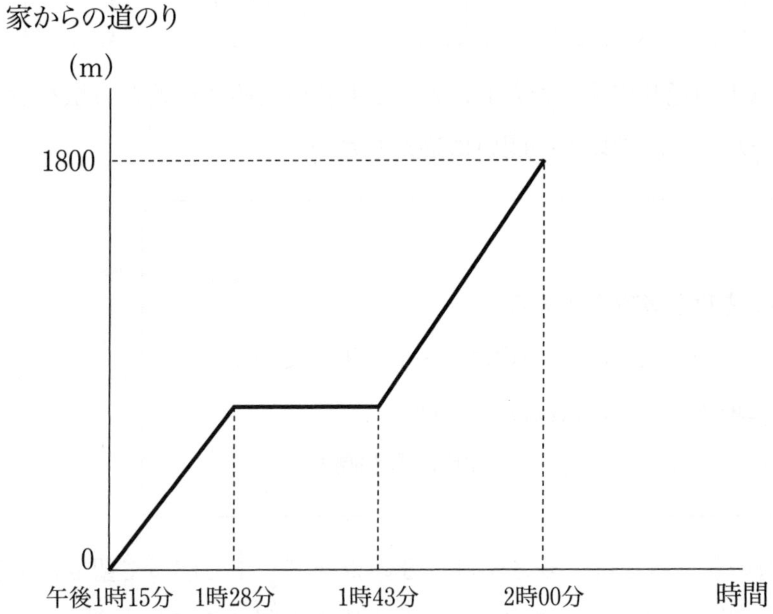

(1) 聖子さんの計画では，歩く速さは分速何ｍですか。

(2) 家からスーパーマーケットまでの道のりは何ｍですか。

(3) 聖子さんは計画通りに家を出てスーパーマーケットで買い物をしている時，花子さんに渡すプレゼントを家の玄関に忘れたことに気づきました。そこで，(1)で求めた速さで家に戻り，すぐに自転車に乗り分速135ｍで公園に向かい，午後２時ちょうどに公園に着きました。この時，スーパーマーケットにいた時間は何分何秒ですか。

7　望さんと愛さんは２人で「11ゲーム」をしています。

「11ゲーム」は１から11まで数字が書かれたカードを使って，交互にカードを取っていくゲームです。

1	2	3	4	5	6	7	8	9	10	11

ルールは以下の通りです。ただし，２人とも勝つために最善の方法を選ぶものとします。ルールを読んで以下の問いに答えなさい。

ルール

① 最初に先攻《こう》と後攻を決める。

②「１のカード」から小さい順にカードを取っていく。
　一度に取るカードの枚数は１～３枚。

③ 相手に「11のカード」を取らせた方が勝ち。

(1)　１回目のゲームでは，愛さんは「８のカード」まで取って望さんの番になりました。望さんはいくつまでのカードを取ると勝てるでしょうか。ただし，望さんが必ず負ける場合は勝てないと書きなさい。

(2)　２回目のゲームでは，愛さんは「６のカード」まで取って望さんの番になりました。望さんはいくつまでのカードを取ると勝てるでしょうか。ただし，望さんが必ず負ける場合は勝てないと書きなさい。

(3)　このゲームを見ていた信さんが「最初に先攻が□のカードまで取れば先攻が必ず勝てるよね。」と言いました。□に入る数字を答えなさい。

(4)　１から21までの数字が書かれたカードを使って，「11ゲーム」を「21ゲーム」に変えた場合，先攻と後攻どちらが有利ですか。有利なほうに○をつけ，その理由を書きなさい。ただし，ルール①②は変わらず，ルール③が「11のカード」から「21のカード」に変わるものとします。

【社　会】〈第１回試験〉（35分）〈満点：100点〉

1　後の問いに答えなさい。

問１　下の図１～図４を比べて考えられることとして誤っているものを，次のア～オのうちから二つ選び，記号で答えなさい。

図１
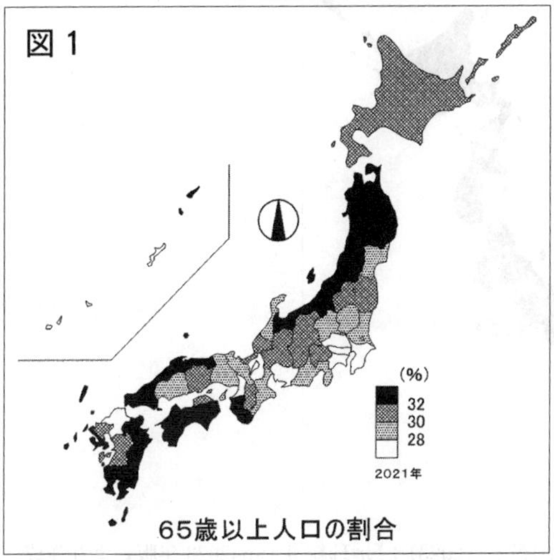

65歳以上人口の割合

図２
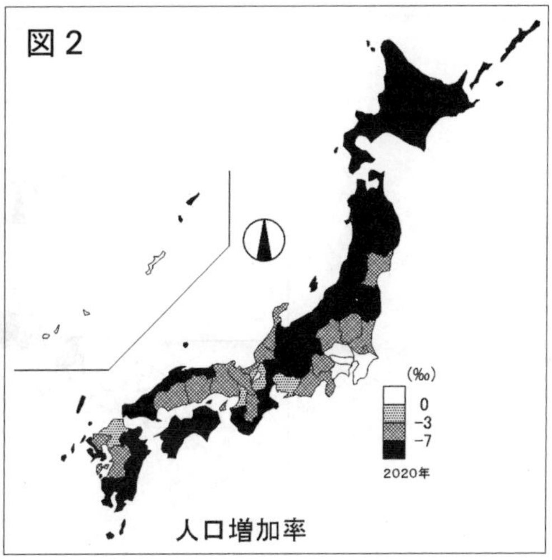

人口増加率

図３
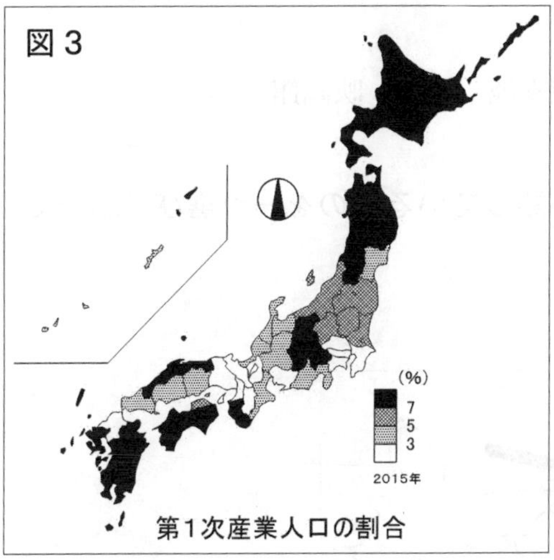

第１次産業人口の割合

図４
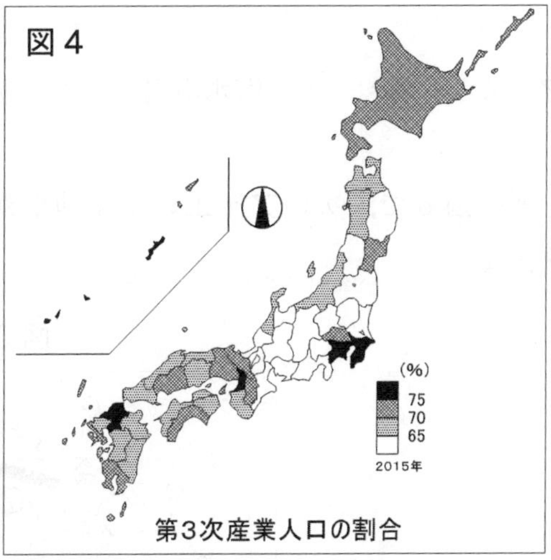

第３次産業人口の割合

帝国書院（2023）：『地理統計 Plus2023 年版』より作成

ア　65 歳以上人口が 32％以上の地域は，人口が減少していると考えられる。

イ　人口増加率のマイナスが大きい地域は，第１次産業に従事している割合が比較的高いと考えられる。

ウ　第１次産業人口が多い地域は，65 歳以上人口の割合が比較的高いと考えられる。

エ　四国地方の全ての県において農業が盛んであるため，人口が増加している。

オ　東北地方の全ての県において第３次産業人口が多いため，人口が増加している。

問２　下の図５は，あるレジャー施設の数が多い10道県を示しています。そのレジャー施設として正しいものを，次のア～エのうちから一つ選び，記号で答えなさい。

図５

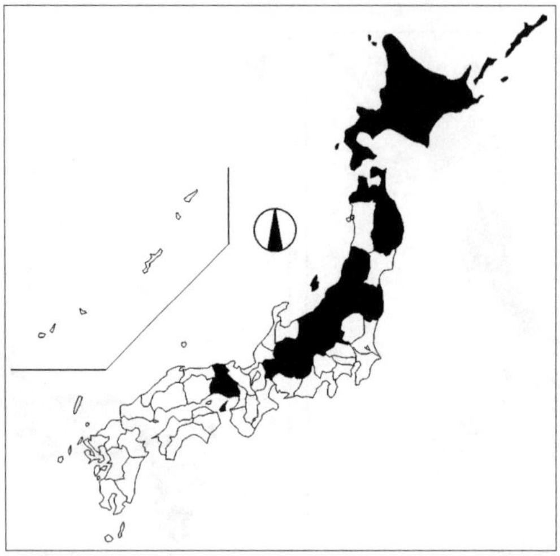

帝国書院（2023）：『地理統計 Plus2023 年版』より作成

ア　スキー場　　イ　海水浴場　　ウ　遊園地　　エ　映画館

問３　下の図６で，次のア～エの示す地形が誤っているものを一つ選び，記号で答えなさい。

図６

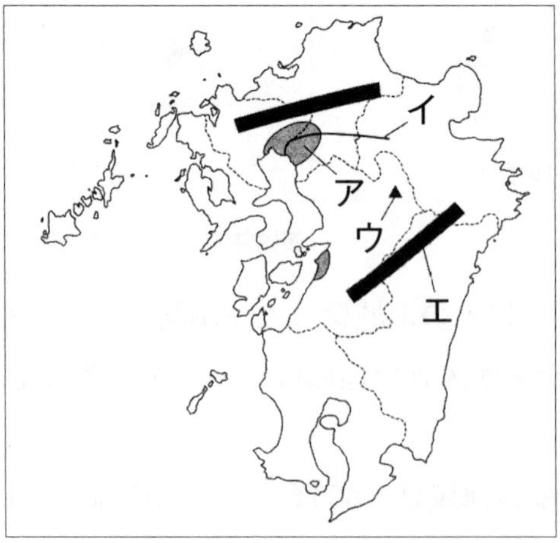

育伸社：『アドバンス社会Ⅱ(改訂２版)』より引用

ア　平野　　イ　半島　　ウ　山（山頂）　　エ　山地

問４　下の**図７**は，日本の気候帯を６つに分けた様子を示しています。図中の①と⑤が示す代表的な雨温図を次の**ア～カ**のうちから一つずつ選び，記号で答えなさい。

図７

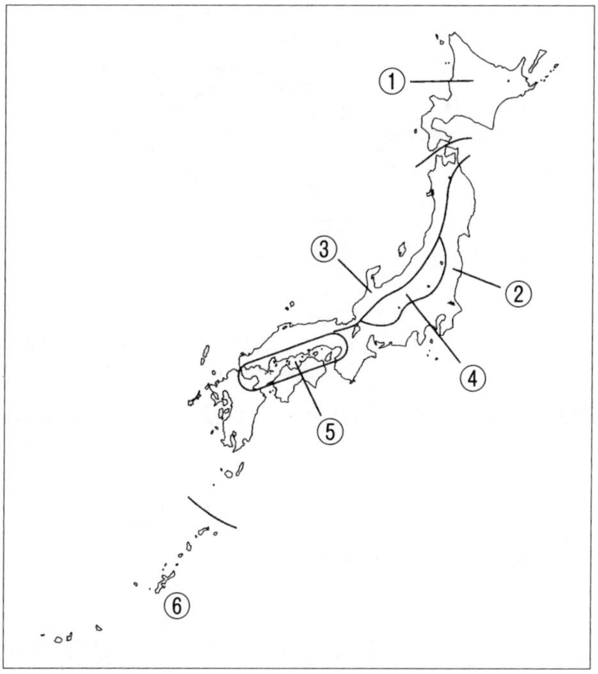

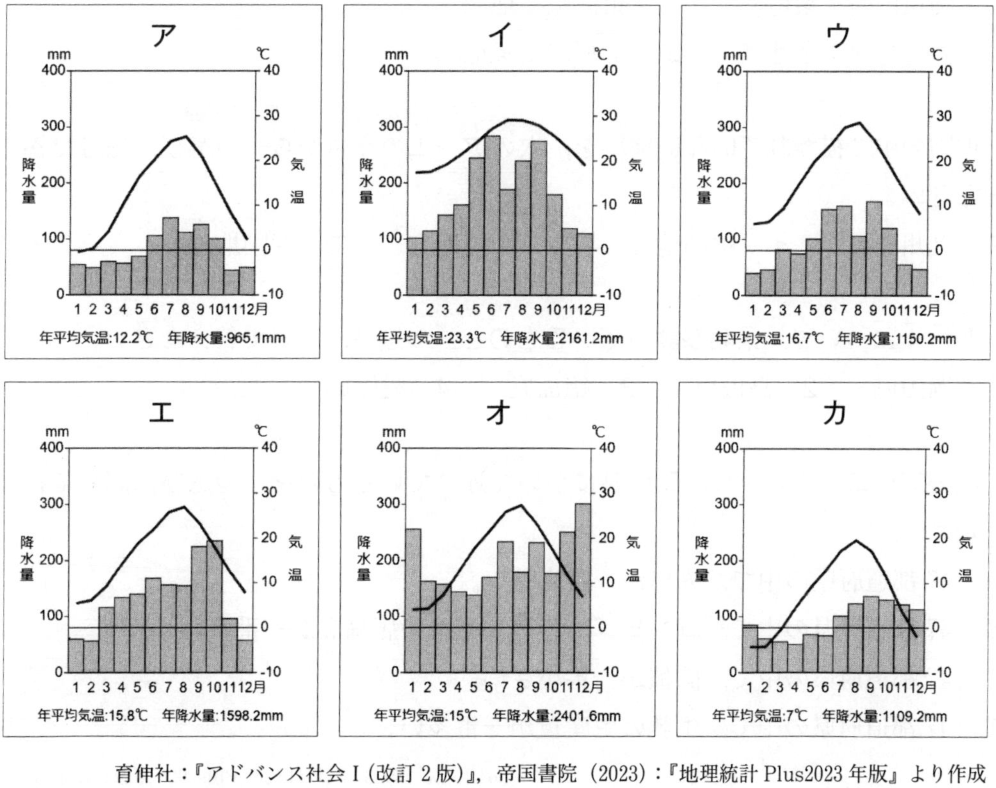

育伸社：『アドバンス社会Ⅰ（改訂２版）』，帝国書院（2023）：『地理統計 Plus2023年版』より作成

2　下の地図を見て，後の問いに答えなさい。

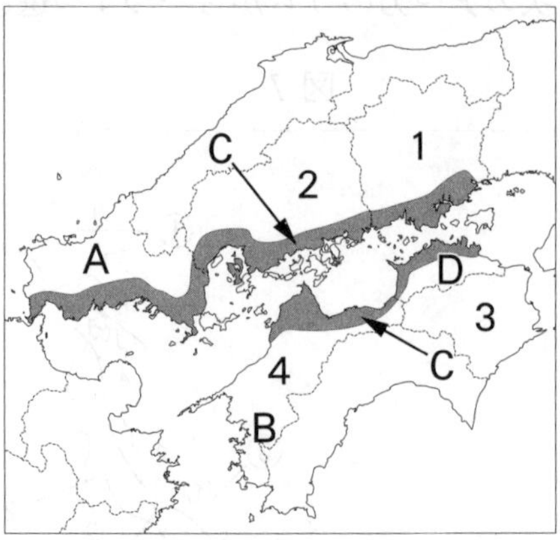

育伸社：『アドバンス社会Ⅱ（改訂２版）』より引用

問１　ＡとＢの地域で見られる地形の名前を，次のア～オのうちから一つずつ選び，記号で答えなさい。

ア　リアス海岸　　イ　三角州　　ウ　火山

エ　カルスト地形　　オ　フォッサマグナ

問２　Ｃが示す工業地域の名前を，次のア～エのうちから一つ選び，記号で答えなさい。

ア　関東内陸工業地域　　イ　東海工業地域

ウ　鹿島臨海工業地域　　エ　瀬戸内工業地域

問３　地図の中で**描かれていない**地域を，次のア～エのうちから一つ選び，記号で答えなさい。

ア　九州地方　　イ　中部地方　　ウ　中国地方　　エ　四国地方

問４　１～４について，**県名が誤っているもの**を一つ選び，番号で答えなさい。

１　岡山県　　２　鳥取県　　３　徳島県　　４　愛媛県

問５　次のア～エのうちから，Ｄの県について述べているものを一つ選び，記号で答えなさい。

ア　47都道府県の中で，人口が一番少ない。

イ　47都道府県の中で，コンビニエンスストアの店舗数が一番多い。

ウ　47都道府県の中で，面積が一番小さい。

エ　47都道府県の中で，生乳の生産量が一番多い。

帝国書院（2023）：『地理統計Plus2023年版』による。

3　次のＡ～Ｅの文章は，それぞれある時代について述べています。これを読んで，後の問いに答えなさい。

Ａ　政府は，伊藤博文を中心に，ドイツの憲法を参考にして憲法づくりを進めました。この憲法の内容について，主権をもつ〔　　　〕が国の元首であり，議会の協力で法律を作ることや，軍隊を指揮することが定められました。

Ｂ　この時代には，大阪・京都・江戸の大都市に町人の好みに合った文化が栄えました。町人の生活を描いた歌舞伎や人形浄瑠璃，そして人の世の日常の姿を題材にした〔　　　〕が人々の間で流行しました。

Ｃ　この時代では，政治を安定させるために仏教の力が用いられ，莫《ばく》大な費用をかけて国ごとにお寺が建てられたり，大仏が造られたりしました。それらを支えたのは全国から集められた農民で，その呼びかけに僧の行基やその弟子たちが活躍しました。

Ｄ　各地の反乱を抑えることで特に勢力を伸ばした源氏と平氏は，やがて政治の実権をめぐる朝廷や貴族の間の争いに巻き込まれました。その結果，平清盛を中心とした平氏が源氏をおさえ，貴族の藤原氏に代わって政治を動かすようになりました。

Ｅ　第二次世界大戦後，世界はアメリカを中心とする国々と，ソ連を中心とする国々に分かれて激しく対立しました。この対立から生じた戦争には朝鮮戦争があります。

問１　ＡとＢの文の〔　　　〕にあてはまる語句の組み合わせとして正しいものを，次のア～エのうちから一つ選び，記号で答えなさい。

ア　Ａ天皇：Ｂ浮世絵　　イ　Ａ天皇：Ｂ水墨画

ウ　Ａ国民：Ｂ浮世絵　　エ　Ａ国民：Ｂ水墨画

問２　Ｃの文で，下線部「国ごとにお寺が建てられたり」とありますが，このようなお寺を何と言いますか。漢字３字で答えなさい。

問３　Ｄの文で，下線部「平清盛を中心とした平氏が源氏をおさえ」とありますが，この戦いとして最も正しいものを，次のア～エのうちから一つ選び，記号で答えなさい。

ア　桶狭間の戦い　　イ　長篠の戦い　　ウ　応仁の乱　　エ　平治の乱

問４　Ｅの文について，下線部「この対立から生じた戦争には朝鮮戦争があります」とありますが，そのことについて述べた文章のうち，最も正しいものを次のア～エのうちから一つ選び，記号で答えなさい。

ア　日本は戦争に負けた韓国を併合して植民地とした。

イ　韓国政府は，戦争に反対する運動や思想を取り締まるために治安維持法を制定した。

ウ　朝鮮戦争が始まり，アメリカは日本に大量の物資を注文し，日本の経済は活気づいた。

エ　朝鮮戦争の終戦後，朝鮮半島の大韓民国と朝鮮民主主義人民共和国は統一された。

問５　次のＸ・Ｙの図は，Ａ～Ｅのどの時期と最も関係が深いですか。それぞれ一つずつ選び，記号で答えなさい。

Ｘ　厳島神社

Ｙ　伊能忠敬の地図

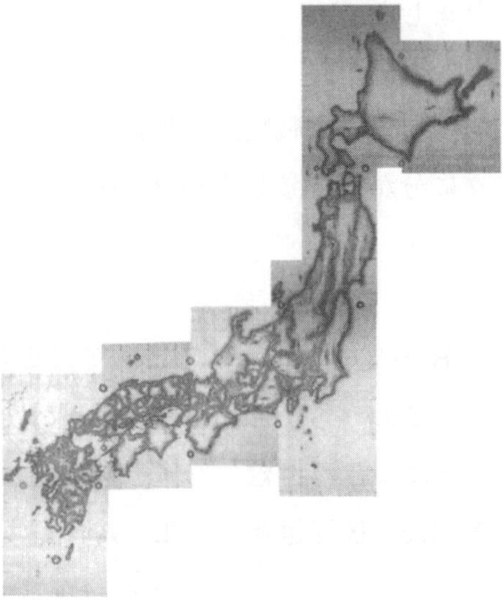

問６　Ａ～Ｅを時代の早い順（古い順）に並べると，３番目にくるのはどれですか。記号で答えなさい。

4 次の図と文をもとに，後の問いに答えなさい。

図Ａ

図Ｂ

図Ａは，江戸時代の農民たちが年貢を納めているようすです。年貢を払うことは，農民たちの①連帯責任でした。払えない場合は互いに助け合い，最後は村ごとに責任をもって，年貢を納めました。

図Ｂは，明治時代になって，政府の役人が土地を測量しているところです。測量された土地は農民一人ひとりに与えられ，かれらの財産となりました。そのかわり②農民たちは，与えられた土地の値段の3％を税として現金で支払うことになったのです。

納税はもはや連帯責任ではなく，お金を払う個人の責任となりました。やがて，税や借金を払えない者たちが増え，かれらは③むりやり自分の土地を売らされたり，取り上げられたりしたのです。

問１　下線部①について，この時代の農民たちは何という組織に分けられて連帯責任を負いましたか。正しいと思うものを次の**ア**～**エ**のうちから一つ選び，記号で答えなさい。

ア　五人組　　**イ**　名主　　**ウ**　隣組《となりぐみ》　　**エ**　足軽

問２　下線部②について，このような新しい制度に変わった出来事を何と呼びますか。正しいと思うものを次の**ア**～**エ**のうちから一つ選び，記号で答えなさい。

ア　殖産興業　　**イ**　地租改正　　**ウ**　徴兵令　　**エ**　解放令

問３　下線部②の新しい制度の内容について，もっとも正しいと思うものを次の**ア～エ**のうちから一つ選び，記号で答えなさい。

ア　不作の年には，それに応じて税の一部が免除された。

イ　政府は江戸時代以来つづくこの制度を，ふたたび発布した。

ウ　国の収入は，なおも米の収穫量に左右される，不安定なものであった。

エ　不作の年でも，税が軽くなったり免除されたりすることはなかった。

問４　下線部③について，これに抵抗《ていこう》する農民たちが，団結して行動をおこす事件が見られるようになりました。それについて，ある人が以下のように述べています。

> 土地を失いかけている農民たちは，江戸時代の考え方にもとづいて，お金の貸し手に自分たちへの配慮《はいりょ》をもとめたわけです。ところが，この時代の銀行や金貸しの側からみると，こうした主張には何の説得力もありませんでした。
>
> 松沢裕作『生きづらい明治社会　不安と競争の時代』(岩波ジュニア新書）をもとに作成

(1)　この資料中の下線部について，江戸時代の考え方とはどのようなものだと思いますか。もっとも正しいと思うものを次の**ア～ウ**のうちから一つ選び，記号で答えなさい。

ア　村の秩序をたもつため，商人は農民たちに，多くのお金を与えるべきである。

イ　農民たちは互いに助け合うので，支配者は年貢を納める農民たちが土地を失うことがないようにするべきである。

ウ　農民たちは，一揆《いっき》をむすんで支配者に対立してくるので，支配者は農民たちの要求をすぐに認めるべきである。

(2)　以上のことから，江戸から明治への時代の変化について述べた文として，正しいと思うものを次の**ア～エ**のうちから二つ選び，記号で答えなさい。

ア　助け合いのしくみがあった江戸時代とくらべ，土地が農民一人ひとりの財産となった反面，税や借金の払いはすべて個人の責任とされる厳しい時代となった。

イ　助け合いのしくみは，明治時代になっても続き，農民たちはたとえ自分の土地を失っても，村で生き生きと生活を送ることができた。

ウ　明治初期には，自分の土地を売って都市に移り住みたいと願う農民もあったが，連帯責任のしくみがあるため，自分だけ勝手に村を出られなかった。

エ　制度が変わることで，人の心も変化したようだ。一人の農民が自分の借金のせいで土地を失っても，他の誰も，その人を助けられない時代となっていった。

5　次の会話文を読み，後の問いに答えなさい。

玉美さん：今年の７月で，自衛隊が発足してちょうど70年になるというニュースをききました。自衛隊はどのような活動をしているのでしょうか。

Ｔ先生　：①自衛隊は，国の防衛や災害地域の救援《きゅうえん》活動を行います。最近では，国際貢献《こうけん》のために海外で行う活動が増えています。海外で行う活動の中には，戦争によって被害を受けた地域の復興支援《しえん》をすることがあります。

聖子さん：でも，自衛隊の活動範囲が広がることは憲法第９条に違反《いはん》しているのではないでしょうか。

Ｔ先生　：憲法に違反するかを判断する権限をもっているのは〔　Ａ　〕です。これまでも，自衛隊が憲法に違反しているかどうかの議論はありましたが，今まで〔　Ａ　〕が，自衛隊の存在が憲法に違反していると最終的に判断したことはありません。そのため，憲法を改正することで，自衛隊を憲法違反ではない組織にしようという主張があります。

聖子さん：そういえば，憲法の改正内容の一つに，憲法第９条を変えることで，自衛隊を憲法に違反しない組織にするという意見をきいたことがあります。憲法はどのように改正されるのでしょうか。

Ｔ先生　：憲法改正のためには，②国会の各議院の総議員の３分の２以上の賛成と，国民による〔　Ｂ　〕で過半数の賛成が必要です。また，今まで，日本国憲法は改正されたことが一度もありません。

玉美さん：長い間憲法の改正が行われていないのには，驚くわ。今の社会の状況《じょうきょう》に合わせて憲法の改正はするべきだと思うので，憲法第９条を変えて，自衛隊を憲法に違反しない組織にするべきです。

聖子さん：私は，すぐに憲法第９条を改正することに反対です。まずは，自衛隊の活動の内容や範囲について，国民の代表者の集まりで議論をするべきです。現在の自衛隊の活動が，憲法の平和主義の理念にかなったものであるかを議論して，自衛隊の存在意義について考えていくべきです。

問１　下線部①について，自衛隊を管理，運営する仕事を行っている省を答えなさい。

問２　文中の〔　A　〕にあてはまる語句を，次のア～エのうちから一つ選び，記号で答えなさい。

ア　国民　　イ　国会　　ウ　内閣　　エ　裁判所

問３　下線部②について，国会の二つの議院を答えなさい。

問４　文中の〔　B　〕にあてはまる語句を，次のア～エのうちから一つ選び，記号で答えなさい。

ア　選挙　　イ　世論　　ウ　国民投票　　エ　国民審査《しんさ》

問５　会話文の内容について，最も正しく述べているものを，次のア～エのうちから一つ選び，記号で答えなさい。

ア　日本国憲法の制定時に自衛隊は存在していたが，当時は自衛隊が国際貢献することを想定していなかった。

イ　T先生は，自衛隊の存在が憲法に違反すると指摘《してき》している。

ウ　玉美さんは，自衛隊が海外に派遣《はけん》されることは，良くないと主張している。

エ　聖子さんは，自衛隊の活動内容について，まず国会で議論をするべきと考えている。

6 2023年に岩波ジュニア新書『10代が考えるウクライナ戦争』が刊行されました。その中で，玉川聖学院の先生と生徒たちが議論をしています。それをもとにした以下の会話文を読んで，後の問いに答えなさい。

先生　：①日本は戦争が終結して78年経って，二度と戦争を起こしてはいけないという学びをして，平和への思いを持っていると思うけど，世界を見ると，戦争の歴史が繰り返されています。戦争の本質は変わらないのか？と思いますね。

生徒Ａ：私は「注目される戦争」が始まったと感じています。シリアなどでも紛争が起きているにもかかわらず，自分のなかでは現代は戦争のない世界のように思っているところがあったから，今回，世界で注目される戦争が始まったんだという気がします。…②【　Ｘ　】は国連安保理の常任理事国だから，そういう大国が戦争をするというのは他の国々に大きな影響を与えると感じました。常任理事国のあり方，拒否権についても考えさせられました。③常任理事国は事実上【　Ｙ　】を持っている国ですし。そういうことをこの戦争を機に考えさせられました。

先生　：どうやってウクライナでの戦争を自分の問題としているのか，自分がどういうアクションを起こせるのか，高校生として何かできるんじゃないかと考えている人はいますか。

生徒Ｂ：今回の話し合いを通じて，どうして戦争をしてはいけないのかと考えたんですけど，それは④人は誰もが生きる権利があるということ。戦争によって権利が失われてしまうのはとてもいけないことだと考えました。…戦争は，一生，心の深い傷として残ってしまう。そういう人を無くしていくためにも，戦争で辛い思いをする人のことを深く知っていかないといけないと思いました。

問１　下線部①について，日本はこの戦争でアメリカを中心とする連合国に敗戦しました。この戦争の名前を漢字５字で答えなさい。

問２　下線部②について，【　Ｘ　】は国際連合の常任理事国であり，2022年にウクライナに侵攻《しんこう》した国です。【　Ｘ　】の国名を答えなさい。

問３　下線部③について，国際連合の常任理事国は【　Ｙ　】を持っており，かつて日本はその一種である原子爆弾の被害を受けました。【　Ｙ　】にあてはまる語句を漢字３字で答えなさい。

問４　下線部④に関して，憲法の前文には平和のうちに生きる権利について記されています。下の憲法前文の一部にある【　Ａ　】～【　Ｃ　】にあてはまる語句の組み合わせとして正しいものを，次の**ア**～**エ**のうちから一つ選び，記号で答えなさい。

> …そして，政府の行いによってこれから二度と【　Ａ　】の起こることのないようにしようと決意するとともに，ここに国の政治のあり方を決める力は，わたしたち【　Ｂ　】にあることを宣言して，この憲法をつくった。
> …私たちは，全世界の国民が，ひとしく恐怖《きょうふ》と欠乏《けつぼう》から免《まぬ》かれ，【　Ｃ　】のうちに生存する権利を有することを確認する。
>
> ＊上記の憲法前文の一部は易しく改めたものである。

ア【　Ａ　】－災害　【　Ｂ　】－国民　【　Ｃ　】－戦争
イ【　Ａ　】－戦争　【　Ｂ　】－政治家　【　Ｃ　】－平和
ウ【　Ａ　】－災害　【　Ｂ　】－政治家　【　Ｃ　】－戦争
エ【　Ａ　】－戦争　【　Ｂ　】－国民　【　Ｃ　】－平和

7　次の文章を読んで，後の問いに答えなさい。

毎年本学院の社会科では，生徒の宿泊をともなう見学会を実施《じっし》しています。昨年は８月に１泊２日で名古屋・岐阜方面に行ってきました。１日目は関ケ原古戦場をめぐり，夕食後に伝統の鵜飼《うかい》を見学しました。２日目は岐阜城や木曽三川《きそさんせん》公園センター，名古屋城を見学して帰ってきました。今回ひさびさの社会科バス旅行でしたが，普段なかなか見学できないところを訪れ，学びの多い研修となりました。

問１　豊臣秀吉の死後，関ケ原の戦いで，徳川家康と戦って敗北した西軍の武将はだれですか。次のア～エのうちから一人選び，記号で答えなさい。

ア　今川義元　　イ　織田信長　　ウ　明智光秀　　エ　石田三成

問２　鵜飼は，飼いならした鵜《う》を使って魚を獲《と》る伝統的な漁法です。ここ長良川《ながらがわ》で行われている鵜飼は主に何という魚を獲っていると思いますか。次のア～エのうちから一つ選び，記号で答えなさい。

ア　あゆ　　イ　さんま　　ウ　かつお　　エ　まぐろ

問３　揖斐川《いびがわ》・長良川・木曽川を木曽三川といいます。この三川に囲まれ，土や砂が積もってできた島のような土地で人々はまわりに堤防《ていぼう》を築いて生活していました。これを何と言いますか。次のア～エのうちから一つ選び，記号で答えなさい。

ア　三角州　　イ　輪中　　ウ　扇状地　　エ　干潟

問４　名古屋市は中京工業地帯に含まれています。中京工業地帯で最も工業生産額が多い工業の種類はどれですか。次のア～エのうちから一つ選び，記号で答えなさい。

ア　食品　　イ　鉄鋼　　ウ　輸送用機械　　エ　せんい

8　次の表と文章をもとに，後の問いに答えなさい。

都道府県	こども食堂個所数 (2021年)	小学校数 (2021年)	生活保護被保護実世帯数 (2020年)
東　京	747	1,328	231,610
大　阪	470	994	219,700
兵　庫	373	747	78,074
神奈川	372	885	120,771
埼　玉	254	812	76,350
沖　縄	241	268	30,176
北海道	234	984	122,488
福　岡	209	723	94,332
愛　知	192	970	61,601
千　葉	173	764	69,811

参考資料：『日本子ども資料年鑑 2023』『データでみる県勢 2023』 https://musubie.org/kodomosyokudo/

「こども食堂」とは，子どもが一人でも行ける無料または低額の食堂で，民間の自発的な取り組みによって始まりました。2012年に発足してから，2021年までに全国で約6000か所まで増えています。上の表は，都道府県別に集計したこども食堂の数を，多い順に10位まで並べたものです。

問１　全国にあるこども食堂のうち，最も多い数がある東京都のこども食堂は，全国の何％を占めていますか。次の**ア**～**エ**のうちから一つ選び，記号で答えなさい。

ア　約4.5％　　**イ**　約8％　　**ウ**　約12％　　**エ**　約22％

問２　こども食堂の数がほぼ同じである兵庫県と神奈川県では，小学校数あたりのこども食堂の数はどのようになりますか。次の**ア**～**ウ**のうちから一つ選び，記号で答えなさい。

ア　兵庫県の方が多い　　**イ**　神奈川県の方が多い　　**ウ**　どちらも同じ数になる

問３　表にある都道府県のうち，小学校数あたりの子ども食堂数が最も多いのはどこですか。

問４　こども食堂の数と都道府県別の生活保護被保護実世帯数（生活保護を受けている世帯数）について，正しく述べているものを次の**ア**～**ウ**のうちから一つ選び，記号で答えなさい。

ア　生活保護を受けている世帯数が多い都道府県ほど，こども食堂の数も多い。

イ　こども食堂の数がほぼ同じである兵庫県と神奈川県では，生活保護を受けている世帯数あたりのこども食堂の数は神奈川県の方が多い。

ウ　神奈川県と北海道を比べると，生活保護を受けている世帯数あたりの子ども食堂の数は北海道の方が少ない。

【理　科】〈第１回試験〉(35分)〈満点：100点〉

1　聖子さんは，音の性質を調べるために，紙コップと糸で糸電話を作りました。糸は太さ 0.5 mm のたこ糸を使い，1 m の長さにしました。糸をピンと張って声を出すと，相手に声が届くことがわかりました。

(1)　糸電話で声が伝わるしくみを説明した次の文章について，空欄に当てはまる言葉を答えなさい。ただし，すべての空欄に同じ言葉が入ります。

> 人は声を出すときのどが（　　　　　）している。その（　　　　　）は空気を通して紙コップに伝わり，さらに糸を通して相手の紙コップに伝わる。相手の紙コップの（　　　　　）は空気を通して，相手の耳に届き，音として聞こえる。

(2)　聖子さんは，①～④のように条件を変えた糸電話を作り，糸をピンと張ったときに，声が届くか調べました。声が届くものには○，届かないものには×で答えなさい。

	糸の太さ (mm)	結び目のありなし	途《と》中を指でつまむかどうか	糸の長さ (m)	声が届くか
①	1.0	なし	つままない	1	
②	0.5	1個あり	つままない	1	
③	0.5	なし	強くつまむ	1	
④	0.5	なし	つままない	2	

※結び目はきつく結ぶ。

右図のように，糸電話の片方の紙コップをゆかに置いて固定し，糸がついた面の上にいろいろな大きさのビーズをのせました。もう片方の紙コップを持ち上げ，糸をピンと張らせ，いろいろな音を出せるスピーカーを上から近づけました。この状態でスピーカーから音を出すとビーズが動きました。

(3)　ビーズをより大きく動かすにはどうしたらよいですか。つぎの**ア**～**ウ**から１つ選び，記号で答えなさい。

ア　より高い音をスピーカーから出す。

イ　より大きい音をスピーカーから出す。

ウ　スピーカーから出す音の高さや大きさは変えず，音を出したり止めたりすることを短い時間でくり返す。

音は固体や気体，液体の中を伝わりますが，何の中を通るかによって伝わる速さがちがいます。たとえば水中では音は１秒間に1500 m の速さで伝わります。

海にうかぶ船から，海底の深さを調べる方法として次のようなものがあります。船にスピーカーとマイクを取り付け，スピーカーから音を出します。海底ではね返った音は，船のマイクにとらえられます。**音がスピーカーから出てマイクでとらえられるまでの時間を計ることで，深さがわかります**。

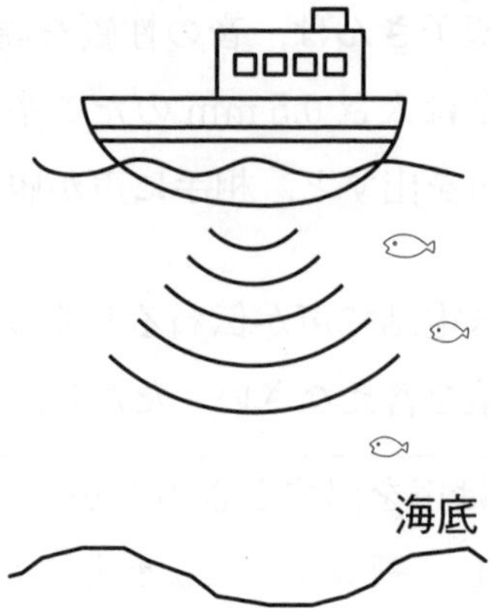

(4)　ある場所 A では音を出したところ，海底ではね返った音がマイクにとらえられるまで，0.08 秒かかりました。A の水面から海底までの深さは何 m ですか。

下線の方法をいろいろな場所で行うと，海底の地形がわかります。たとえば，場所 X の深さが 140 m，場所 Y は 100 m，場所 Z は 120 m のとき，海底は下図のようになっていると考えられます。

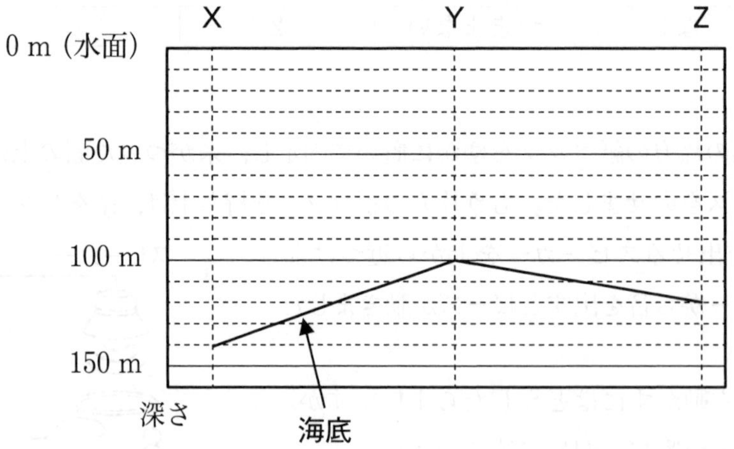

(5)　ある場所 B で音を出したところ，海底ではね返った音がマイクにとらえられるまでは，0.04 秒かかりました。別の場所 C は海底までの深さが 40 m とわかっています。(4) の場所 A と合わせて，場所 A，B，C の間の海底を図にならってかきなさい。

2 次の文章を読んで，以下の問いに答えなさい。

物質の酸性，アルカリ性の強さを表すものにpH（ピーエッチまたはペーハー）という0～14までの数値があります。このpHは酸性が強いほど小さく，アルカリ性が強いほど大きくなります。中性の水のpHは7です。ここで雨水のpHを考えてみましょう。大気中には二酸化炭素があり，この二酸化炭素が雨水にとけ込むため，雨水のpHは7よりも小さくなります。大気中の二酸化炭素が十分にとけた場合，そのpHは約（　**あ**　）になるため，pH約（　**あ**　）が酸性雨の一つの目安となりますが，火山など周辺の状きょうによって雨水のpHは変わります。（気象庁「酸性雨の指標」より一部改）

(1)　上の文章の（　**あ**　）にあてはまる数値としてもっとも適当なものを，つぎの**ア**～**エ**から１つ選び，記号で答えなさい。

ア　6　　**イ**　7　　**ウ**　8　　**エ**　9

(2)　水にとかしたとき，pHがもっとも小さくなる物質はどれですか。つぎの**ア**～**エ**から１つ選び，記号で答えなさい。

ア　クエン酸　　**イ**　食塩　　**ウ**　砂糖　　**エ**　水酸化ナトリウム

(3)　二酸化炭素の説明として正しいものを，つぎの**ア**～**エ**から１つ選び，記号で答えなさい。

ア　線香を入れると激しく燃える
イ　空気中に約20%ふくまれている
ウ　石灰水を白くにごらせる
エ　鉄に塩酸を加えると発生する

(4)　二酸化炭素が十分とけた水よう液をリトマス紙とBTB液を使って色の変化を調べました。その結果として正しいものを，つぎの**ア〜カ**から１つ選び，記号で答えなさい。

	赤色リトマス紙	青色リトマス紙	BTB液
ア	青色	変化しない	黄色
イ	変化しない	赤色	黄色
ウ	青色	変化しない	緑色
エ	変化しない	赤色	緑色
オ	青色	変化しない	青色
カ	変化しない	赤色	青色

(5)　二酸化炭素がとけた水よう液のように，固体ではなく気体がとけてできる水よう液があります。水によくとけ，水よう液のpHが7よりも大きくなる気体を答えなさい。

気体は，その種類ごとに水へのとけやすさが異なり，また温度によってとける限度がちがいます。水1mLにとける二酸化炭素の体積は下の表の通りです。

水の温度［℃］	0	20	40	60
とける量［mL］	1.71	0.88	0.53	0.36

(6)　上の表から，水の温度と二酸化炭素のとける量の関係についてわかることを簡単に書きなさい。

(7)　20℃の水50mLにとける二酸化炭素の体積は何mLですか。

(8)　もしも酸素が (5) で答えた気体と同じくらい水にとける性質をもっていたとしたら，私たちの生活にどんな不都合なことがありますか。

3　次の文章を読んで，以下の問いに答えなさい。

下の図はメダカの①受精卵が水中で育って，ふ化するまでの 14 日間を観察したものです。

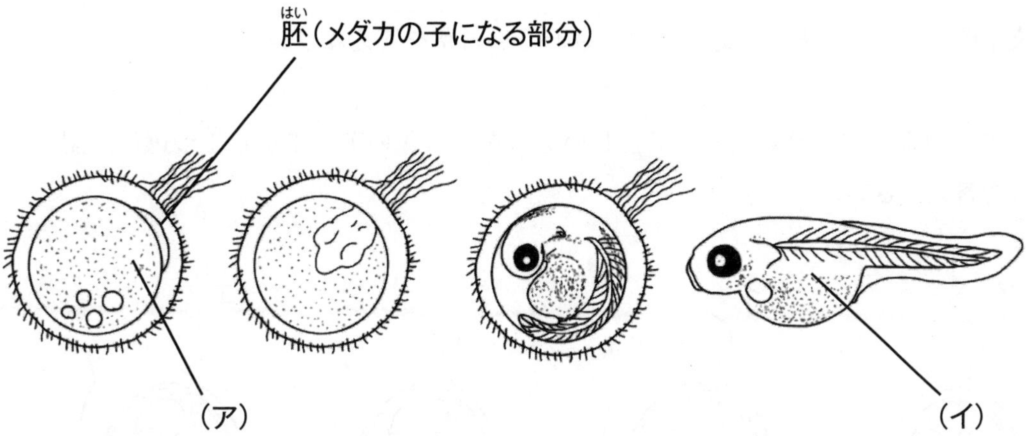

(1)　以下の文は下線①についての説明です。空欄に当てはまる言葉を答えなさい。

「メスのからだでつくられた（　あ　）と，オスのからだでつくられた（　い　）が結びつくこと。」

(2)　図の（ア）のはたらきを答えなさい。

(3)　図の（イ）の部分は大きくなっていくか，それとも小さくなっていくか，答えなさい。また，なぜそのようになるか，理由を簡単に書きなさい。

ヒトの赤ちゃんは，女性の体内で受精し，そのまま体内で育ちます。体内にいる間は（　う　）という液体の中で育ちます。②**お母さんとたい児**は（　え　）と③**へそのお**でつながっています。誕生した後は，④**母乳**をもらって大きくなります。

(4)　文中の（　う　）と（　え　）にふさわしい言葉を答えなさい。

(5)　下線②のようすを表す図として正しいものを，つぎの**ア**〜**エ**から１つ選び，記号で答えなさい。

ア　　**イ**　　**ウ**　　**エ**

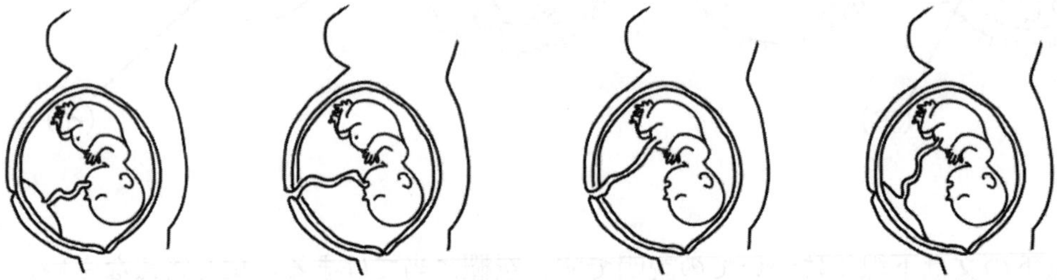

(6)　たい児が下線③を通じてもらう物質は何ですか。

(7)　下線④をあたえる動物を，つぎの**ア**〜**キ**から２つ選び，記号で答えなさい。

ア　ペンギン　　**イ**　クジラ　　**ウ**　ワニ　　**エ**　ダチョウ
オ　カンガルー　　**カ**　サメ　　**キ**　ウシガエル

4　以下は学くんが月を観察したときの記録です。

（５月×日　晴れ）

・日の入りごろ，（　①　）の地平線から満月がのぼって来た。
・真夜中ごろ，満月はちょうど（　②　）の空に来た。
・日の出ごろ，満月は（　③　）の地平線にしずんでいった。
・ひと晩中月を観察した結果，月の動きは，太陽と同じように，（　①　）からのぼり，（　②　）の空を通って（　③　）にしずむことがわかった。

（５月△日　晴れ）

・日の入りごろ，月はどの方角の空にも見えなかった。
・真夜中ごろ，（　①　）の地平線から A**半月**がのぼってきた。１週間前の５月×日と比べて，月が出る時刻がかなりおそくなっていた。
・その後観察を続けたところ，月は５月×日と同じような動きをして（　③　）の地平線にしずんでいった。

(1)　観察記録の空欄①～③に当てはまる方角の組み合わせとして正しいものを，つぎの**ア**～**エ**から１つ選び，記号で答えなさい。

ア　①　西　②　南　③　東　　**イ**　①　西　②　北　③　東
ウ　①　東　②　南　③　西　　**エ**　①　東　②　北　③　西

(2)　下線Ａの月の光っている部分の形を解答用紙にかきなさい。

(3)　月の出る時刻が毎日変化していくのはなぜですか。正しいものを，つぎの**ア**～**オ**から１つ選び，記号で答えなさい。

ア　地球は太陽の周りを回っており，太陽と地球の位置関係がいつも変わるから。
イ　月が地球の周りを回る速度がいつも変化するから。
ウ　地球はこまのような回転運動をしているが，その速さが周期的に変化するから。
エ　月は地球の周りを回っており，地球と月の位置関係がいつも変わるから。
オ　地球は月の周りを回っており，地球と月の位置関係がいつも変わるから。

学くんと聖子さんが，月について話しています。

学くん　「聖子さん，月の光っている部分の形は毎日少しずつ変わっていって，約（　　　）で元の形にもどるのは知っているよね？」

聖子さん「知っているわよ。学校で習ったわよね」

学くん　「ところが，月の光っている部分の形が，一晩の間に変化するという現象がときどき観察されているんだよ」

聖子さん「何それ？そんなことあるの？」

学くん　「その現象がおきることがあるのは，満月の夜なんだって。正確に言うと，光っている部分の明るさが変化するんだ。まず，満月の一部が暗くなり始めて，やがて月全体が暗い赤色になるんだって。しばらくその状態が続いた後，再び月の一部が明るくなり始めて，最後には元の満月にもどるみたいだよ。B**月が地球の影《かげ》に入る「月食」という現象**なんだって」

聖子さん「知らなかったわ。次の月食っていつ見られるの？」

学くん　「次に日本各地で見られるのは，2025年の９月８日らしいよ」

(4)　会話文中の空欄に当てはまる言葉を，つぎの**ア**～**エ**から１つ選び，記号で答えなさい。

ア　１週間　　**イ**　２週間　　**ウ**　３週間　　**エ**　４週間

(5)　下線Bのときの太陽，地球，月の位置関係を正しく表した図を，つぎの**ア**～**エ**から１つ選び，記号で答えなさい。

ア

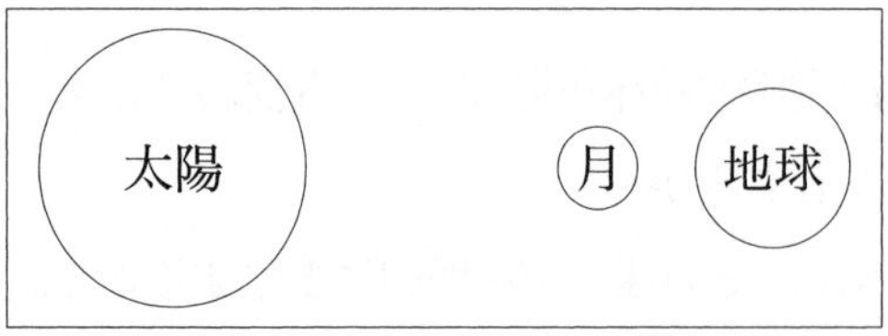

イ

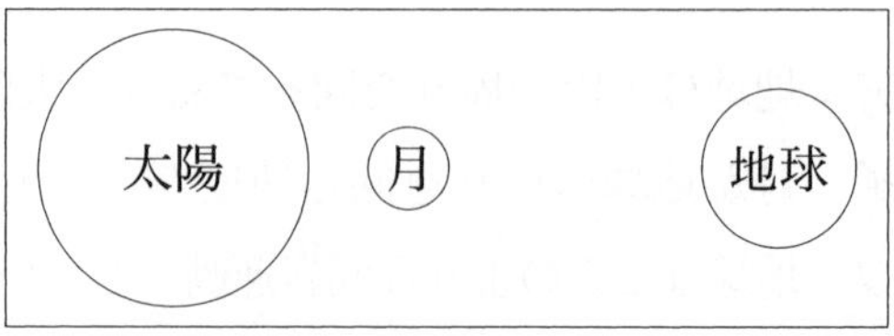

ウ

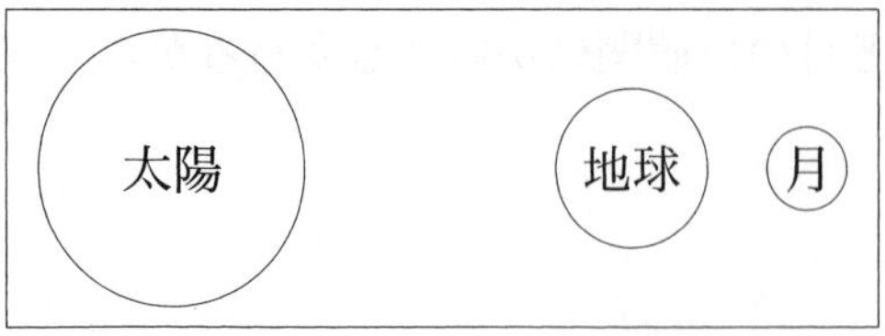

エ

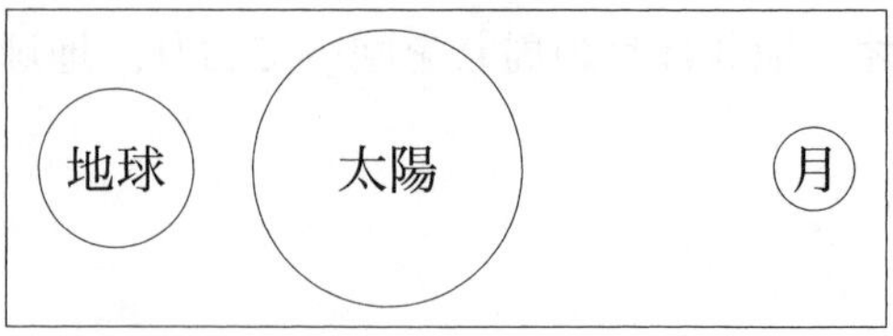

問十四　――線部⑩「ちょっと泣いた」とありますが、それはなぜですか。理由として最もふさわしいものを次から選び、記号で答えなさい。

ア　できるだけ多くの絵を売るためにきびしい生活を続けなければならないシタンを思い、悲しくなったから。

イ　理容師になることを目指しながらも、シタンと別々に絵の道を歩んでいく未来を思い、胸がいっぱいになったから。

ウ　シタンブルーの使用をやめ、新たな色を探しにニューヨークへ行かねばならないシタンがかわいそうになったから。

エ　ウゴおじさんのゆるしが得られず、店に残ることになってしまったくやしさをシタンがわかってくれなかったから。

問十五　あなたは将来どのような自分になりたいと考えていますか。それを実現させるためにどのような努力をするかもふくめて、記述しなさい。ただし、次の条件にしたがって答えること。

条件　二文で書き、一文目に将来どのような自分になりたいか、二文目に実現させるために努力していること（これから努力したいと考えていることでもよい）について書きなさい。

二　次の各問いに答えなさい。

問一　次の――線部の漢字の読みを答えなさい。

1　雑木林の中を散歩する。
2　食堂を営む。
3　これは貴重な本だ。
4　油断は禁物だ。
5　力を奮い起こした。

問二　次の――線部のカタカナを漢字で書きなさい。送り仮名が必要なものは、送り仮名をひらがなで答えなさい。

1　この日はツゴウがよい。
2　発表の準備をトトノエル。
3　入れ物に水をソソグ。
4　ヨワネをはいてはいけない。
5　もう少しハブクことにしよう。

問三　次の□に漢数字を入れて、四字熟語を完成させなさい。

1　□人□色
2　□寒□温
3　□進□退
4　□発□中
5　□差□別

問四　次の漢字の部首名をひらがなで答えなさい。

1　秋　　2　写　　3　劇　　4　情　　5　歌

問九　〈 a 〉〜〈 c 〉には身体の一部が入ります。あてはまる語として最もふさわしいものを次から選び、それぞれ記号で答えなさい。

ア　首　　イ　おなか　　ウ　頭
エ　ひざ　オ　口

問十　――線部⑥「心を決めた」とありますが、ジョアンはどのようなことを決めたのですか。次の空らんにあてはまる語を、本文中からそれぞれ指定字数でぬき出して答えなさい。

荷物をまとめて【　六字　】の店を【　二字　】ということ。

問十一　――線部⑦「想像の中」とありますが、どのような想像ですか。その内容にあたるひと続きの三文を本文中より探し、初めの七字をぬき出して答えなさい。

問十二　――線部⑧「おまえのようなやつのために、絵を描きたいと思ったんだ」とありますが、「おまえのようなやつ」とはどのような少年を指しますか。説明として最もふさわしいものを次から選び、記号で答えなさい。

ア　自分と同じように現実世界ではなく絵の中に住むことを決意した少年。
イ　自分と同じように人づきあいがへたで、一人ぼっちを好む少年。
ウ　自分と同じようになやみつつ、将来進むべき道を探している少年。
エ　自分と同じように社会に不満をもち、世の中を批判的に見ている少年。

問十三　――線部⑨「今はここに、会いたい人たちがいるんだ。やりたいことも！」とありますが、ジョアンがこのように決めるにあたって最初に思いうかべたものは何でしたか。そのことが書かれている部分をこれより前の本文中より十九字で探し、ぬき出して答えなさい。

問三　＝線部Ｘ「有無《うむ》を言わさない」、＝線部Ｙ「がんじがらめ」の本文中での意味を次から選び、記号で答えなさい。

Ｘ「有無を言わさない」
ア　承知するかしないかを言わせないこと。
イ　疑問や質問を言わせないこと。
ウ　言い訳を言わせないこと。
エ　何をしたいか希望を言わせないこと。

Ｙ「がんじがらめ」
ア　閉じ込められてしまうこと。
イ　まったく身動きがとれないこと。
ウ　考え方が頑固《がんこ》であること。
エ　ややこしく複雑であること。

問四　――線部③「不気味だった」とありますが、それはなぜですか。三十字以内で説明しなさい。

問五　（　Ⅰ　）～（　Ⅲ　）にあてはまる語として最もふさわしいものを次から選び、それぞれ記号で答えなさい。
ア　ちょうど　　イ　ところが
ウ　もしも　　エ　ところで

問六　――線部④「はじめてウゴおじさんと会話できた」とありますが、それはどういうことですか。説明として最もふさわしいものを次から選び、記号で答えなさい。
ア　客の立場になることで、はじめてウゴおじさんと素直に話すことができたということ。
イ　髪を切りひげをそってもらう中で、ウゴおじさんとはじめて向き合い、互いに心を通わせることができたということ。
ウ　髪を切りひげをそってもらいながら、やっと本心をウゴおじさんに伝えることができたということ。
エ　客の立場になることで、ウゴおじさんがジョアンに伝えようとしている理容師の忙しさを学ぶことができたということ。

問七　［　Ａ　］～［　Ｃ　］にあてはまる語として最もふさわしいものを次から選び、それぞれ記号で答えなさい。
ア　すたすた　　イ　ざらざら
ウ　ぐるぐる　　エ　すべすべ

問八　――線部⑤「ぐちゃぐちゃの気持ち」とありますが、ジョアンはどのような気持ちなのですか。次の言葉を必ず用い、六十字以内で説明しなさい。
（　理容師　／　画家　）

しょにいたい。

「シタン、冬はちゃんと上着を着て描いたほうがいいよ。もし旅先で似顔絵を描くことになったら、舌打ちはしないほうがいい。それから、週に一度は風呂《ふろ》に入ったほうがいいかも。あとは、えっと、お金はちゃんと札入れにしまって……。」

「わかった、わかった。もういいか、おれは行くぞ。」

シタンが行ってしまう。追いかけたくてたまらないのに、動けなかった。

「ジョアン、描きつづけるんだよ、いろんな色で。よくばっていいんだ。」

シタンの言葉は真っすぐに飛んできた。ジョアンはまた言葉につまって、うなずくしかできなかった。何度も、何度もうなずいた。シタンはうれしそうに舌打ちをすると、橋の向こうへわたって、消えた。

ジョアンは、シタンがこれから描く絵を思って、⑩ちょっと泣いた。もうジョアンとはちがう色なんだろう。同じ色の時間は過ぎたのだ。

涙《なみだ》をうでぬぐうと、回れ右をして来た道を走りだした。ウゴおじさんが待っている、あの店に帰ろう。

（北川佳奈『ぼくに色をくれた真っ黒な絵描き
シャ・キ・ペシュ理容店のジョアン』による）

注1　バーバーチェア……理容店などで使われる接客用のいす。
注2　カンバス……油絵用の画布。キャンバス。

問一　――線部①「みるみる真っ赤になった」とありますが、それはなぜですか。理由として最もふさわしいものを次から選び、記号で答えなさい。

ア　髪《かみ》がのびすぎたジョアンの身だしなみが失礼だと感じたから。
イ　自分の髪が地毛でないように見えると言われ、はずかしかったから。
ウ　ケープを首に強くまかれすぎて息ができず、苦しくなったから。
エ　黒い髪色より明るい髪色がにあうと言われて怒《いか》りがわいてきたから。

問二　――線部②「石のように」とありますが、ジョアンのどのような様子を表していますか。ジョアンの様子が具体的にわかる部分を本文中より七字で探し、ぬき出して答えなさい。

「それじゃ、また来るよ。」

はじめて来たときと同じことを言って、シタンは店のとびらをくぐった。ジョアンはうつむいたまま、ほうきをとっつかむと床《ゆか》をはきはじめた。白と黒の豆タイルが、［ C ］と回って見える。気分が悪い。

うでをつかまれて、顔をあげると、ウゴおじさんがこわい顔をしていた。

「ジョアン、いいのか。」

「おじさん……？」

「あいつは友だちなんだろ？」

ウゴおじさんは、ジョアンの手からそっとほうきを取りあげた。

ジョアンははじかれたように店を飛びだした。必死にシタンのすがたをさがす。シャ・キ・ペシュ通りをぬけ、セーヌ川にかかる橋の上に、シタンはいた。

「シタン！」

橋の真ん中で、シタンがふりむいた。セーヌ川が夕日をうつして、あたりはオレンジ色にかがやいている。言いたいことがたくさんあるはずなのに、なにから話せばいいのかわからない。言葉が見つからず、ジョアンはただ立ちつくしていた。

「おまえが、あの絵をずっと見ていたからだよ。」

「えっ？」

いつもの、前置きなしの話し方だ。

「似顔絵を描いた理由。秋のはじめごろ、おまえはおれが描いていた夜のセーヌ川の絵を、ずっと見ていただろう。」

ムール貝を買った帰りのことだ。

シタンはふりむく前から気がついていたのだ。

「おまえと目があったとき、同じ色をしていると思った。」

「なにと？」

「おれ自身と。あのときおれは、⑧おまえのようなやつのために、絵を描きたいと思ったんだ。」

同じ色。ジョアンはその言葉をかみしめた。絵の具を混《ま》ぜてまったく同じ色を作ることはとても難しい。出会えたことが、奇跡《きせき》のように思えた。

「ぼく、はじめてシタンの絵を見たとき、すいこまれた！　なんていうか、シタンの絵の中に入っていきたいって思った。現実より、ずっといいって。へんかな……。」

「いや、わかるよ。」

「でも、⑨今はここに、会いたい人たちがいるんだ。やりたいことも！」

「ああ。」

シタンの声はやさしかった。ジョアンは胸がいっぱいになった。もう少し、あと少しだけ、シタンといっジョアンはもう答えを出していた。屋根裏のすみに、荷物をまとめてあるのだ。最後まで持っていくかなやんだのがアイロンだった。結局、重たいのであきらめた。シャツがしわしわでもだいじょうぶ。なぜだか、そんな気がした。もともとここを出るつもりだったのだ。それが少し、早くなっただけだ。

⑥心を決めたにもかかわらず、ジョアンはまだウゴおじさんに自分の決断を話せずにいた。シタンが来てくれたら、そのときやっと話せそうな気がした。

シタンは今日、ほんとうに店に来るだろうか。やっぱり気が変わって、もうひとりで旅立ったかもしれない。

その後はいそがしく、あっという間に夕方になっていた。

（　Ⅲ　）客がとぎれて一息ついたとき、がちゃりと店のとびらが開いた。

黒ずくめの男がぬっと店に入ってきた。油絵の具のにおいが鼻をつく。ジョアンは夢を見ているような気持ちで、シタンのすがたを見つめた。

来てくれた！

体じゅうに喜びがいきわたるのを感じた。

シタンがウゴおじさんのシェービングを受けている間、ジョアンは旅に出た自分を想像した。この日までに、もう何度も思いえがいていた。カバンの中には画材道具と、必要最低限の荷物だけ。クッキー缶《かん》をいちばん下につめてある。シタンは小わきにカンバス注2を、ジョアンは大きくてりっぱなスケッチブックをかかえている。⑦想像の中ではなんでも持つことができた。

ところが、やがてジョアンの目の前にうかんできたのは、ハサミを持つ父さんの笑顔と、緑色のいすだった。アパルトマンの中庭にある、木のいすだ。リルの茶色い目と、もみの木。ウゴおじさんの銀のカミソリと、白黒の豆タイル。ポーリンさんの色のこいカフェ・オ・レ。バーバーチェアに座る白い犬、オレンジ色にかがやくポン・ヌフ。ひとつひとつが色を持っていた。その色がジョアンの中でゆっくりと混じりあう。夜の美術館で見た壁画《へきが》のように。

「ジョアン。」

名前を呼ばれてはっとした。目の前にシタンが立っていた。

ジョアンは心底びっくりした。シタンが知らない男のように見えたのだ。

シタンがポケットからくしゃくしゃの金を差しだした。ジョアンはそれを受けとって、じっと見つめた。ずいぶん長い間そうしていたような気がする。

ジョアンはゆっくりと、その金をレジにしまった。

シタンの空気がゆるんだのがわかった。少し笑ったかもしれない。ジョアンはシタンの顔を見られなかった。ずっとうつむいていた。

「おれがいつも使ってる、はでな水色。シタンブルーと呼ばれてる。おれの絵の中で、特徴的《とくちょうてき》な役割をしているから。」

「ああ、あの水色。」

シタンの絵には、目の覚めるようなあざやかな水色が効果的に使われている。絵の世界では、特徴的な色を、その画家の名前をつけて呼ぶことがある。それはやがて、そのままひとつの色の名前になったり、絵の具になったりする。

（　Ⅱ　）ジョアンがいっぱしの画家になって、そのときまで緑色の絵の具ばかり使っていたら、ジョアングリーンなんて呼ばれる日が来るかもしれない。画家にとっては、うれしいことなんじゃないだろうか。しかしシタンの表情はうかなかった。

「あの色に助けられてきた。だけどだんだん、色にしばられるようになった。」

黒い絵を思いおこした。パーティーのすみにかざられていた。シタンブルーは使われておらず、だれもあの絵を見ていなかった。

ジョアンには、ぜいたくななやみのように思えた。自分の絵があって、色があって、Yがんじがらめになるなんて。今のジョアンには、まったく想像できない。

「おれはパリを出ようと思うよ。」

「えっ！」

ジョアンの声がひびいて、天井《てんじょう》にすいこまれた。シタンがパリを出る。セーヌ川からいなくなってしまう。

「パリを出て、どこに行くの？」

「ニューヨーク。」

芸術の最先端《さいせんたん》だった。ジョアンはニューヨークの町を歩くシタンを想像した。ニューヨークにも、川はあるんだろうか。

「ちっ。」

舌打ちが聞こえて、ジョアンは目の前のシタンを見た。

「いっしょに来るか？」

「ええっ！」

思いがけない言葉だった。〈　b　〉がふるえる。

「船のチケットは用意してやる。絵が売れなければ、皿あらいでも、くつみがきでも、なんでもやってもらう。」

パリをぬけだし、ニューヨークで皿あらいに、くつみがき？　とても自分の身に起こることのように思えない。でも、〈　c　〉の底から力がみなぎってくるのも感じた。

シタンはすたすたと歩いて、ひとつずつハロゲンランプを消していく。目の前のあざやかな色が、しだいに黒にぬられていく。暗闇《くらやみ》の中でシタンがささやいた。

「一週間後、店に行く。それまでに決めておけ。」

（中略）

あっという間に、シタンとの約束の日がやってきた。

自分が客になってみてはじめてわかった。ジョアンはといえば、鏡ごしのオーギュスタンさんを見ただけで、理解したつもりになっていた。

屋根裏部屋に引きあげると、ジョアンはいつもどおり画板とえんぴつを持った。手が動かない。

窓を見ると、すっかり髪の短くなった顔が、反射して見つめかえしてきた。

ジョアンはえんぴつを持っていないほうの手であごをさすった。いつにもまして［A］している。うっとりと、カミソリの感触を思い出した。

はっとしたジョアンは、ピーコートをはおると階段を一気にかけおり、闇《やみ》につつまれた暗い町へ飛びだした。

シタンに会いたかった。

今、シタンに会わないと、胸の中にともった火が消えてしまいそうな気がした。はく息が白い。雪がふりはじめた。セーヌ川ぞいに着くと、水辺の冷たい風が吹《ふ》いた。

「シタン。」

シタンは絵を描いていた。夜のセーヌ川に明かりを落としてうかぶ船の絵だ。絵の中で、エッフェル塔《とう》が夜をふたつに分けていた。

＊

「シタン、ぼく、どうしよう……。ぼくは、が、画家になりたい。」

シタンはぼろ布で手の絵の具をぬぐった。

「ああ。なればいいさ。」

「でも、なれなかったら？　それに、みんなぼくにりっぱな理容師になれって……。」

ジョアンは、画家にも理容師にもなれない気がした。⑤こんなにぐちゃぐちゃの気持ちで、中途《ちゅうと》半端《はんぱ》で、なにかになれるのだろうか。

「行くぞ。」

シタンが言って、絵の道具をさっさとしまいはじめた。

ジョアンはだまってシタンのあとをついていった。電車に乗って、十六区の駅で降りた。雪の通りをふたりは［B］と歩く。

（中略）

「この間、パーティーでシタンを見たよ。」

シタンは背中を向けたままで、小さく「ふん」と言った。

「黒い、夜のセーヌ川の絵がいちばん好きだった。」

今度はふりかえった。

「あの絵は……。」

なにか言いかけて、〈　a　〉をつぐんだ。思いなおしたように、ぽつんと言った。

「シタンブルー。」

「え？」

いた。

「座れ。おまえさん、やっぱり髪がのびすぎてる。」

静かな口調だった。でも、X有無《うむ》を言わさない声だった。

ジョアンはバーバーチェア注1にしずみこんだ。ウゴおじさんがジョアンの髪にくしを入れる。ハサミを持つと、さきさきと小気味のよい音が耳元にひびいた。

ウゴおじさんがなにも言わないのが③不気味だった。嵐《あらし》の前の静けさか、それとも、丸ぼうずにされるのかも。

ジョアンの心配をよそに、カットは続いた。ハサミの音が、だんだん耳に心地よくなってくる。ケープに落ちてくる髪の毛のささやかな重み。頭にふれるウゴおじさんの手の厚み。長い前髪を切りおとしたとき、ジョアンの目の前が、文字どおり明るくなった。

髪が短くなると、ウゴおじさんはハサミを置いて、シャンプーに取りかかった。

ハッカのにおいに、胸がすっとする。たっぷりと頭皮をマッサージするようにあらうと、すすぎにかかった。シャワーの水圧が後頭部に当たって気持ちいい。ウゴおじさんの太い指が、がしがしとあわを落としていく。その後は、ヘアトニックをもみこみ、ドライヤーで髪をかわかす。

ジョアンはふうと息をついた。これで全部終わりだと思ったからだ。

（　I　）今度はいすが後ろにたおされ、ジョアンの顔にむしタオルが当てられた。ウゴおじさんは、シェービングカップを取りだした。シェービングソープをかちゃかちゃとあわだてる。ひげをそるつもりなのだとわかり、どきっとした。思わず体に力が入る。ジョアンはまだ、桃《もも》のうぶ毛のようなひげしか生えていないのに。ウゴおじさんがジョアンの顔にあわをのせていく。シェービングソープのライムの香りをはじめて間近にすいこむ。

それからはあっという間だった。カミソリがぎらりと光り、ジョアンのはだの上をすべっていった。最初はおっかなびっくり、カミソリの動きを目で追っていたジョアンだったが、ウゴおじさんの左手はジョアンのはだをしっかりと支えて、刃《は》の抵抗《ていこう》をまったく感じなかった。リズミカルにそっては、あわをぬぐう。そりおえると、ウゴおじさんはむしタオルであわをふきとり、みょうばん石をジョアンの白いはだに当てた。ぴったりとすいつくような感触《かんしょく》が気持ちよかった。

ウゴおじさんは結局、一言もしゃべらなかった。でもふしぎなことに、ジョアンはここに暮らしてから、④はじめてウゴおじさんと会話できた気がした。

店を閉《し》めたあと、ジョアンはほうきをかけながら、店にやってくる男たちのことを考えた。ウゴおじさんは、髪を刈《か》り、ひげをそり、男たちにふれることで、ひとりひとりと向きあってきたんだ。

2024年度

玉川聖学院中等部

【国　語】〈第一回試験〉（四五分）〈満点：一〇〇点〉

一　次の文章を読み、後の問いに答えなさい。
（字数制限のある問いについては、特別な指示がないかぎり、句読点や記号も一字として数えます。）

ここまでの話

フランスのパリに住む十二歳《さい》の少年ジョアンは、父母を亡くし、父が働いていたシャ・キ・ペシュ理容店のウゴおじさんに引き取られ、理容店の仕事を手伝っている。大人たちからは父のような理容師になることを期待され、自分でもそうしなければと思っていた。

ある日、黒い服をきたシタンという画家に出会い、似顔絵を描《か》いてもらったことをきっかけに、彼と過ごすようになる。やがてジョアン自身も絵を描くことが好きになる。ある時、いつも黒く髪《かみ》を染めにくる理容店の客であるオーギュスタンさんの似顔絵をスケッチブックに描き、髪をクルミのからのような茶色でぬってみると、とても似合っていた。

年の瀬《せ》もおしせまったころ、シャ・キ・ペシュ理容店で事件が起きた。

その日、オーギュスタンさんがまた生えぎわの白髪《しらが》をそめにやってきた。ジョアンは後ろからケープをかけながら、鏡の中の彼《かれ》を見た。緑の目がきろりと光っている。

ジョアンはふと、スケッチブックのオーギュスタンさんを思い出した。やわらかな茶色の髪。やっぱり黒髪《くろかみ》はにあわない。ジョアンは思わず口にしてしまった。

「オーギュスタンさん、色を変えたほうがいいと思うんですけど。」

「なんだって？」

「もっと明るい色がにあうと思うんです。黒いと、地毛じゃないように見えるというか……。」

オーギュスタンさんの首から上が、①みるみる真っ赤になった。

ジョアンはケープを強くまきすぎたのかと思った。

「よけいなお世話だ！　おまえになにがわかる！」

オーギュスタンさんが店じゅうにひびく声で怒鳴《どな》った。自分でケープをはぎとると、床《ゆか》にたたきつけ、出ていってしまった。とつぜんのことで、ジョアンは②石のようにかたまった。

「ジョアン。」

ウゴおじさんが名前を呼《よ》んだ。ジョアンはさらに身をかたくした。おそるおそるふりかえると、ウゴおじさんはケープを手にして

2024年度

玉川聖学院中学校　▶解説と解答

算　数　＜第１回試験＞（45分）＜満点：100点＞

解　答

[1] (1)　3　(2)　29　(3)　20.24　(4)　$1\frac{3}{5}\left(\frac{8}{5}\right)$　(5)　4　[2] (1)　分速84m　(2)　4000円　(3)　$\frac{13}{15}$　(4)　1049　(5)　56　[3] (ア)　55度　(イ)　160度　[4] 33.87cm^2　[5] **体積**…480cm^3　**表面積**…392cm^2　[6] (1)　分速60m　(2)　780m　(3)　５分40秒　[7] (1)　10　(2)　勝てない　(3)　2　(4)　後攻　**(理由)**　(例)　４のカードを取れば，８，12，16，20が取れるので，相手に21を取らせることができる。確実に４のカードが取れるのは後攻であるから。

解　説

[1] 四則計算，計算の工夫

(1)　$19-3\times6+4\div2=19-18+2=3$

(2)　$450\times0.029-13\times0.29+6.8\times2.9=45\times0.29-13\times0.29+68\times0.29=(45-13+68)\times0.29=100\times0.29=29$

(3)　$3.2\times3.2+\frac{1}{2}\div0.05=10.24+0.5\div0.05=10.24+10=20.24$

(4)　$3\frac{1}{2}-\left(\frac{4}{5}\div\frac{8}{15}+\frac{2}{5}\right)=3\frac{1}{2}-\left(\frac{4}{5}\times\frac{15}{8}+\frac{2}{5}\right)=3\frac{1}{2}-\left(\frac{3}{2}+\frac{2}{5}\right)=\frac{7}{2}-\left(\frac{15}{10}+\frac{4}{10}\right)=\frac{35}{10}-\frac{19}{10}=\frac{16}{10}=\frac{8}{5}=1\frac{3}{5}$

(5)　$\frac{2}{3}\times\{10-2\times(5-3)\}=\frac{2}{3}\times(10-2\times2)=\frac{2}{3}\times(10-4)=\frac{2}{3}\times6=\frac{2\times6}{3}=4$

[2] 速さ，売買算，小数と分数，四捨五入，約数

(1)　１kmは1000mだから，6.3kmは6300mであり，１時間は60分だから１時間15分は75分である。6.3kmを進むのに１時間15分かかったときの速さは，分速，6300÷75＝84(m)である。

(2)　35％は0.35倍である。□円の品物の35％引きが2600円だから，□×(１－0.35)＝2600より，□＝2600÷0.65＝4000となる。よって，□は4000である。

(3)　$\frac{5}{6}=\frac{25}{30}$，$0.9=\frac{9}{10}=\frac{27}{30}$，$\frac{13}{15}=\frac{26}{30}$となる。これらを小さい順に並べると，$\frac{25}{30}$，$\frac{26}{30}$，$\frac{27}{30}$となるので，真ん中の数は$\frac{26}{30}$，つまり，$\frac{13}{15}$である。

(4)　十の位を四捨五入すると1000になる整数は，1000－50＝950(以上)，1000＋50＝1050(未満)の整数で，そのうち一番大きい整数は1049である。

(5)　28の約数は，１，２，４，７，14，28だから，すべてたすと，１＋２＋４＋７＋14＋28＝56である。

[3] 平面図形―角度

下の図のように，各頂点をＡからＨとする。長方形ABCDを線EFで折ったので，角ABCは90

度で角 FGE も90度になり，角 BFE と角 GFE は等しく，角 FEB と角 FEG は等しくなる。すると，角 GFE は，(180－110)÷２＝35(度)となり，(ア)の角度は，180－(90＋35)＝55(度)となる。角 AEH は，180－55×２＝70(度)となり，角 EHA は，180－(90＋70)＝20(度)となる。よって，(イ)は，180－20＝160(度)である。

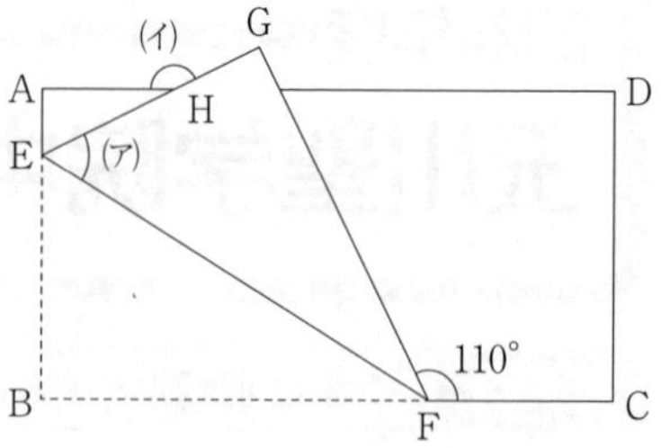

4 **平面図形―面積**

三角形の内角の和は180度だから，３つの頂点A，B，Cを中心としたおうぎ形の中心角の和は180度になる。そこで，かげの部分の面積は，三角形 ABC の面積から半径３cmの３つのおうぎ形の面積の和を引いて求められる。よって，$12\times 8\div 2-3\times 3\times 3.14\times\frac{180}{360}=33.87$(cm^2)である。

5 **立体図形―体積，表面積**

下の図１のように，直方体の展開図の各頂点をAからNとする。この展開図を組み立てると，辺 DC と辺 BC が重なるので，辺 DC と辺 BC は８cmであり，辺 AN も８cmになるので，辺 NM は，13－８＝５(cm)になる。つぎに，図１の展開図を組み立てると，下の図２のような見取り図になり，各頂点が図２のように重なる。そこで，図１で，辺 NM が５cmだから辺 DE も５cmになり，辺 DE と辺 EF が重なり，辺 GH と辺 HI が重なり，それらはすべて５cmになり，辺 JK も５cmになるので，辺 KL は，17－５＝12(cm)になる。すると，図１の展開図を組み立ててできる直方体の各辺の長さは，図２のようになる。よって，この直方体は，たてが８cm，横が12cm，高さが５cmになるので，その体積は，８×12×５＝480(cm^3)である。

図２の直方体の表面積は，12×８＝96(cm^2)の長方形と，５×８＝40(cm^2)の長方形と，12×５＝60(cm^2)の長方形が２枚ずつあるので，(96＋40＋60)×２＝392(cm^2)である。

図１

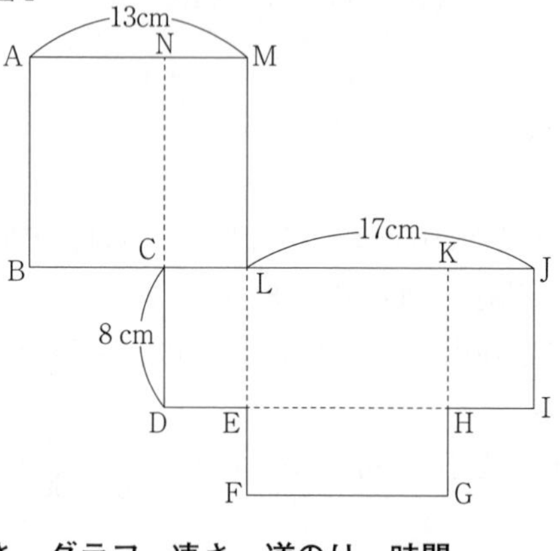

図２

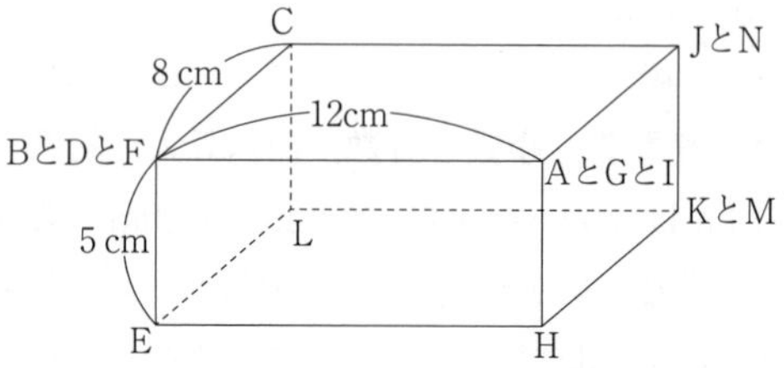

6 **速さ―グラフ，速さ，道のり，時間**

⑴　聖子さんの計画では，家から1800m離れた公園まで歩いた時間はグラフより，(１時28分－１時15分)＋(２時00分－１時43分)＝13分＋17分＝30分である。よって，聖子さんが歩く速さは，分速，1800÷30＝60(m)である。

⑵　聖子さんが家からスーパーマーケットまで歩いた時間は，グラフより，１時28分－１時15分＝13分だから，その道のりは，60×13＝780(m)である。

⑶　聖子さんが，家からスーパーマーケットまでを歩いて往復した時間は，13×２＝26(分)であり，

家から自転車に乗り分速135mで公園まで進んだ時間は，$1800 \div 135 = 13\frac{1}{3}$(分)である。よって，家を出てから公園に着くまでの，２時00分－１時15分＝45分のうち，スーパーマーケットにいた時間は，$45 - 26 - 13\frac{1}{3} = 5\frac{2}{3}$(分)，つまり，５分40秒である。

7 論理と推理

⑴　１回目のゲームでは，愛さんは「８のカード」まで取ったので，残りのカードの，９，10，11の３枚のうち，望さんが10までのカードを取ると必ず勝てる。

⑵　⑴より10のカードを取った方が必ず勝つことがわかる。２回目のゲームでは，愛さんは「６のカード」まで取ったので，残りのカードは，７，８，９，10，11の５枚である。そこで，２人が勝つために最善の方法を選んだら，望さんが７のカードを取ると，愛さんに８と９と10のカードを取られて望さんは負けてしまい，望さんが７と８のカードを取ると，愛さんに９と10のカードを取られて望さんは負けてしまい，望さんが７と８と９のカードを取ると，愛さんに10のカードを取られて望さんは負けてしまう。よって，愛さんが勝つために最善の方法を選んだら，望さんは勝てない。

⑶　このゲームでは，２人とも勝つために最善の方法を選んだら，10のカードを取った方が必ず勝てることになり，そのためには，⑵よりその４枚前の６のカードを取ると，必ず勝てることになる。６のカードを取るためには，同様に４枚前の２のカードを取れば必ず勝てる。よって，最初に先攻が２のカードまで取れば先攻が必ず勝てることになる。

⑷　「11ゲーム」を「21ゲーム」に変えた場合，20のカードを取れば必ず勝てる。そこで，⑶より，20のカードを取るためにその４枚前の16のカードを取れば必ず勝てる。同様に16のカードを取るためにはその４枚前の12のカードを，12のカードを取るためにはその４枚前の８のカードを，８のカードを取るためにはその４枚前の４のカードを取れば必ず勝てる。１人３枚まで取れるので，４を確実に取れるのは後攻であり，後攻が有利である。よって，後攻が確実に４のカードを取れて，８，12，16，20のカードを取れるので，相手に21のカードを取らせることができることから，後攻が有利である。

社　会　＜第１回試験＞（35分）＜満点：100点＞

解　答

1 **問１**　エ，オ　**問２**　ア　**問３**　イ　**問４**　①　カ　⑤　ウ　**2** **問１**　A　エ　B　ア　**問２**　エ　**問３**　イ　**問４**　２　**問５**　ウ　**3** **問１**　ア　**問２**　国分寺　**問３**　エ　**問４**　ウ　**問５**　X　D　Y　B　**問６**　B　**4** **問１**　ア　**問２**　イ　**問３**　エ　**問４**　⑴　イ　⑵　ア，エ　**5** **問１**　防衛省　**問２**　エ　**問３**　衆議院，参議院　**問４**　ウ　**問５**　エ　**6** **問１**　太平洋戦争　**問２**　ロシア(連邦)　**問３**　核兵器　**問４**　エ　**7** **問１**　エ　**問２**　ア　**問３**　イ　**問４**　ウ　**8** **問１**　ウ　**問２**　ア　**問３**　沖縄県　**問４**　ウ

解　説

1 分布図などの読み取りについての問題

問１　図３から，四国地方は，第１次産業の割合が高いことがわかるので農業が盛んと考えられる。

第１次産業とは，農業・林業・水産業のことである。しかしながら四国地方はいずれも図２からわかるように人口増加率がマイナスなので，人口が増加しているとはいえない。このことから，エは誤りである。また，図４からわかるように，東北地方のうち，岩手県や山形県，福島県では第３次産業が盛んとはいえない。第３次産業とは，商業やサービス業，運輸・通信業などである。また，東北地方は図２から人口増加率がマイナスで，人口が増加しているとはいえないことから，オも誤りである。

問２　図５中の10道県は北海道や東北地方，中部地方の中央高地や北陸などに位置している。これらの地域は冬に雪が多く降《ふ》るところなので，スキー場があるところと考えられる。

問３　アは筑紫《つくし》平野，イは筑後《ちくご》川，ウは阿蘇《あそ》山，エは九州山地である。したがって，イの半島が誤りである。なお，半島とは，陸地が海に突《つ》き出ている地形のことである。

問４　①　図７の①は北海道である。北海道は梅雨《つゆ》や台風の影響《えいきょう》を受けにくいため１年を通して降水量が少ない。また，冬の寒さがきびしく，１月，２月の平均気温は０度を大きく下回る。そのような特色が見られる雨温図は，カである。　⑤　地図の⑤は瀬戸内地方である。瀬戸内地方は，中国山地と四国山地にはさまれているため，季節風の影響を受けにくい。そのため，１年を通して降水量が少ない。また，冬も温暖《おんだん》である。そのような特色が見られる雨温図は，ウである。

２　中国・四国地方についての問題

問１　**A**　Aは山口県に広がる地域で，石灰岩《せっかいがん》などが雨水や地下水によって浸食《しんしょく》されてできた地形であるカルスト地形が見られる。　**B**　Bは愛媛県の宇和海沿岸で，出入りの複雑《ふくざつ》な海岸線が見られる。山地がしずんでできた，このような海岸をリアス海岸という。

問２　Cは瀬戸内海の臨海部《りんかいぶ》に広がっている。工業が盛んなこの地域は，瀬戸内工業地域とよばれる。製鉄業（鉄鋼業）や石油化学工業が盛んな岡山県の倉敷市，自動車工業が盛んな広島市，石油化学工業が盛んな山口県の岩国市や周南市などの工業都市がある。

問３　地図中には，九州地方，中国地方と四国地方が描かれているので，イの中部地方が地図②に描かれていない地方である。

問４　地図中の２は鳥取県ではなく広島県である。

問５　地図のDは香川県である。香川県は47都道府県の中で面積が最も小さい。アの47都道府県で人口が最も少ないのは鳥取県，イのコンビニエンスストアの店舗《てんぽ》数が一番多いのは東京都，エの生乳の生産量が最も多いのは北海道である。

３　歴史の各時代についての問題

問１　明治時代に制定された大日本帝国憲法では，国の政治のあり方を決める最高の力である主権を天皇が持っていた。したがってAの〔　〕には，天皇があてはまる。Bは江戸時代について述べている。このころ，人々の日常のことを浮世《うきよ》とも言った。この日常の様子などを多色刷《たしょくず》りの版画で表現したものが浮世絵である。

問２　この文は奈良時代について述べている。このころ聖武天皇は仏教の力で国を治めるために，全国に国分寺を建てさせ，その総国分寺として，都である奈良に東大寺を建てた。

問３　アの桶狭間《おけはざま》の戦いは，織田信長が今川義元に勝利した戦いである。イの長篠《ながしの》の戦いは，織田・徳川連合軍と武田軍の戦いで，足軽鉄砲隊をひきいた織田・徳川連合軍が勝利した戦いである。ウの応仁の乱は，室町幕府８代将軍である足利義政の後つぎをめぐる戦いで，京都が戦場となった。

問４　朝鮮戦争は1950年に始まった。アメリカ合衆国は大韓民国を支援し，そのため戦争に関連した必要な物資の注文が日本にも大量に入った。これにより日本の景気が良くなり経済が活気づいたことを特需《とくじゅ》景気という。

問５　**X**　厳島神社は平清盛によって修築され，現在の社殿《しゃでん》になった。広島県にあり，世界文化遺産に登録されている。　　**Y**　伊能忠敬は江戸時代の人物で，実際に日本各地を測量して回り，日本地図をつくった。

問６　Ａは明治時代，Ｂは江戸時代，Ｃは奈良時代，Ｄは平安時代，Ｅは昭和時代について述べた文である。したがって並べかえると，Ｃ→Ｄ→Ｂ→Ａ→Ｅの順となる。

4 農民と税についての問題

問１　五人組は江戸幕府によって定められた制度で，原則として農家５軒《けん》を１組として，禁止されているキリスト教の信者がいないかなど，お互いを監視《かんし》させた。また，年貢《ねんぐ》を納められない者が出た場合は，同じ組の他の者に不足分を納めさせたり，犯罪者が出た場合は，同じ組の者も罰《ばっ》するなど，農民に連帯責任を負《お》わせた。

問２　江戸幕府は，農民からの税を年貢米として米で取り立てていたが，明治政府は，税を米ではなく現金で取り立てることとした。これを地租改正と言い，地主(土地の所有者)は地価(土地のねだん)の３％を租税(税金)として国に納めた。

問３　江戸幕府は年貢米として米を税にしていたため，豊作の時と不作の時では，幕府の収入もちがい，財政が安定しなかった。明治政府は，財政を安定させるため，税を米から現金にかえ，所有している土地に対して税をかけた。したがって，エが正しい。

問４　(1)　江戸時代，農民たちには土地の耕作権が認められており，その土地でとれたものの中から年貢として税を納めていた。年貢を納めないことは許されないが，五人組により，不足分を農民どうしで協力して負担させたりしたので，幕府も農民から土地そのものをうばうことはなかった。　(2)　明治政府の地租改正により，地券が発行され，各個人には土地の所有権が認められたが，同時にそれに対する税の支払いも求められるようになった。江戸時代のような連帯責任はなくなり，責任はすべて個人が負うことになった。また，これにより，個人の責任を果たすことが優先されるようになり，他人の助けを受けられない時代となった。したがって，アとエが正しい。

5 日本国憲法についての問題

問１　自衛隊を管理，運営する仕事を行っている国の役所は防衛省である。なお，自衛隊の最高指《し》揮《き》権は内閣総理大臣が持っている。

問２　日本国憲法は国の最高法規であるため，国会が制定する法律や，内閣が行う政治などは，憲法に違反《いはん》してはならない。これらについて判断するのは裁判所の仕事である。

問３　国会には衆議院と参議院の２つの院がある。これを二院制または両院制という。慎重《しんちょう》に審《しん》議《ぎ》を行うために２つの院があり，定数，任期，被選挙権などにそれぞれちがいがある。なお，大日本帝国憲法のときは，貴族院と衆議院からなる二院制であった。

問４　日本国憲法改正の手続きは，憲法第96条に定められている。衆議院，参議院それぞれの総議員の３分の２以上の賛成で国会が発議し，国民投票を行い，過半数の賛成があれば改正となる。なお，国民投票は法律にもとづき，満18歳以上の男女によって行われる。

問５　本文中の最後の聖子さんの言葉の中に，「まずは，自衛隊の活動の内容や範囲について，国民の代表者の集まりで議論をするべきです。」とある。「国民の代表者の集まり」とは国会をさすので，エが正しい。

6 戦争と平和についての問題

問１　1941年12月８日，日本軍がアメリカ合衆国のハワイの真珠湾《しんじゅわん》などを攻撃をしたことにより，戦争が始まった。この戦争を太平洋戦争という。太平洋戦争は，日本がポツダム宣言を受け入れて，1945年８月15日に終戦をむかえた。

問２　国際連合の安全保障理事会の常任理事国は，アメリカ合衆国，イギリス，フランス，中華人民共和国，ロシア連邦の５か国である。このうち2022年にウクライナに侵攻したのはロシア連邦である。

問３　国際連合の安全保障理事会の常任理事国である５か国は，すべて核兵器を保有している。核兵器には，原子爆弾や水素爆弾などがある。このうち，戦争で原子爆弾が実際に使用されたのは，1945年８月６日の広島と同年８月９日の長崎である。

問４　日本国憲法は全部で103条からなるが，その条文の前に，前文として，日本国憲法制定の趣《しゅ》旨《し》や目的，理念などが述べられている。日本国憲法の三原則となる，国民主権，平和主義，基本的人権の尊重などについてもふれられている。

7 中部地方についての問題

問１　1600年，東軍を率いた徳川家康と，西軍を率いた石田三成が戦ったのが関ヶ原の戦いで，「天下分け目の戦い」ともいわれる。石田三成は，豊臣秀吉の死後，豊臣家を守るためにその代表のような立場で戦ったが，徳川家康に敗れた。

問２　岐阜県の長良川では，鵜《う》という鳥を使ってあゆをとる漁法が行われている。これを鵜飼いという。鵜飼いを知らなくても，問の選択肢であるイのさんま，ウのかつお，エのまぐろは，いずれも海の魚で川には生息していないことから，アが正解と考えることもできる。

問３　濃尾平野の西部は，木曽三川と言われる，揖斐川，長良川，木曽川の３つの川が流れており，この川に囲まれた地域は低い土地が多く，洪水《こうずい》が発生しやすい。そのため，まわりを堤防《ていぼう》で囲って生活しているこの地域を輪中という。

問４　中京工業地帯を代表する工業都市である豊田市には，自動車工場がたくさん位置しており，自動車生産がとても盛んである。このため中京工業地帯は，輸送用機械の生産額が特に多くなっている。

8 こども食堂についての問題

問１　全国にこども食堂は約6000か所あると本文中に書かれている。表には東京都のこども食堂の数は747とあるので，東京都のこども食堂が全国のこども食堂に占める割合は，747÷6000×100で計算できる。

問２　兵庫県と神奈川県のこども食堂の数はほぼ同じであるが，小学校の数は神奈川県の方が100以上多いので，小学校数当たりのこども食堂の数は，兵庫県の方が多いとわかる。表から，兵庫県は373÷747，神奈川県は372÷885で計算して比べることもできる。

問３　表中の都道府県のうち，沖縄県は，小学校の数が最も少なく，次に少ない福岡県の３分の１ほどである。しかしながら，こども食堂の数は６番目に多いので，小学校数当たりのこども食堂の数は沖縄県が最も多いことがわかる。

問４　ウについて，神奈川県も北海道も，生活保護を受けている世帯数は同じくらいであるが，こども食堂の数の方は神奈川県が多いので，生活保護を受けている世帯数当たりのこども食堂の数は，北海道の方が少ないことがわかる。なお，表から計算すると，神奈川県が，372÷120771で約0.003，北海道が，234÷122488で約0.002と計算でき，実際に北海道の方が少ないことがわかる。

理　科　＜第１回試験＞（35分）＜満点：100点＞

解　答

1　⑴　振動　⑵　①　○　②　○　③　×　④　○　⑶　イ　⑷　60m　⑸　右の図１

図１

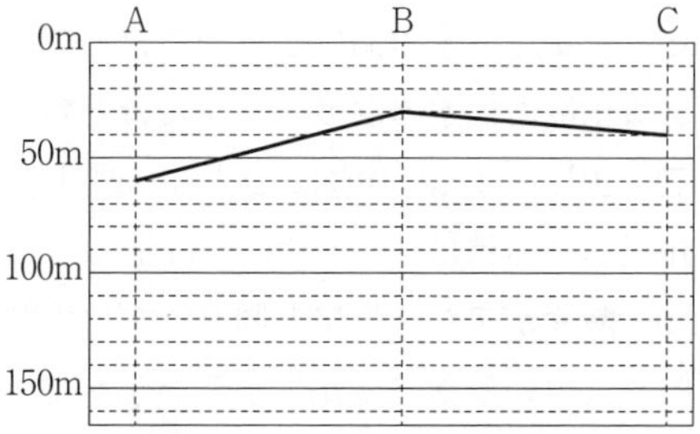

2　⑴　ア　⑵　ア　⑶　ウ　⑷　イ　⑸　アンモニア　⑹　（例）　水の温度が高くなると二酸化炭素はとけにくくなる。　⑺　44mL　⑻　（例）　ものが燃えにくくなる。　3　⑴　**あ**　卵　**い**　精子　⑵　（例）　メダカの子が大きくなるまでの栄養分になる。　⑶　小さくなっていく。　**理由**　（例）　エサがとれるようになるまでは，この部分を栄養分として成長するから。　⑷　**う**　羊水　**え**　たいばん　⑸　エ　⑹　（例）　酸素(養分)　⑺　イ，オ　4　⑴　ウ　⑵　右の図２　⑶　エ　⑷　エ　⑸　ウ

図２

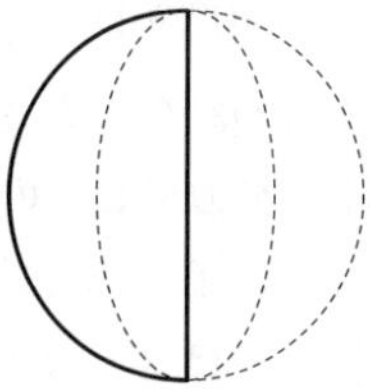

解　説

1　音の性質についての問題

⑴　人ののどやたいこなどのように，音を出すものが振動すると，振動が空気に伝わり，空気を通して耳に届くことで音として聞こえる。

⑵　ものが振動することで音は伝わるので，③のように糸の途中を指で強くつまむと糸が振動しなくなり，声が届かなくなる。

⑶　大きい音は振動が大きく，小さい音は振動が小さい。このため，より大きい音をスピーカーから出すことで大きな振動が伝わり，ビーズが大きく動くと考えられる。

⑷　海底から船に取り付けたマイクまで，0.08÷２＝0.04(秒)で音が伝わるので，Ａの水面から海底までの深さは，1500×0.04＝60(m)である。

⑸　Ｂの水面から海底までの深さは，1500×(0.04÷２)＝30(m)とわかる。よって，Ａが60m，Ｂが30m，Ｃが40mの深さとして作図する。

2　水よう液や気体の性質についての問題

⑴　二酸化炭素がとけた炭酸水は酸性であるため，大気中の二酸化炭素が雨水へ十分にとけると，雨水は酸性となり，pH は７よりも小さくなる。

⑵　ア～エそれぞれの物質を水にとかしてできる水よう液の性質は，クエン酸が酸性，食塩と砂糖が中性，水酸化ナトリウムがアルカリ性である。pH は酸性が強いほど小さく，アルカリ性が強い

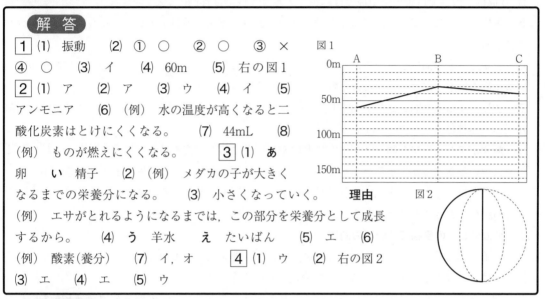

ほど大きいので，pH がもっとも小さくなる物質はクエン酸である。

⑶　石灰水は二酸化炭素にふれると白くにごる。なお，線香を入れると激しく燃えたり（ア），空気中に約20％ふくまれていたりする（イ）のは酸素の性質で，鉄に塩酸を加えると発生する（エ）のは水素である。

⑷　青色のリトマス紙だけが赤色に変化する水よう液は酸性，赤，青どちらのリトマス紙も変化しない水よう液は中性，赤色のリトマス紙だけが青色に変化する水よう液はアルカリ性である。またBTB 液は，酸性では黄色，中性では緑色，アルカリ性では青色になる。

⑸　気体のアンモニアは，水によくとける性質があり，水よう液は pH が７よりも大きいアルカリ性になる。

⑹　表から，水の温度が上がるほど二酸化炭素がとける量が減少しているとわかる。したがって，二酸化炭素は水の温度が上がるほど水へとけにくくなるといえる。

⑺　20℃の１mLの水にとける二酸化炭素の体積は表より0.88mLだから，50mLの水にとける二酸化炭素の体積は，0.88×50＝44(mL)である。

⑻　酸素がアンモニアと同じくらい水にとけやすいとすると，海や湖などに酸素が多くとけてしまい空気中の酸素濃度が下がると予想できる。酸素にはものが燃えるのを助けるはたらきがあるので，ものが燃えにくくなる。また，生物は呼吸によって酸素を取り入れるため，生物が呼吸できないなどの不都合もおきると考えられる。

3　メダカやヒトの受精についての問題

⑴　精子が卵と結びつくことを受精といい，受精した卵を受精卵という。

⑵　㋐はメダカの子が大きくなるための栄養分となる部分である。

⑶　卵からかえったメダカは自分でエサをとれるようになるまで，㋑の部分を栄養分として成長をするため，この部分はしだいに小さくなっていく。

⑷　ヒトのたい児はたいばんとへそのおで母体とつながっており，羊水とよばれる液体の中で育つ。

⑸　たい児のへそから出たへそのおは，たいばんとつながっている。

⑹　たいばんではたい児に必要な酸素や養分と，たい児のからだからへそのおを通って送られてきた二酸化炭素などの不要物が交換される。

⑺　クジラやカンガルーなどのほ乳類の赤ちゃんは，ふつう母乳をもらって大きくなる。なお，ペンギンやダチョウは鳥類，ワニはは虫類，サメは魚類，ウシガエルは両生類である。

4　月についての問題

⑴　太陽や月は東の地平線からのぼり南の空高くを通って西の地平線へしずむように動く。

⑵　満月からおよそ１週間後に見えるのは，解答の図のように左半分が光って見える月である。

⑶　月が地球の周りを回っており，地球と月の位置関係が変わるため，月の出る時刻は毎日変化していく。

⑷　満月を観察してから次に満月を観察できるのはおよそ29.5日後で，約４週間後である。

⑸　月食は月が地球の影に入りおこる現象だから，太陽・地球・月の順で一直線上にならぶ満月のときに観察できることがある。

国　語　＜第１回試験＞（45分）＜満点：100点＞

解　答

一　問１　エ　問２　身をかたくした　問３　X　ア　Y　イ　問４　（例）しかられると思ったのに，ウゴおじさんがなにも言わないから。　問５　Ⅰ　イ　Ⅱ　ウ　Ⅲ　ア　問６　イ　問７　A　エ　B　ア　C　ウ　問８　（例）周りからはりっぱな理容師になれと言われ，自分では画家になりたいと思うが，どちらにもなれない気がするという不安な気持ち。　問９　a　オ　b　エ　c　イ　問10　（荷物をまとめて）ウゴおじさん（の店を）出る（ということ。）　問11　カバンの中には　問12　ウ　問13　ハサミを持つ父さんの笑顔と，緑色のいす　問14　イ　問15　（例）私は将来動物のお医者さんになって，病気の動物を助けたいと考えています。そのために，学校の勉強をがんばることと，動物に優しくすることを心がけていきたいと思っています。　二　問１　1　ぞうきばやし　2　いとな（む）　3　きちょう　4　きんもつ　5　ふる（い）　問２　下記を参照のこと。　問３　1　十（人）十（色）　2　三（寒）四（温）　3　一（進）一（退）　4　百（発）百（中）　5　千（差）万（別）　問４　1　のぎへん　2　わかんむり　3　りっとう　4　りっしんべん　5　あくび

●漢字の書き取り

二　問２　1　都合　2　整える　3　注ぐ　4　弱音　5　省く

解　説

一　**出典：北川《きたがわ》佳《か》奈《な》『ぼくに色をくれた真っ黒な絵描き　シャ・キ・ペシュ理容店のジョアン』**。父母を亡《な》くし，父が働いていたシャ・キ・ペシュ理容店のウゴおじさんに引き取られ，理容店の仕事を手伝っているジョアン。大人たちからは父のような理容師になることを期待され，自分でもそうしなければと思っていたが，シタンという画家と彼《かれ》の描《えが》いた絵に出会い，ジョアン自身も画家になりたいと思うようになる。将来進むべき道を探しているジョアンの心の葛藤《かっとう》が描かれている。

問１　ジョアンに「もっと明るい色がにあうと思う」と言われたオーギュスタンさんのその後の言動に着目する。「よけいなお世話だ！」と「店じゅうにひびく声で怒鳴《どな》った」あと，「自分でケープをはぎとると，床《ゆか》にたたきつけ，出ていってしまった」とあるので，オーギュスタンさんは，怒《おこ》っているのである。

問２　「ジョアン。」と，ウゴおじさんから名前を呼ばれたことに「さらに身をかたくした」という文脈をとらえる。

問３　X　ウゴおじさんの「静か」とはいえ，「座れ。」と命令口調である点や，ジョアンが言われた通りそれに従っている点に着目する。　Y　「がんじがらめ」になっているのは，シタンである点に注意。シタンは「色にしばられるようになった」と言っている。

問４　ジョアンのせいで，客のオーギュスタンさんが怒って帰ってしまったという状況《じょうきょう》で，理容店の店主であるウゴおじさんが，ジョアンに対し「なにも言わない」のである。「嵐《あらし》の前の静けさか，それとも，丸ぼうずにされるのかも」と警戒《けいかい》している点から，しかられると思っていることがわかる。

問５　Ⅰ　「全部終わりだと思った」けれども，「今度は」ひげそりが始まったという文脈である。逆説の接続詞の「ところが」が入る。　Ⅱ　あとに「～たら」という仮定の表現がある点に着目。「もし(も)～たら」と，決まった組み合わせの中で用いられる，呼応の副詞である「もしも」が入る。　Ⅲ　「客がとぎれて一息ついたとき」と「店のとびらが開いた」ときが同じタイミングであったという文脈である。一致《いっち》するという意味の「ちょうど」が入る。

問６　ウゴおじさんは髪《かみ》を切り，ひげをそる間「一言もしゃべらなかった」のである。ウゴおじさんは理容師としての対応をしただけなのに，ジョアンは，「髪を刈《か》り，ひげをそり，男たちにふれることで，ひとりひとりと向きあってきたんだ。自分が客になってみてはじめてわかった」と，ウゴおじさんの仕事ぶりを理解し，自分に対してもウゴおじさんが向きあってくれたと感じ，はじめて自分も向きあえたと感じたのである。

問７　**A**　ウゴおじさんにひげをそってもらったあごをさすったのである。手ざわりのなめらかなさまを表す「すべすべ」が入る。　**B**　「ジョアンはだまってシタンのあとをついていった」とある。わき目もふらず足早に歩くさまを表す「すたすた」が入る。　**C**　「回って見える」「気分が悪い」とある。目が回っているのである。何回もつづいて回るさまを表す「ぐるぐる」が入る。

問８　直前の「こんなに」が示す内容をおさえる。「ぼく，どうしよう……。ぼくは，が，画家になりたい」と思いつつも，「なれなかったら？　それに，みんなぼくにりっぱな理容師になれって……」と，決意しきれずに心がゆれ，「画家にも理容師にもなれない気がした」という，ジョアンの不安な気持ちをとらえる。

問９　**a**　直後に「思いなおしたように，ぽつんと言った」とある。「なにか言いかけて」言わなかったという文脈である。「口をつぐむ」は，口を閉じてものを言わないという意味。　**b**　「思いがけない言葉」に驚《おどろ》きと興奮でふるえていることを表す「ひざがふるえる」が入る。　**c**　最も根底にある気持ちや意志を表す「腹の底」つまり「おなかの底」が入る。

問10　「ジョアンはもう答えを出していた。屋根裏のすみに，荷物をまとめてあるのだ」とあり，「もともとここを出るつもりだったのだ。それが少し，早くなっただけだ」ともある。「ここ」とは，「ウゴおじさん」の店である。

問11　「想像の中ではなんでも持つことができた」とあるので，「旅に出た自分を想像」し「思いえがいていた」中で持っているものが書かれた直前のひと続きの三文である。

問12　「ジョアンには，ぜいたくななやみのように思えた。自分の絵があって，色があって，がんじがらめになるなんて」とあるように，シタンは，自分の名前がつけられた「色にしばられるようになった」ことになやんでいる。そして，ジョアンは「画家にも理容師にもなれない気がした」「中途半端《ちゅうとはんぱ》で，なにかになれるのだろうか」「心を決めたにもかかわらず」「ウゴおじさんに自分の決断を話せずにいた」などとあるように将来のことになやんでいるのである。

問13　シタンが迎《むか》えに来た時にジョアンが思いうかべたものは何であったのかをとらえる。「ジョアンは旅に出た自分を想像した」が，「やがてジョアンの目の前にうかんできたのは，ハサミを持つ父さんの笑顔《えがお》と，緑色のいすだった」とある。

問14　ジョアンが「今はここに，会いたい人たちがいるんだ。やりたいことも！」と宣言し，「回れ右をして来た道を走りだした。ウゴおじさんが待っている，あの店に帰ろう」とあるように，理容師になる決心をした点をとらえる。また，「もうジョアンとはちがう色なんだろう。同じ色の時間は過ぎたのだ」とある点や，「ジョアン，描きつづけるんだよ，いろんな色で」というシタンの言葉に，うなずくことしかできないという点をおさえ，シタンと「別々に絵の道を歩んでいく未来」を選んだジョアンの思いをとらえる。

問15　指示された条件に従って，二文構成で，一文目は「将来どのような自分になりたいか」を書き，二文目には一文目のことを「実現させるために努力していること（努力したいこと）」を書くことが求められている。「______。そのために（は）／それを実現させるために（は），______。」というような形でまとめると良い。

二　漢字の読みと書き取り，四字熟語，漢字の部首

問１　**１**　いろいろな木が混じって生えている林。　**２**　生活のための仕事をする。経営する。　**３**　得がたいものであるさま。　**４**　してはならない物事。　**５**　「奮い起こす」は，心を興奮させ，物事に対して立ち向かおうと張《は》り切る様子。

問２　**１**　そのときの事情・具合によること。具合がよいか悪いかということ。　**２**　必要なものをすべてそろえる。　**３**　液体を容器に入れる動作。「注水」「注入」などの熟語がある。　**４**　弱々しい声。力のない物言い。意気地のない言葉。　**５**　不要のものとして取り除く。全体から一部を取り除く。減らす。また，節約する。

問３　**１**　好みや考えなどは，人によってそれぞれみな異なるということ。　**２**　冬の終わりから春先にかけて，寒い日が三日つづくとその後四日ほど温暖な日がつづき，これが繰り返される気候現象。また，徐々《じょじょ》に暖かくなる気候についてもいう。　**３**　前へ進んだり，後戻《もど》りしたりすること。また，病状や情勢がよくなったり，悪くなったりすること。　**４**　発射すると必ずあたること。すべて命中すること。転じて，計画や予想などが，すべてねらい通りに運ぶさまをいう。　**５**　種々様々のちがいがあること。

問４　**１**　「のぎへん」には穀物や穀物の収穫《しゅうかく》などに関する字が多く属する。「税」「種」「稲」などの漢字がある。　**２**　「わかんむり」はおおう，上からかぶせる意を表す。「冠《かんむり》」などの漢字がある。　**３**　「刀（かたな）」がつくりになった形の「りっとう」には，刃物や刃物を使った動作などを表す字が多く属する。「別」「利」「判」「割」などの漢字がある。　**４**　「りっしんべん」には心や感情に関する意味を持つ字が多く属する。「快」「性」などの漢字がある。　**５**　「あくび」は「けんづくり」ともいう。「次」「欲」などの漢字がある。「次」の部首は「にすい」ではないことも覚えておこう。

Memo

2024年度 玉川聖学院中等部

【算　数】〈第２回試験〉(40分)〈満点：100点〉

1　次の計算をしなさい。ただし，(5)は途《と》中の計算も解答らんにかくこと。

(1)　$\{23-(2\times3\times2+3)\}\times(11\times2+1)\times11$

(2)　$0.125+\left(\dfrac{2}{3}-\dfrac{1}{2}\right)+\dfrac{1}{8}$

(3)　$\dfrac{85}{9}-4\times5\div6+1\dfrac{2}{9}$

(4)　$68.2\times0.07+0.07\times31.8$

(5)　$\dfrac{4}{7}\div\dfrac{10}{21}\times\left(\dfrac{8}{9}-\dfrac{5}{6}\right)$

2　次の□にあてはまる数字を入れなさい。

(1)　1680 m の道のりを分速□m で歩くと 0.5 時間かかります。

(2)　仕入れ値が□円の品物に 20 %の利益を加えると，売り値は 1800 円になります。

(3)　底辺が□cm，高さが 14 cm の三角形の面積は 63 cm^2 です。

(4)　鉛筆《えんぴつ》□本を１人に６本ずつ分けると３本あまり，１人に７本ずつ分けると４本足りません。

(5)　40 人のクラスで，ピアノを習っている人は□人，水泳を習っている人は 10 人います。両方習っている人は５人，どちらも習っていない人は 11 人です。

3　長方形の紙を次の図のように折りました。(ア)と(イ)の角度を求めなさい。

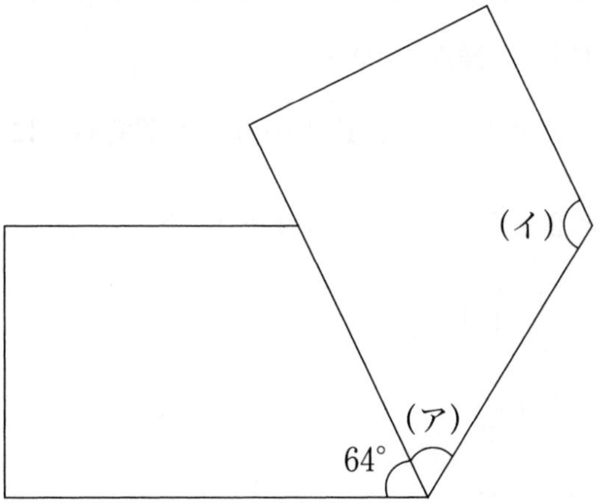

4　下の長方形で，かげの部分の面積を求めなさい。

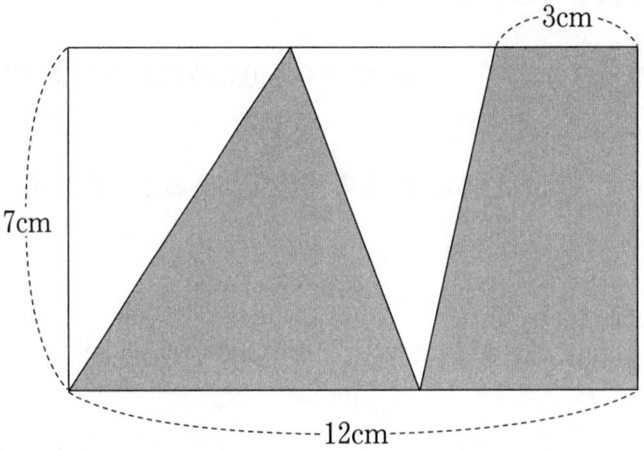

5　底面の半径 10 cm，高さ 10 cm の円柱から，底面の半径 2 cm，高さ 10 cm の円柱の形の穴をくりぬいて，図のような立体をつくりました。このとき，次の問いに答えなさい。ただし，円周率は 3.14 とします。

(1)　この立体の体積を求めなさい。

(2)　この立体全体を，ペンキが入った容器にしずめて色をつけたとき，色のついた部分の面積を求めなさい。ただし，途《と》中の計算も解答らんに書くこと。

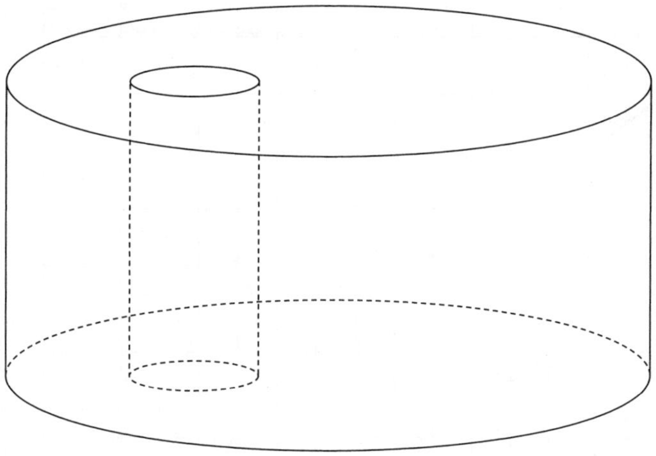

6 長さと太さの違う円柱状のロウソクA，Bがあります。これらのロウソクは，火をつけるとそれぞれ一定の割合で短くなっていくものとします。ロウソクAは午前８時に火をつけ，９時に一度火を消し，９時半に再度火をつけて11時まで灯し続けました。下のグラフは，その時の様子の最初の部分で，ロウソクAの長さと時刻の関係を表したものです。次の問いに答えなさい。

(1) ロウソクAのグラフを解答用紙に完成させなさい。

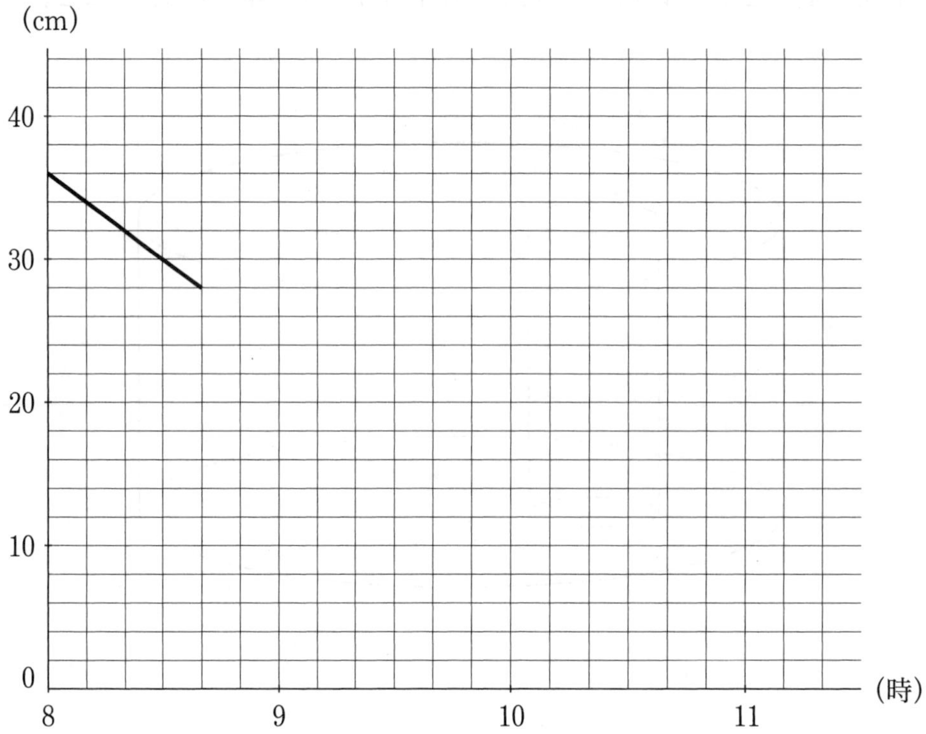

(2) 次の［あ］～［き］にあてはまる数字を答えなさい。

① ロウソクAのはじめの長さは［あ］cmで，１分間に［い］cmの割合で短くなり，11時の時点で長さは［う］cmになっています。

② ロウソクBのはじめの長さは32 cmで，Aと同時に火をつけた後，途中で消すことなく11時まで灯し続けました。Bは１分間に１mmの割合で短くなります。同じ時刻にAとBの長さが等しくなる場合は［え］回あり，最後に等しくなる時刻は［お］時［か］分で，その時のロウソクの長さは［き］cmです。

二　次の各問いに答えなさい。

問一　次の――線部の漢字の読みを答えなさい。

1　その後の消息を知りたい。
2　今朝から始まる。
3　実力を発揮する。
4　みんなに易しく話そう。
5　著名な音楽家の伝記を読む。

問二　次の――線部のカタカナを漢字で書きなさい。送り仮名が必要なものは、送り仮名をひらがなで答えなさい。

1　友達に喜ばれるなんてイガイだ。
2　図書館で本をカリル。
3　兄との約束をハタス。
4　新しい国語ジテンを使う。
5　ヨキしない出来事だった。

問三　次の太線で示した部分は何画目に書くのか、数字で答えなさい。

1　世　2　承　3　臣　4　飛　5　必

問四　次の――線部の言葉と同じ使い方のものを、ア～エから一つ選び、記号で答えなさい。

1　風がさわやかである。
ア　雨が降りそうである。
イ　ここはとても静かで落ち着く。
ウ　運動場で走る。
エ　図書館で本を読んでいる。

2　もうすぐ晴れるらしい。
ア　六年生らしい発表で立派です。
イ　春らしい風がふいています。
ウ　次の土曜日に試合があるらしい。
エ　小さい子犬がかわいらしい。

問五　次の各文には間違った漢字が一字ある。間違った漢字をぬき出して、正しい漢字に書き直しなさい。

1　実体を調査する。
2　絶体に行くので、信用してください。
3　最低限の生活を保証する。

問十二　――線部⑩「ぼくは自分のほんとうの気持ちに気がついた」とありますが、「ぼく」は自分のどのような気持ちに気がついたのですか。気づくことができた理由を踏《ふ》まえて、本文中のことばを用いて八十字以内で説明しなさい。ただし、次の条件①・②に合わせて答えること。

条件①　次のことばを必ず入れて答えること。

（　怪我　／　仲間　／　信頼《しんらい》　）

条件②　文末「～という気持ちに気がついた。」に続く形で答えること。

問十三　あなたは「自分の気持ち」を誰かに伝えた経験はありますか。次の①か②を選択し、条件にしたがって答えなさい。

①　あなたは「自分の気持ち」を誰かに伝えて、分かってもらえた経験はありますか。なぜ「分かってもらえた」と思えたのか、その理由も含めて、記述しなさい。

ただし、次の条件にしたがって答えること。

条件　二文で書き、一文目に「自分の気持ち」を伝えた経験を、二文目にそれを「伝えて」分かってもらえたと感じた理由を具体的に記述しなさい。

②　あなたはこれまでに、人に「自分の気持ち」をうまく伝えられなかったことはありますか。今の自分からそのときの自分へアドバイスをするとしたら、どのようなことを伝えたいかも含めて記述しなさい。

ただし、次の条件にしたがって答えること。

条件　二文で書き、一文目に「自分の気持ち」をうまく伝えられなかった経験を、二文目に「今の自分からそのときの自分へのアドバイス」を、具体的に記述しなさい。

問八　――線部⑥「あんまり自信がなくて……」とありますが、それはどのような気持ちですか。本文中の言葉を用いて、四十字以内で説明しなさい。

問九　――線部⑦「水くさいこと」とありますが、この場面にみられる登場人物の気持ちとして、最もふさわしいものを次から選び、記号で答えなさい。

ア　「ぼく」は退部のあいさつをして以来、放課後の体育館を訪れていなかったため、どのように仲間に話しかけたらよいかわからず戸惑《とまど》っていたが、仲間たちも不意な「ぼく」の訪問に驚き、いぶかしげに思っている。

イ　「ぼく」は元担任の辻《つじ》井《い》先生《せんせい》に勧《すす》められてバスケ部の様子を見に来たが、知らない新入生の多さに居心地の悪さを感じて立ち去ろうとしたところ、仲間たちは「ぼく」に気を遣《つか》って無理に見学させようとしている。

ウ　「ぼく」は吹奏楽部に入るために退部のあいさつをしに来たが、部員たちが楽しそうに練習している様子を見て、バスケが好きだったときの情熱を思い出し、怪我《けが》が治ったらバスケ部に戻れないかと考え始めている。

エ　「ぼく」は久しぶりに放課後の体育館を訪れ、新しいバスケ部に自分の居場所はもうないと寂《さび》しさを感じ、他人行儀《たにんぎょうぎ》な態度になるが、仲間たちは「ぼく」が部活に顔を見せたことを喜んでいる。

問十　――線部⑧「そのことを明かした」とありますが、「そのこと」とはどのようなことですか。本文中のこれより前の部分より十一字で書かれた部分を探し、ぬき出して答えなさい。

問十一　――線部⑨「満は明らかに戸惑《とまど》った表情を浮《う》かべていた」のはどのような気持ちからですか。最もふさわしいものを次から選び、記号で答えなさい。

ア　一生懸命《いっしょうけんめい》練習に打ち込《こ》んでいた慎吾《しんご》が部活から逃《に》げるわけないと思っているから。

イ　慎吾が痛みをうちあけたときに成長痛だと言ったことを責められると思っていたから。

ウ　病院へ行かなくても大丈夫《だいじょうぶ》だと言ってしまったことに責任を感じていたから。

エ　慎吾が気にしていたことに気づいてやれなかったことを後悔していたから。

問二　――線部①「またなりゆきで部員にされてしまっていたかもしれない」とありますが、それはどのような事情ですか。その説明として最もふさわしいものを次から選び、記号で答えなさい。

ア　本当は吹奏楽部《すいそうがくぶ》に入りたかったが、優柔不断《ゆうじゅうふだん》な性格のため、断り切れずに本意ではないバスケ部に流されて入部してしまったということ。

イ　熱烈《ねつれつ》な勧誘《かんゆう》を受けて、気づいたらバスケ部への入部が決まっていたため、楽しくない部活動の毎日を後悔《こうかい》しているということ。

ウ　バスケ部に入部してみたら楽しかったものの、きっかけは熱烈な勧誘を受けて入部してしまったという優柔不断な性格によるということ。

エ　運動神経も良くないのに、ノリでバスケ部に入部してしまったため、熱心な仲間たちの空気に気持ちがついていけなかったということ。

問三　――線部②「雅人《まさと》が掲《かか》げた目標」とはどのようなものですか。本文中より十六字で書かれた部分を探し、ぬき出して答えなさい。

問四　――線部③「ぼくのひざはかなり悪い状態になっていた」とありますが、「ぼく」は、このような症状《しょうじょう》になってしまったのは何が原因だと考えていますか。本文中より八字で書かれた部分を探し、ぬき出して答えなさい。

問五　――線部④「ぐずぐずしていたら診察《しんさつ》が終わるころには部活も終わって、帰り道でバスケ部の仲間と顔を合わせてしまうかもしれない」とありますが、このように思ったのはなぜですか。解答らんの「～から。」につながるように、本文中より十七字で書かれた部分を探し、ぬき出して答えなさい。

問六　[A]・[B]にあてはまる言葉として最もふさわしいものを次からそれぞれ選び、記号で答えなさい。

ア　しかし　　イ　だから　　ウ　まるで　　エ　たとえ

問七　――線部⑤「自分の意志で退部を決めたわけじゃない」とありますが、このことが「ぼく」にどのような影響《えいきょう》を与《あた》えているといえますか。その説明である次の文の（　）にあてはまることばを、指定された字数で本文中より探し、ぬき出して答えなさい。

ぼくは（　　　十字　　　）いる。

を浮《う》かべていた。

雅人が「だよな」と相槌《あいづち》を打ってぼくの顔を見た。

「おまえ、本気でそんなこと気に病んでたのかよ。おまえみたいに真面目で練習熱心なやつが、まだ頑張《がんば》れるのに怪我《けが》のせいにしてあきらめたりするわけないだろ」

バリーともっさんもしきりにうなずいていた。その反応を目にしたとたん、胸の底から熱いものがこみあげてきた。

正直、ぼくはみんなのことを疑っていた。あいつは怪我を理由にしてバスケ部から逃げた。そう思われているんじゃないかと想像して怖かった。

だけど、そんなことはなかったんだ。ぼくはずっと自分の本心を疑い続けていたのに、みんなはいまでもぼくのことを信頼《しんらい》してくれていたんだ。

ありがとう、とぼくは心からみんなに感謝した。なにいってんだよ、と雅人が茶化すようにぼくの肩を揺《ゆ》さぶってくる。

「……もっとみんなとバスケをしてたかったな」

みんなの顔を見ていたら泣いてしまいそうで、ぼくはステージの床を見つめてつぶやいた。退部から半月以上がたってようやく、⑩ぼくは自分のほんとうの気持ちに気がついた。

（如月かずさ『給食アンサンブル2』より）

※　辻井先生……ぼくの中学一年時の担任。しかめっ面でぶっきらぼうなしゃべり方をする女の先生だが、ぼくは信頼をしている。担任でなくなった今もぼくに気を掛《か》けている。

問一　〜〜線部a「胸をなでおろし（す）」、b「首を傾《かし》げて（る）」、c「歯切れの悪い」の本文中の意味として最もふさわしいものを次からそれぞれ選び、記号で答えなさい。

a　「胸をなでおろす」

ア　高ぶった気持ちを押《お》しとどめる。
イ　重い責任感から解放される。
ウ　人に言わずに心の中にとどめておく。
エ　心配ごとが消えてほっとする。

b　「首を傾げる」

ア　不思議に思ったり、疑わしく思ったりする。
イ　驚《おどろ》いたり恐《おそ》れ入ったりして、思わず首を縮める。
ウ　心に引っかかって心配になる。
エ　相手の態度を不満に思い考え込《こ》む。

c　「歯切れの悪い」

ア　物をかみ切りにくい。
イ　物言いがはっきりしない。
ウ　極めて苦しそうに言う。
エ　どこか思わせぶりに言う。

感じていた。それはきっと、ぼくがみんなに隠《かく》していることがあるから。そしてみんながぼくに気を遣ってくれているからだ。その証《しょう》拠《こ》に、ぼくの脚や退部のことには、だれも触《ふ》れようとはしない。

しばらく話したところで、ふいに会話が途切《とぎ》れた。一年生がスリーポイントシュートを決めて歓声《かんせい》をあげた。ぼくがそっちに注目するふりをして、気まずさをまぎらわせていると、満が「慎吾」と話しかけてきた。不安をこらえるような、硬《かた》い表情で。

「おまえの脚のことを聞いたときから、謝らないとずっと思ってたんだ。成長痛だろうなんて適当なことをいって、ほんとうに悪かった。あのときすぐに病院に行くようにすすめてれば、部を辞めなくてすんだかもしれないのに……」

「えっ、そんなの謝ることないよ。ぼくだって、自分の脚が退部しなきゃいけないほどひどい状態になってるなんて思ってもいなかったんだから」

慌《あわ》ててそういいかえしても、満の顔は晴れなかった。満だけじゃなくて、ほかのみんなもおなじように沈《しず》んだ顔をしていた。

バリーがおずおずとぼくにいった。

「けどよぉ、慎吾、最近ずっとおれらのことを避けてたろ。だからやっぱそのことで怒《おこ》ってんじゃないかと思ってよぉ」

「誤解だよ！　ぼくがみんなと顔を合わせづらかったのは、ただ、バスケ部を辞めたことがうしろめたかったからなんだ」

口にした瞬間《しゅんかん》に、いってしまった、と思った。うろたえているぼくに、バリーが首を傾げて聞きかえしてきた。

「なんでだよ。退部は脚のせいなんだからしょうがないだろ。うしろめたさなんて感じる必要ないじゃん」

ほんとうのことを、正直に話さなくちゃいけない。たとえみんなに軽蔑《けいべつ》されたとしても。そうしなければ、きっとこれからもみんなに、ぼくのことで責任を感じさせてしまう。

仲間たちの視線から逃れてうつむくと、ぼくは⑧おそるおそるそのことを明かした。

「たしかに、脚のせいなんだけどさ。親とか医者に退部をすすめられたとき、ぼくははっきり嫌だっていわなかったんだ。続けようとしていれば、続けられたかもしれないのに。だからもしかするとぼくは、心の底でバスケ部を辞めたがってたのかもしれないって、そう思ってるんだよ。いくら練習してもみんなみたいにうまくなれないから、それがつらくて部活から逃げたんじゃないか、って……」

言葉を終えたあとも、ぼくはみんなの反応が怖《こわ》くてうつむいたままでいた。ぼくがびくびくしながら沈黙《ちんもく》に耐《た》えていると、満が最初に口を開いた。

「慎吾はそういうことはしないだろう」

それは［B］、ぼくがなにかおかしなことをいったかのような口調だった。驚いて顔を上げると、⑨満は明らかに戸惑《とまど》った表情放課後の体育館を訪れるのは、退部のあいさつをしにいったとき以来だった。まだバスケ部のみんなと話をする決心がつかなくて、ぼくはこっそり体育館の中をのぞいてみた。

　体育館の中では、バスケ部がすでに練習を始めていた。雅人も、バリーも、もっさんもいる。残りの部員は全員新入生だ。すごい、八人もいるじゃないか。これなら三年生が引退しても、部員不足に悩《なや》むことはなさそうだ。

　雅人がおもしろいことをいったのか、一年生たちが笑いだした。雅人、愉快《ゆかい》ないい先輩《せんぱい》をしてるみたいだな。ぼくが退部する前は、新入部員の指導なんてめんどくさいとかいってたのに。

　先輩らしく振《ふ》る舞《ま》っている仲間の姿をながめているうちに、ぼくはたまらなく寂しくなった。もうこの放課後の体育館に、ぼくの居場所はない。

　様子を見にきたりなんてしなければよかった。そう後悔《こうかい》しながら、ぼくはその場を立ち去ろうとした。ところがそのとき、姿の見えなかったもうひとりの二年生部員の満が、ちょうど体育館にやってきた。用事があって遅れたんだろうか。満はまだ制服姿で、ぼくを見て驚《おどろ》いた表情を浮《う》かべていた。

「やっぱり慎吾か。こんなとこでのぞいてないで、中に入ればいいのに」

「いっ、いや、練習の邪魔《じゃま》をしちゃ悪いと思って……」

「そんな気を遣《つか》うことないだろ。おい、慎吾がきてるぞ！」

　満が体育館の中に向かって声をかけると、すぐに雅人が飛んできた。もっさんとバリーもそのあとから駆《か》けてくる。

「慎吾、この薄情者《はくじょうもの》！　たまには顔見せろよなあ。寂しいだろ！」

「ご、ごめん。けど、退部したのに練習に顔を出すのは気が引けて……」

「⑦水くさいこというなよ。とにかく中入れって」

　遠慮《えんりょ》する暇《ひま》もなく、ぼくは体育館の中に連れこまれてしまった。

　体育館のステージにみんなと輪になって座ったものの、どんな話をしたらいいかわからず、ぼくはミニゲームをしている一年生たちを見ていった。

「新入部員、たくさん入りそうでよかったね」

「おう、勧誘頑張ったからな。それより慎吾は最近どうなんだよ。おまえのクラス、担任チャラ井だろ。あの人ちゃんと担任とかやれんの？」

「まあ、思ったよりちゃんとやってくれてはいるんだけど、やっぱり辻井先生のほうがよかったなあ」

　それからぼくたちは自分のクラスのことや最近のできごとについて話をした。ぼくがまだバスケ部にいたころの、練習前や休憩《きゅうけい》時間とおなじように。

　なのにぼくは仲間たちとのあいだに、これまではなかった距離《きょり》をから逃《に》げたんじゃないだろうか。⑤自分の意志で退部を決めたわけじゃないから、自分があのときほんとうはどうしたかったのか、ぼくはいまだにわからないでいる。

（中略）

翌週の放課後、教室で日直の仕事をしていたら、高城くんに話しかけられた。

「大久保、また吹奏楽部の見学にこないか？」

「あっ、きょうは用事があって……」

ぼくは反射的に嘘《うそ》をついていた。高城くんは「そうか、じゃあしかたないな」と残念そうに教室を出ていった。

結局ぼくが吹奏楽部の見学に行ったのは一回きりだ。何度も見学に行ったら、入部を断れなくなりそうな気がして不安だった。たのしそうな部だな、とは思ったから、去年のぼくだったら入部を決めていたかもしれない。けれどいまのぼくにはもう、その勇気がなかった。

書き終えた日誌を職員室に届けて廊下《ろうか》に出ると、そこでぼくはまた※辻井先生《つじいせんせい》に会った。あいさつだけしてすれ違おうとすると、「そういえば」と辻井先生がぼくを呼び止めた。

「大久保、吹奏楽部には入部することにしたの？」

「いえ、まだ迷ってるんです。⑥あんまり自信がなくて……」

急に尋《たず》ねられたせいか、思わず本音がこぼれてしまった。ぼくのその返事に、辻井先生がb首を傾《かし》げて聞きかえしてくる。

「未経験者だからってこと？　それなら新入生といっしょに丁寧《ていねい》に教えてくれるだろうから、心配はいらないと思うけど」

「未経験者っていうのもあるんですけど、それよりぼくは、バスケ部も辞めちゃったから」

「バスケ部はべつに辞めたくて辞めたわけじゃないでしょう」

「それは、そうだと思うんですけど……」

ぼくはc歯切れの悪い声でこたえてうつむいた。

ほんとうにそうなんだろうか。もともと辞めたいと願っていたから、脚の故障を理由にして退部したんじゃないだろうか。

それがわからないから、ぼくは自分を信じられなくなっていた。吹奏楽部に入部しても、思うようにうまくなれなかったら、ぼくはまた逃げだそうとするかもしれない。いや、きっとそうなる気がする。ぼくはたぶん、そういうやつだから……。

自分に嫌気が差して、ぼくが制服のひざを見おろしていると、辻井先生がふいに尋ねてきた。

「退部してから、バスケ部の仲間には会った？」

（中略）

体育館の床《ゆか》で、バスケットボールが弾《はず》む音が聞こえてくる。部活を辞めてまだ半月ちょっとしかたっていないのに、ぼくにはその音がやけに懐《なつ》かしく聞こえた。

かった。

けれど痛みは徐々《じょじょ》に強くなり、まともに練習ができないほどになった。三月にはじめて整形外科の病院を受診《じゅしん》したときには、③ぼくのひざはかなり悪い状態になっていた。

成長期に無理な運動をくりかえすことで起きるひざの骨の異常で、悪化させないためには運動をひかえるしかない。症状《しょうじょう》がもっと悪くなれば大人になっても痛みが残って、手術が必要になる可能性もある。初回の診察《しんさつ》のときにそう説明された。

その話を聞いた母さんは、ぼくに部活を辞めるよう強くすすめ、優柔不断なぼくはその意見にながされるようにして、三月末にバスケ部を退部した。全国大会出場の目標を果たすどころか、大会でろくな活躍《かつやく》をすることもできないまま、ぼくのバスケ部生活はあっけなく終わった。

五時前に見学を切りあげて、ぼくは音楽室をあとにした。

（中略）

家に帰ると、ぼくはすぐに制服を着がえて病院に出かけた。④ぐずぐずしていたら診察が終わるころには部活も終わって、帰り道でバスケ部の仲間と顔を合わせてしまうかもしれない。

バスケ部を辞めてから、ぼくは同級生の部員のみんなと会っていなかった。携帯電話《けいたいでんわ》を持っていないから、連絡《れんらく》を取りあってもいない。二年生になって、自分のクラスにバスケ部のメンバーがひとりもいないことを知ったときは、寂《さび》しさよりほっとする気持ちのほうがたぶん強かったと思う。

バスケ部のみんなを避《さ》けているのは、部を辞めたことにうしろめたさがあるからだ。ぼくが退部したのは、脚《あし》の故障が原因だった。医者にも親にも部活を辞めることをすすめられた。だけど、絶対に辞めたくないと強く抵抗《ていこう》していれば、どうにかしてひざをかばいながら、まだ部活を続けられていたかもしれない。

その道を選ばないで、まわりにすすめられるままに退部を決めてしまったのは、ぼくが心の底でバスケ部を辞めることを望んでいたからじゃないだろうか。退部をしてからずっと、ぼくはそんなふうに自分の心を疑い続けていた。

仲のいい同級生のみんなといっしょの部活はたのしかった。けれどそのみんながどんどん上手になって、大会でも活躍しているのに、ぼくは試合中もほとんどベンチに座ったままだった。

みんなに追いつこうとして、ぼくなりに必死に練習に打ちこんでみたけど、もともとの体力のなさや運動神経の悪さをカバーすることはなかなかできなかった。仲間たちの中で、ぼくだけが取り残されていくように感じて、つらくなることも次第に多くなっていった。

［　A　］退部をすすめられたとき、ぼくはあえて抵抗しなかったんじゃないだろうか。脚のことを理由にして、部活の苦しさ

2024年度 玉川聖学院中等部

【国　語】〈第二回試験〉（四〇分）〈満点：一〇〇点〉

一　次の文章を読み、後の問いに答えなさい。
（字数制限のある問いについては、特別な指示がないかぎり、句読点や記号も一字として数えます。）

> **ここまでの話**
> ぼく（大久保慎吾《おおくぼしんご》）は、ひざを悪くしてバスケ部を退部した。それを知ったクラスメイトから熱心に吹奏楽部《すいそうがくぶ》に勧誘《かんゆう》され、病院へ行く予定があるのに断り切れず、入部希望者の体験練習を見学することになった。

練習の様子をながめながら、ぼくはひそかにａ胸をなでおろしていた。危ないところだった。あのまま勧誘が続いていたら、①またなりゆきで部員にされてしまっていたかもしれない。

去年バスケ部に入ったときもそうだった。いまみたいに熱烈《ねつれつ》な勧誘を受けて、気づいたら入部が決まっていた。ぼくは昔からそういうことが多い。優柔不断《ゆうじゅうふだん》で自分がどうしたいのかがわからなくて、結局まわりにながされて大事な選択《せんたく》をしてしまったりすることが。

そんなふうにながされるまま入部したバスケ部だったけど、仲のいい同級生のみんなといっしょの部活はたのしかった。バスケは初心者で運動神経もよくないから、練習についていくのは大変だったけど、秋の大会でははじめて試合に出してもらうこともできた。もっとも、コートにいられたのはほんの短い時間だけで、試合も負けてしまったんだけど。

ぼくらの中学のバスケ部は強豪《きょうごう》というわけじゃないのに、同級生の中でも特にノリのいい雅人《まさと》は、ぼくらの代で全国大会に出場しようなんて、途方《とほう》もない目標を掲《かか》げたりしていた。そんなの無理に決まってるよとあきれながら、ぼくもその目標を実現できたらいいなと、心の片隅《かたすみ》で思っていた。

だから最初に出場した試合でくやしい思いをしたのをきっかけに、ぼくはそれまでよりもっと懸命《けんめい》に練習に励《はげ》むようになった。②雅人が掲げた目標を実現できたときに、ぼくだけベンチなんて嫌《いや》だったから。だけどきっとそのがむしゃらな練習が、退部の原因になってしまったんだと思う。

練習中にひざの痛みを感じるようになったのは、去年の暮れごろだった。最初のうちはたいした痛みでもなかったし、部の仲間からも成長痛じゃないかといわれたから、ぼくもあまり気にしていな

2024年度

玉川聖学院中学校

▶解　答

算　数　＜第２回試験＞（40分）＜満点：100点＞

解　答

1 (1)　2024　　(2)　$\frac{5}{12}$　　(3)　$7\frac{1}{3}$　　(4)　7　　(5)　$\frac{1}{15}$　　2 (1)　分速56m　　(2)　1500円　　(3)　9 cm　　(4)　45本　　(5)　24人　3 (ア)…58度　　(イ)…122度　　4　52.5cm^2　5 (1)　3014.4cm^3　　(2)　1356.48cm^2　　6 (1)　右の図　　(2)　**あ**…36cm　　**い**…0.2cm　**う**…6 cm　　**え**…3 回　　**おか**…9 時40分　**き**…22cm

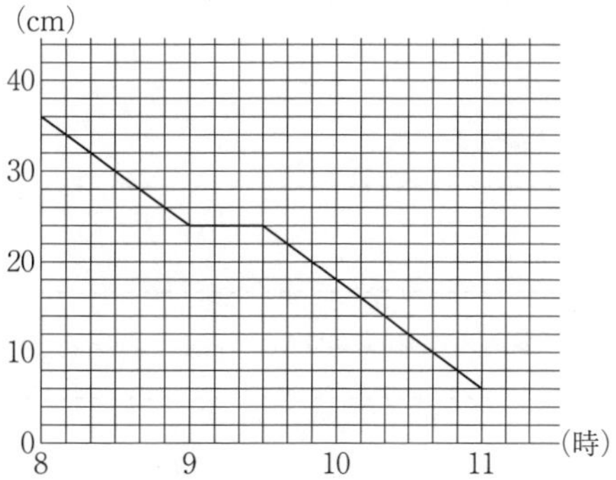

国　語　＜第２回試験＞（40分）＜満点：100点＞

解　答

一 **問１**　**a**　エ　　**b**　ア　　**c**　イ　　**問２**　ウ　　**問３**　ぼくらの代で全国大会に出場しよう　　**問４**　がむしゃらな練習　　**問５**　部を辞めたことにうしろめたさがある(から。)　**問６**　**A**　イ　　**B**　ウ　　**問７**　自分の心を疑い続けて　　**問８**　(例)　吹奏楽部に入部しても，思うように上達しなければ，逃げ出すかもしれないという不安。　　**問９**　エ　　**問10**　みんなに隠していること　　**問11**　ア　　**問12**　(例)　脚の怪我を理由に逃げたと思われているのではないかと想像して怖かったが，バスケ部の仲間たちは自分を信頼してくれていたと知り，もっとみんなとバスケをしていたかった(という気持ちに気がついた。)　　**問13**　①　(例)　私は友達とけんかをしてしまって，後から自分が悪いと思い，勇気を持って謝り，仲直りをしたい気持ちを相手に伝えた経験があります。そのときに，友達も笑顔で私に謝ってくれたため，和解できたと感じました。　二 **問１**　**1**　しょうそく　　**2**　けさ　　**3**　はっき　　**4**　やさ(しく)　　**5**　ちょめい　　**問２**　下記を参照のこと。　　**問３**　**1**　3(画目)　　**2**　7(画目)　　**3**　6(画目)　　**4**　6(画目)　　**5**　3(画目)　　**問４**　**1**　イ　　**2**　ウ　　**問５**　**1**　体(→)態　　**2**　体(→)対　　**3**　証(→)障

●漢字の書き取り

二 問２　1　意外　　2　借りる　　3　果たす　　4　辞典　　5　予期

Memo

2023年度 玉川聖学院中等部

【算　数】〈第１回試験〉（45分）〈満点：100点〉

1　次の計算をしなさい。ただし，(4) は途《と》中の計算も解答らんにかくこと。

(1)　$72 \div 18 \times 6 - 6 \times 3$

(2)　$\dfrac{4}{9} - \dfrac{5}{12} + \dfrac{2}{5}$

(3)　$\dfrac{1}{3} + 0.4 \times \dfrac{5}{8}$

(4)　$\dfrac{3}{8} \div \left(\dfrac{3}{4} - \dfrac{3}{10} \times 2 \right)$

(5)　$(\,14.3 + 7.8 \div 1.2\,) \times 0.75$

2　次の□にあてはまる数を入れなさい。ただし，(5) は途中の計算も解答らんにかくこと。

(1)　ある工場で作った製品□個の中で，不良品が７個あり，これは全体の５％でした。

(2)　赤の電球は15秒に１回，青の電球は□秒に１回つきます。赤と青の電球が同時につき，それぞれが数回ついたあと，次に同時につくのは90秒後です。

(3)　$\boxed{0}$，$\boxed{1}$，$\boxed{2}$，$\boxed{3}$，$\boxed{4}$，$\boxed{5}$の６枚のカードのうち３枚を使って３けたの数を作るとき，一番小さい奇数は□，一番大きい偶数は□です。

(4)　縦15.12 m，横9.6 mの長方形の床に，同じ大きさの正方形のマットをすき間なく敷《し》き詰《つ》めます。できるだけ大きいマットにするとき，正方形の１辺は□cmです。

(5)　時速96 kmで□分□秒進むと，15.6 km移動できます。

3　下の図の㋐と㋑の角の大きさを求めなさい。ただし，AB = BC = CD = DE = EF とします。

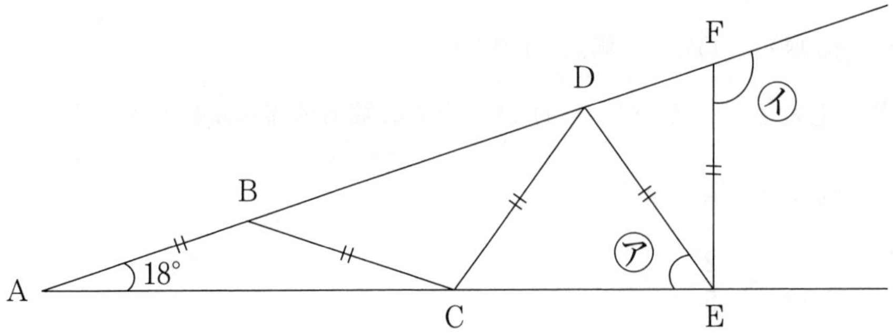

4　下の図は直径６cm の半円と半径６cm の円の一部を組み合わせた図形です。円周率を 3.14 として，斜《しゃ》線部分の面積を求めなさい。

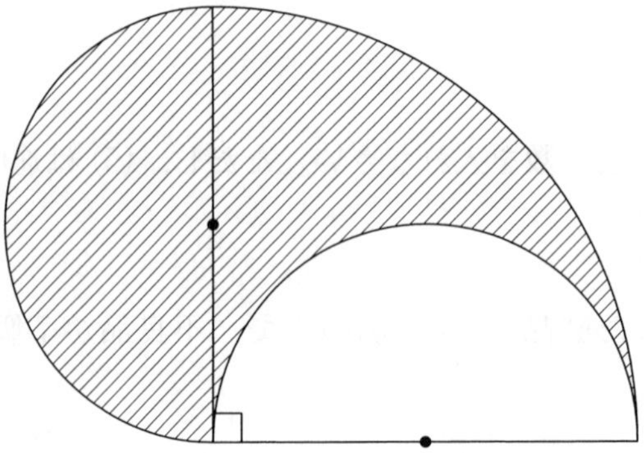

5　１辺が２cm の立方体を図のように４段積み，立体を作りました。この立体の体積と表面積を求めなさい。

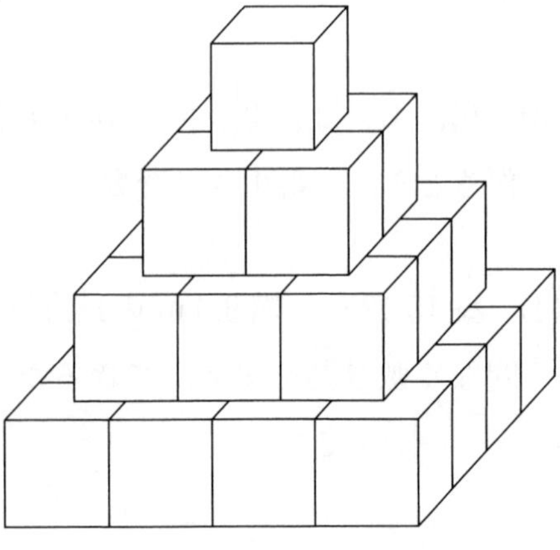

6 右の図のような水そうに40Ｌの水が入っています。この水そうにじゃ口Ａから給水をはじめ，次のきまり①～⑥をくり返して排《はい》水します。

（きまり）
① ５分間排水しない
② ５分間排水口Ｂから排水する
③ ５分間排水しない
④ ５分間排水口Ｃから排水する
⑤ ５分間排水しない
⑥ ５分間排水口Ｄから排水する

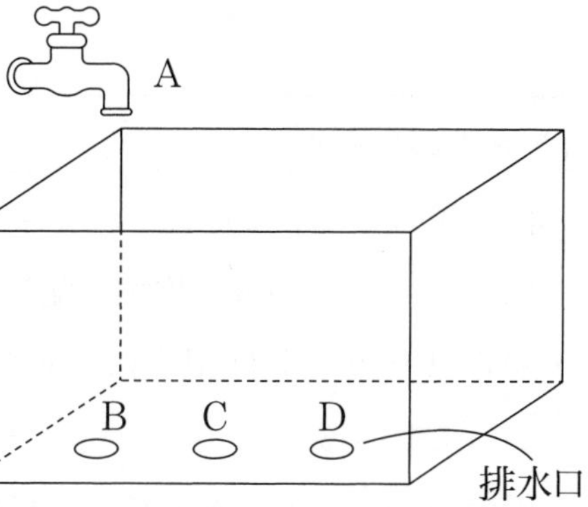

水そうの水が300Ｌになるまで，給水を続けます。

ただし，給水と排水の割合は，じゃ口Ａ，排水口Ｂ，Ｃ，Ｄで一定であり，排水口Ｂからは毎分2.4Ｌ，排水口Ｃからは毎分3.2Ｌ排水されることとします。下のグラフは，このときの水そうの水の量と時間の関係を表したものです。次の問いに答えなさい。

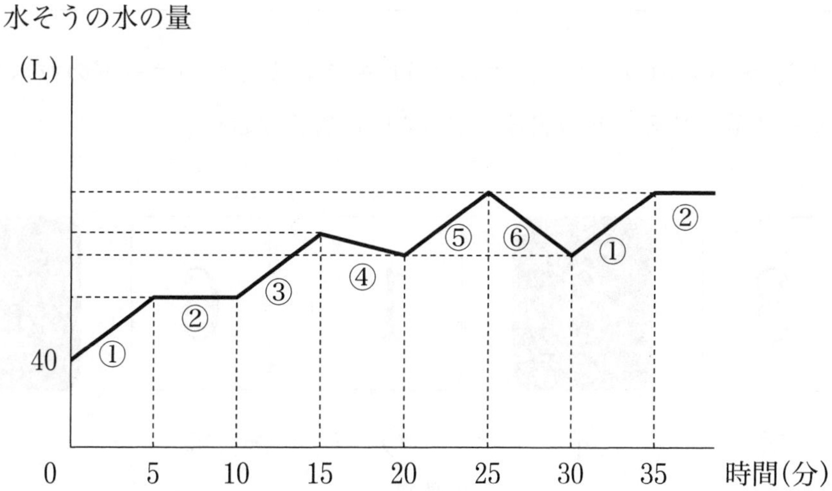

(1) じゃ口Ａからは毎分何Ｌ給水されますか。

(2) 排水口Ｄからは毎分何Ｌ排水されますか。

(3) 水そうの水が300Ｌになるのは，給水をはじめてから何時間何分何秒後ですか。

7　愛さんと望さんは，相手のふせてあるカードの数字を推《すい》理してあてるゲームをしています。（ゲームのルール）と（カードの並べ方）を読んで，次の問いに答えなさい。

（ゲームのルール）
・白と黒のカードにそれぞれ１～９の数字が１つずつ書かれている。その計18枚のカードから５枚ずつ配る。
・配られたカードは相手に見られないように，（カードの並べ方）にしたがって並べる。
・相手のふせてあるカードの数字を推理してあてる。
・あてられたカードは表にする。
・相手のふせてあるカードをすべてあてたほうが勝ち。

（カードの並べ方）
・左から右へ数字の小さい順に並べる。
・白と黒のカードで同じ数字がある場合は「黒のカードを左」にする。

(1)　１回目，愛さんのカードは図１のように配られました。（カードの並べ方）にしたがって並べ替《か》え，その記号を左から順に答えなさい。

記号　ア　イ　ウ　エ　オ

（図１）

2回目，ゲームを進めると図2のようになりました。

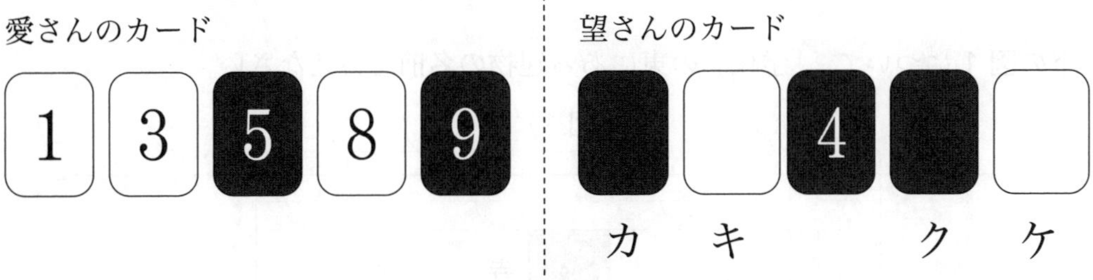

(図2)

(2) 望さんのカードの「キ」の数字を答えなさい。

(3) 望さんのカードの「ケ」の数字が7の場合，望さんのカード「カ」「ク」で考えられる数字の組み合わせを（書き方の例）にならってすべて答えなさい。

（書き方の例）

カ	ク
3	4
3	5

【社　会】〈第１回試験〉（35分）〈満点：100点〉

1　後の問いに答えなさい。

問１　下の図１について，「学校」の東にある建物の名前を答えなさい。

〈図 1〉

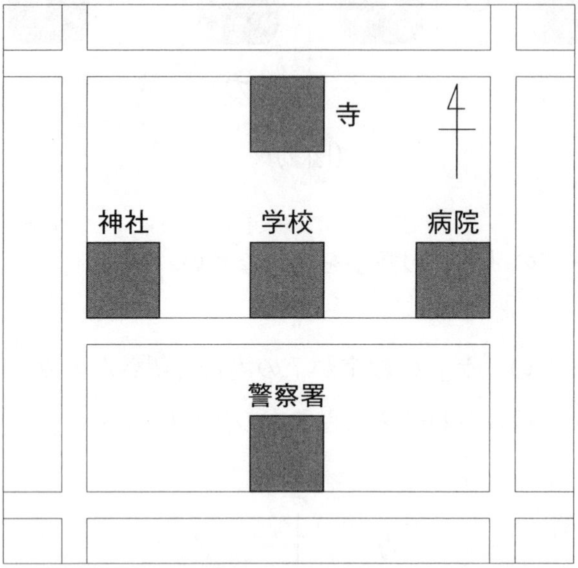

問２　下の図２を見て，以下の問いに答えなさい。

〈図 2〉

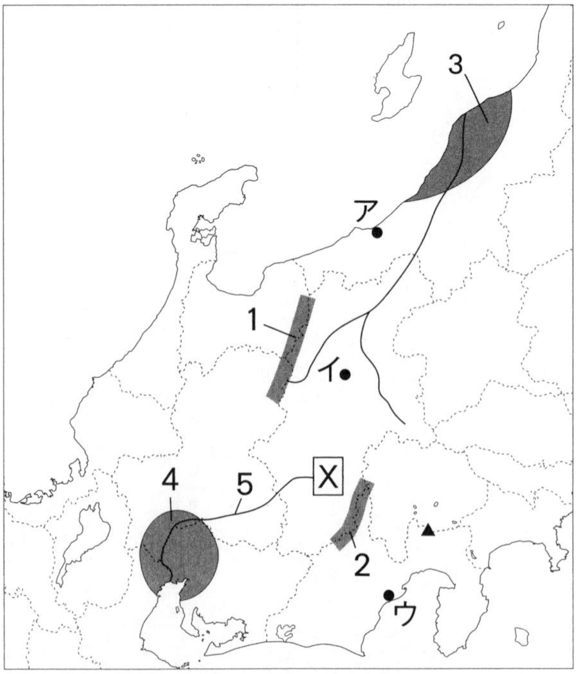

(1) 下の雨温図**Ａ～Ｃ**は**図２**中の**ア～ウ**の地点を示しています。**イ**の地点を示す雨温図を次の**Ａ～Ｃ**のうちから一つ選び，記号で答えなさい。

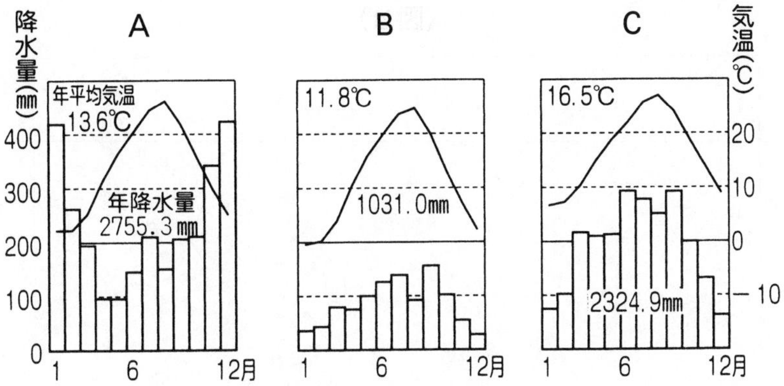

(2) **図２**中の「**1**」と「**2**」が共通して示す地形の名前を，次の**ア～エ**のうちから一つ選び，記号で答えなさい。

ア　山脈　　**イ**　半島　　**ウ**　盆地　　**エ**　平野

(3) **図２**中の「**3**」と「**4**」が共通して示す地形の名前を，次の**ア～エ**のうちから一つ選び，記号で答えなさい。

ア　山脈　　**イ**　半島　　**ウ**　盆地　　**エ**　平野

(4) **図２**中の「**5**」は河川を示しています。地図中の［Ｘ］は河川の上流ですか。下流ですか。地図から考え，解答欄《らん》のどちらかに「○」をしなさい。

問３　下の図３について，地図中の黒くぬりつぶされた地域に共通した内容を，次のア～エのうちから一つ選び，記号で答えなさい。

〈図３〉

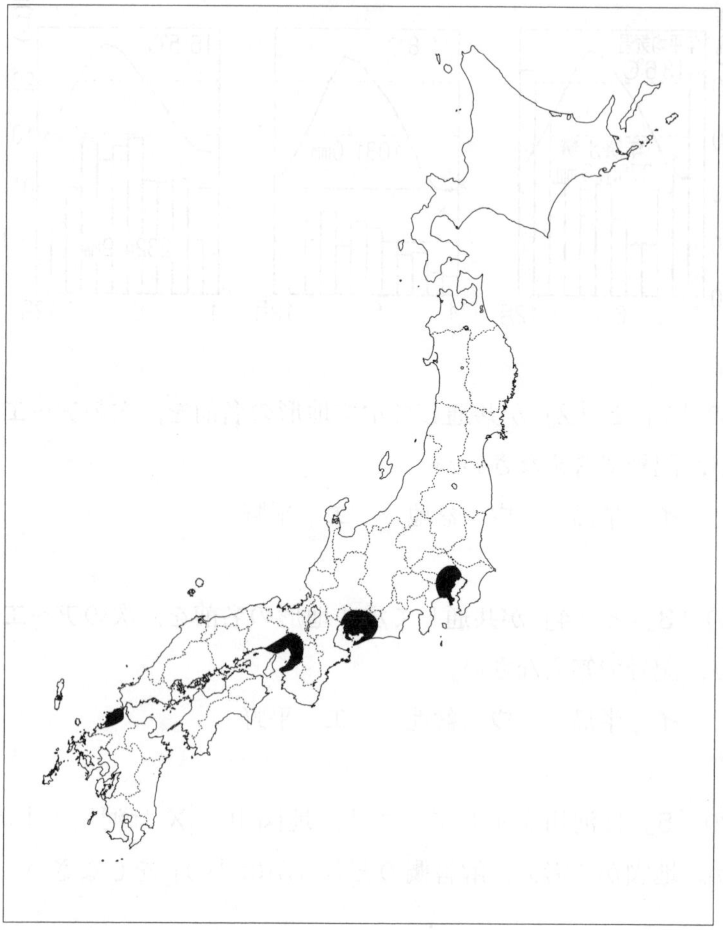

ア　四大公害が発生した地域

イ　過去100年間で最低気温が10度以上上がった地域

ウ　工業地域や工業地帯

エ　人口の減少が止まらない地域

（※問題中の地図やグラフは，『アドバンス　社会Ⅰ・Ⅱ』（育伸社）をもとに作成）

2 下の地図を見て，後の問いに答えなさい。

問１　地図中のＡ～Ｅの５つの県は，ある農作物の収穫《かく》量上位５位を示しています。その農作物の名前を，次のア～エのうちから一つ選び，記号で答えなさい。

ア　小麦　　イ　キャベツ　　ウ　ぶどう　　エ　かき

問２　地図中のＡ～Ｅのうち，人口が最も多い県を一つ選び，記号で答えなさい。

問３　地図中のＡ～Ｅのうち，県名と県庁所在地名が違《ちが》う県を一つ選び，記号で答えなさい。

問４　地図中のＡ～Ｅが存在していない地方名を次のア～エのうちから一つ選び，記号で答えなさい。

ア　東北地方　　イ　中部地方　　ウ　近畿《き》地方　　エ　九州地方

問５　下の文章は地図中のＡ～Ｅにおけるどの県について述べていますか。Ａ～Ｅのうちから一つ選び，記号で答えなさい。

> この県の交通は，新幹線が通るほか，他県の坂出市へは瀬戸大橋を利用して行くことができる。産業では，倉敷《しき》市に位置する水島地区では石油化学コンビナートが広がっている。この県の地形は，南部に平野が広がり，北部は東西に山地がはしっている。

問６　地図中のＡ～Ｅの県について述べた内容として正しいものを，次のア～エのうちから一つ選び，記号で答えなさい。

ア　河川が存在していない県がある。

イ　平野以外の地形も農地に利用されている県がある。

ウ　全ての県が海に面している。

エ　全ての県の県庁所在地が政令指定都市になっている。

3　次のＡ～Ｅの文章は，それぞれある時代について述べています。これを読んで，後の問いに答えなさい。

Ａ　聖徳太子の死後，〔　　　〕一族は天皇をしのぐほどの力を持つようになりました。その様子を見た中大兄皇子は，中臣鎌足たちと協力して，645年にこの一族をせめほろぼしました。

Ｂ　この時代には，日本風の文化である国風文化が育ちました。その一つが平仮名や片仮名です。この平仮名と漢字を使って書かれた古典文学の中では紫式部の〔　　　〕が有名です。

Ｃ　この時代には，欧米の国々に負けない強い国をつくるため，政府は「富国強兵」のスローガンを掲げ，それに基づいた政策をとりました。徴《ちょう》兵令や義務教育の制度のほかに，①<u>殖《しょく》産興業のための工場をつくり，</u>新しい国づくりのための経済力を強めようとしました。

Ｄ　鎌《かま》倉に幕府を開いた源頼朝は，家来の御家人を守護や地頭の地位につけて，地方にも幕府の支配を広げていきました。御家人たちは御《ご》恩として幕府から領地を与えられる代わりに，②戦いのときには家来を率いて「いざ鎌倉」とかけつけ，幕府のために命がけで戦いました。

E　この時代には，オランダから西洋の書物を輸入することが認められました。こうした西洋から伝わった新しい学問は「蘭《らん》学」とよばれました。

問１　AとBの文中の〔　　　〕にあてはまる語の組み合わせとして正しいものを，次のア～エのうちから一つ選び，記号で答えなさい。

ア　A：藤原氏　B：枕草子　　イ　A：藤原氏　B：源氏物語
ウ　A：蘇《そ》我氏　B：枕草子　　エ　A：蘇我氏　B：源氏物語

問２　Cの文の下線部①について，このときに群馬県につくられた工場を漢字５字で答えなさい。

問３　Dの文の下線部②について，このことを何と言いますか。漢字２字で答えなさい。

問４　Eの文のオランダからの医学書を翻《ほん》訳し，蘭学を大きく発展させた人物としてふさわしいものを，次のア～エのうちから一人選び，記号で答えなさい。

ア　杉田玄白　　イ　津田梅子　　ウ　野口英世　　エ　平塚らいてう

問５　次のX・Yの図は，A～Eのどの時期と最も関係が深いですか。それぞれ一つずつ選び，記号で答えなさい。

X出島

Y法隆寺

問６　A～Eを時代の早い順（古い順）に並べると，３番目にくるのはどれですか。記号で答えなさい。

4 次の図と文章をもとに，後の問いに答えなさい。

図Ａ 京都の出入り口

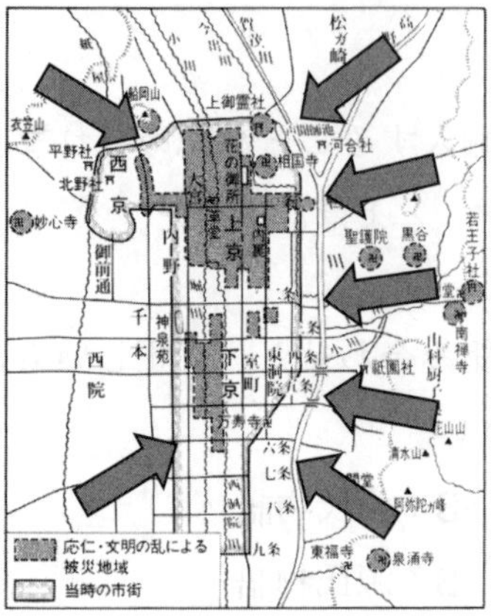

図Ｂ 現在の大和郡山市稗田《ひえだ》

（※図は『詳説日本史史料集』（山川出版），大和郡山市 HP をそれぞれ加工）

図Ａは，鎌倉幕府の次に幕府が置かれている京都です。矢印は七口《ななくち》《しちこう》と呼ばれる出入り口です。七口は時代によって変化し，ほかの地点をさす場合もあります。①前の時代の幕府が置かれた鎌倉とくらべ，京都は出入り口の守りが弱かったのです。15世紀におきた嘉吉《かきつ》の一揆《いっき》では，農民たちは容易に七口を占領して物資の出入りを止めたので，飢《う》えを恐《おそ》れた幕府の支配者は，農民たちの要求を認めるしかありませんでした。

つづいて〔　　　　〕という11年間におよぶ戦乱がおこると，武士たちも七口をうばい合って戦いました。ついに京都の大部分が焼けると，都で孤《こ》立した武士たちは食料を補給するため，近郊《こう》の村々に侵《しん》入しはじめたのです。

図Ｂは，当時近畿地方に増えはじめた，②村の周囲を濠《ほり》が囲んだ環濠《かんごう》集落です。

問１ 図Ａに置かれた幕府は何幕府ですか。漢字で答えなさい。

問２ 下線部①について正しいものを，次のア～エのうちから一つ選び，記号で答えなさい。

ア 鎌倉の出入り口は切り通しと呼ばれ，馬がやっと通れるほどのせまい通路だった。

イ 京都の出入り口からは鎌倉街道と呼ばれる道路が伸《の》びていた。

ウ 鎌倉の出入り口は，ふだんは閉じられていたので，町へはおもに船で入った。

エ 京都の出入り口には宿場が置かれ，門前町として栄えていた。

問３　文中の〔　　　〕にあてはまる語句は何ですか。正しいものを次の**ア**～**エ**のうちから一つ選び，記号で答えなさい。

ア　壬申の乱　　**イ**　承久の乱　　**ウ**　応仁の乱　　**エ**　島原の乱

問４　下線部②について，濠で囲んだ理由として最も正しいと思うものを，次の**ア**～**エ**のうちから一つ選び，記号で答えなさい。

ア　田畑の灌漑《かんがい》用水を村ごとに確保するためだった。

イ　馬や牛を週に何度も洗うことで，伝染病から守るためだった。

ウ　濠で鯉《こい》や鯰《なまず》などの魚を釣《つ》って，栄養補給や肥料に役立てるためだった。

エ　武士や外敵が馬で侵入して村を荒らすのを防ぐためだった。

問５　図**B**に代表されるような，当時農民たちが団結して運営した村を惣村《そうそん》と言います。次の資料は，その村人たちがまもるべき決まり（惣掟《そうおきて》）の一部を現代の言い方で示したものです。これを見て以下の問いに答えなさい。

> 一　共同で利用する山の若木や枝を切った者は，村から追放する
> 一　よそ者を，勝手に村の中に住まわせてはならない
> 一　［　　　　］に来るように２度知らせがあっても来なかった者は罰《ばつ》金を払《はら》え

(1)　資料中の［　　　　］にあてはまる語句は，村人たちの会議のことです。それを何と言いますか。次の**ア**～**エ**のうちから一つ選び，記号で答えなさい。

ア　隣組《となりぐみ》　　**イ**　寄り合い　　**ウ**　村会　　**エ**　座

(2)　問題文やこの資料から，当時の惣村やその農民について**誤っている**と思うものを，次の**ア**～**エ**のうちから一つ選び，記号で答えなさい。

ア　京都の守りが弱かったことは，周辺の農村が武装することにつながった。

イ　村人たちが話し合って村の秩《ちつ》序をたもち，一部の土地を共同利用した。

ウ　戦乱がおこると，村人はよそ者をかくまった。

エ　時には一揆を結んで支配者に対抗し，自分たちの要求を認めさせた。

5　次の文章を読み，後の問いに答えなさい。

国会での話し合いは，国民の代表者として選挙で選ばれた国会議員によって進められます。選挙で投票する権利は，〔　①　〕才以上の国民に認められています。投票は，国民が政治に参加し，自らの意思を政治に反映させることのできる重要な機会です。昨年は②参議院選挙が行われました。

代表者を選ぶ大切な視点の一つに，③税金があります。わたしたちの身の回りには，国や都道府県，市区町村による公共サービスや公共施《し》設《せつ》がありますが，それらにかかる費用の多くは税金によってまかなわれています。④国の税金の集められ方やその使われ方である予算は，国民の代表者である国会議員によって決められます。そのため，国会議員を選ぶ選挙はとても大切です。

問１　文中の〔　①　〕にあてはまる数字を答えなさい。

問２　下線部②について正しいものを，次の**ア**～**エ**のうちから一つ選び，記号で答えなさい。

ア　参議院議員に立候補できる年齢《れい》は，25才からである。
イ　参議院議員の任期は６年で，衆議院議員よりも長い。
ウ　参議院には，外国と条約を結ぶという仕事がある。
エ　参議院には，法律が憲法に違《い》反していないかを調べるという仕事がある。

問３　下線部③について正しいものを，次の**ア**～**エ**のうちから一つ選び，記号で答えなさい。

ア　国民から集められた税金を管理する役所は，日本銀行である。
イ　買い物をするときに納める税金は，所得税である。
ウ　国の収入の半分以上が税金である。
エ　税金の使い道のうち，最も多いのは教育費である。

問４　下線部④について，国の予算案を作成し，提出する国家機関を，次の**ア**～**エ**のうちから一つ選び，記号で答えなさい。

ア　天皇　　**イ**　国会　　**ウ**　内閣　　**エ**　裁判所

問５　下の文章は，選挙に関する**玉美さん**と**聖子さん**の意見文です。これらの意見文を読んで正しく述べているものを，次の**ア～エ**のうちから一つ選び，記号で答えなさい。

> **玉美さん**
> 「日本の選挙では投票率が低いという問題があります。その問題を解決するために，私は投票を義務化することを提案します。投票を義務化して，選挙で投票しなかった国民に罰金などの刑《けい》を与《あた》えるとよいと考えます。投票を義務化しているオーストラリアでは，投票率が約90％を超《こ》えます。立法府が投票を義務化するルールを決めれば，投票率は上がります。」

> **聖子さん**
> 「私は選挙を義務化するのではなく，政治への関心をもてるようにする環《かん》境を整えることが重要であると考えます。例えば，教育を担当する省庁《しょうちょう》が，学校の授業でニュースについて意見交換《かん》する環境を整えるべきです。そうすれば，政治についての関心をもつ人が増えて，投票率も上がります。」

ア　**玉美さん**は，日本の選挙の投票率が低いことを問題だと考えていない。
イ　**玉美さん**は，首相が義務投票制に関する条約を結ぶべきだと主張している。
ウ　**聖子さん**は，投票を義務化するべきであると主張している。
エ　**聖子さん**は，文部科学省が，政治への関心をもてる環境を整えるべきだと考えている。

6　次の文章を読み，後の問いに答えなさい。

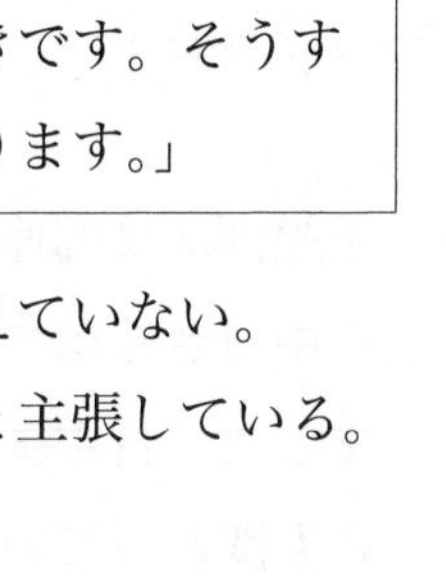

右の写真は，2019年に亡くなった中村哲《てつ》さんです。中村さんは長年パキスタンとアフガニスタンで人道支援《じんどうしえん》をしてきました。中村さんは，パキスタンで医療《いりょう》活動を始め，続いてアフガニスタン紛《ふん》争から逃《のが》れてくる難民支援《えん》の活動も始めました。アフガニスタンの①難民の保護や支援をする国際的な組織の援助もありましたが，紛争終結時には300万人以上の人々がパキスタンに難民として逃れました。

後に，中村さんはアフガニスタンにも拠点《きょてん》を置き，支援活動を始めましたが，

②2001年に〔　　　〕の軍隊による空爆《ばく》で，アフガニスタンから多くの難民が国内外に逃れました。

中村さんは③「平和の達成には軍事力ではなく，地域に溶《と》け込んだ国際貢献《こうけん》だ」という強い信念を持っていました。その貢献のかたちとして，2003年からアフガニスタンで用水路の建設を始めました。人々が安全な水を得て，作物を育てられるように，アフガニスタンの人々と一緒に作りました。

問1　下線部①について，主に難民の保護や支援をする国際的な組織を何と言いますか。次の**ア**～**エ**のうちから一つ選び，記号で答えなさい。

ア　UNESCO　　**イ**　UNHCR　　**ウ**　SDGs　　**エ**　NGO

問2　下線部②について，2001年9月11日に同時多発テロが起こり，〔　　　〕はテロを防ぐ名目で空爆を始め，多くの犠牲者《ぎせいしゃ》を出しました。〔　　　〕の国はどこですか。次の**ア**～**エ**のうちから一つ選び，記号で答えなさい。

ア　ブラジル　　**イ**　中国　　**ウ**　アメリカ合衆国　　**エ**　サウジアラビア

問3　下線部③に関連して，以下の問いに答えなさい。

(1) 中村さんはアフガニスタンで活動しながら，日本国憲法の重要性も訴えてきました。日本国憲法には軍事力を否定する条文があり，日本国憲法の基本原則にも関わっています。その基本原則とは何ですか。漢字4字で答えなさい。

(2) 以下の文は，(1) の基本原則について書いてある憲法9条です。
空欄 X ， Y ， Z にあてはまる語句の組み合わせとして正しいものを，次の**ア**～**エ**のうちから一つ選び，記号で答えなさい。

> 第9条　日本国民は，正義と秩序《ちつじょ》を基調とする国際平和を誠実に希求し，国権の発動たる X と， Y による威嚇《いかく》又は Y の行使は，国際紛争を解決する手段としては，永久にこれを放棄《ほうき》する。
>
> 2　前項の目的を達するため，陸海空軍その他の戦力は，これを保持しない。国の Z は，これを認めない。

ア　X：侵略　Y：武力　Z：戦力　　**イ**　X：戦争　Y：武力　Z：交戦権
ウ　X：侵略　Y：戦力　Z：交戦権　　**エ**　X：戦争　Y：侵略　Z：武力

7　次の文章を読んで，後の問いに答えなさい。

本校の社会科では昨年の夏に日本橋にある貨幣《かへい》博物館の見学会を実施《し》しました。この博物館では，古代から現在に至るまでの日本の貨幣史を分かりやすく学ぶことができます。古代の日本では米や絹，布が貨幣として用いられていたこと，東大寺の大仏が鋳造《ちゅうぞう》されたころにはすでに銅製の貨幣が発行されていたことなどが，特に興味深かったです。

問１　日本で銅製の貨幣が発行されたのはいつごろからだと考えられていますか。次のア～エのうちから一つ選び，記号で答えなさい。

ア　飛鳥・奈良時代　　イ　鎌倉時代　　ウ　平安時代　　エ　弥生時代

問２　16世紀ごろから本格的な開発が始まり，当時の貨幣としてヨーロッパとアジアの経済や文化の交流に大きな役割を果たした石見（現在の島根県大田市）で産出されたものは何ですか。次のア～エのうちから一つ選び，記号で答えなさい。

ア　ニッケル　　イ　石油　　ウ　ウラン　　エ　銀

問３　2024年度（令和６年度）から発行が予定されている新一万円札の肖《しょう》像のモデルとして，また日本で最初の銀行のほか500余りの会社の設立にたずさわり，日本の経済の発展に力をつくした明治・大正時代の実業家はだれですか。次のア～エのうちから一人選び，記号で答えなさい。

ア　後藤新平　　イ　田中正造　　ウ　渋沢栄一　　エ　坂本龍馬

問４　明治新政府の改革の一つで，国の収入を安定させるために，収穫高に応じて米で納めることになっていた税をお金で納めることにした政策を何と言いますか。次のア～エのうちから一つ選び，記号で答えなさい。

ア　太閤検地　　イ　地租改正　　ウ　廃藩置県　　エ　大政奉還

8　次のグラフと文章をもとに，後の問いに答えなさい。

グラフ１　発電電力量の推移（一般電気事業用）

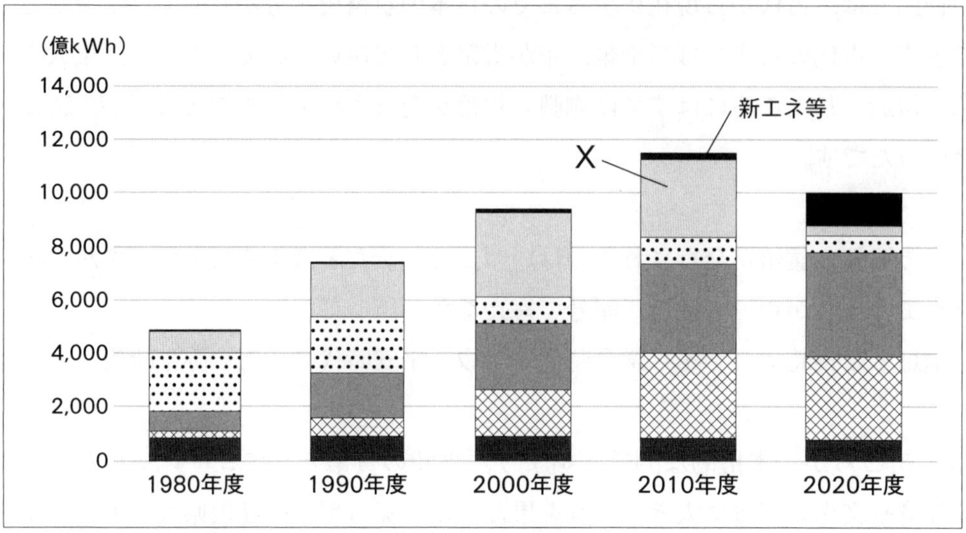

グラフ１は，石油・石炭・水力・原子力・LNG（液化天然ガス）・新エネ（新エネルギー）等の６項目ごとに，各年度の発電電力量をまとめたものです。1980年度の総発電電力量kWhは，40年後の2020年度には約〔　①　〕になっていることが分かります。一方で，総発電電力量kWhが最も多かったのは〔　②　〕でした。

問１　〔　①　〕と〔　②　〕にあてはまる組み合わせとしてふさわしいものを，次のア～エのうちから一つ選び，記号で答えなさい。

ア　①：２倍　②：2010年度　　イ　①：２倍　②：2020年度

ウ　①：３倍　②：2010年度　　エ　①：３倍　②：2020年度

問２　グラフ１のXは，2010年度から2020年度にかけて総発電電力量が著しく減少しています。これは2011年に起こった東日本大震《しん》災以降の影響《えいきょう》を大きく受けているためです。Xにあてはまるものを次のア～エのうちから一つ選び，記号で答えなさい。

ア　原子力　　イ　石油　　ウ　石炭　　エ　水力

問３　**グラフ１**の**Ｘ**が，各年度の総発電電力量 kWh に占《し》める割合（パーセント）の移り変わりを表しているものを，**グラフ２**の**ア～エ**のうちから一つ選び，記号で答えなさい。

グラフ２

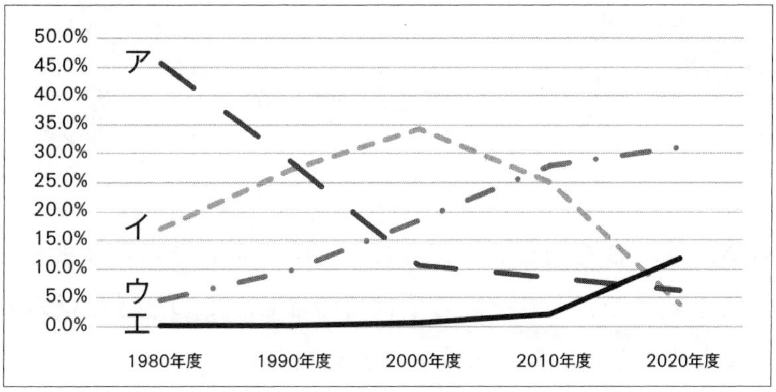

問４　**グラフ３**は，**グラフ１**の2010年度から2020年度にかけて増加している「新エネ等」に分類されている内訳について，2022年４月の出力数の割合をまとめたものです。**グラフ３**の**Ｙ**は，大規模な発電所が各地で作られているほか，写真にもあるように本校校舎の屋根にも設置されているなど，比較《かく》的小規模の発電所も設置しやすいことから，我が国の新エネ発電出力の過半数を占めています。この発電は何ですか。あてはまるものを次の**ア～エ**のうちから一つ選び，記号で答えなさい。

グラフ３　新エネ発電所最大出力割合（2022年４月）

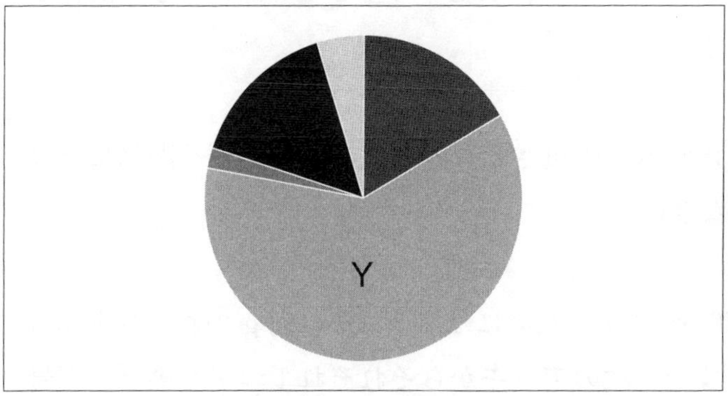

本校体育館棟《とう》屋根

ア　風力　　**イ**　太陽光　　**ウ**　地熱　　**エ**　バイオマス

（※問題中のグラフは，資源エネルギー庁『エネルギー白書2022』をもとに作成）

【理　科】〈第１回試験〉（35分）〈満点：100点〉

1　聖子さんは，おもちゃのゴムでっぽうに使うゴムの材質を決めようとしています。このおもちゃは本体にゴムをひっかけて引き金を引くと，ゴムを発射することができるというものです。

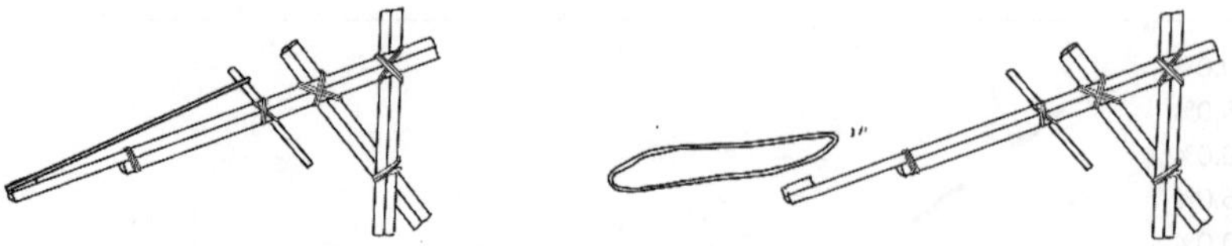

２種類のゴムＡ，ゴムＢを用意し，どちらも 10 cm の長さに切りました。それぞれにさまざまな重さのおもりをぶら下げてのばし，そのときのゴムの長さを調べ，表１にまとめました。以下の問いに答えなさい。

表１　ぶら下げたおもりとゴムの長さの関係

おもり（g）	ゴムの長さ（cm）	
	ゴムＡ	ゴムＢ
0	10	10
100	14	12
200	18	14
300	22	16

(1)　表１を用いて，ゴムＡとゴムＢについて，おもりの重さとゴムののびの関係をそれぞれグラフに表しなさい。

(2)　(1) の結果から，ぶら下げたおもりの重さとゴムののびは何という関係にありますか。漢字２文字で答えなさい。

(3)　ゴムＡとゴムＢののびを 10 cm にするためには，それぞれ何 g のおもりをぶら下げればよいと考えられますか。次のア〜キからそれぞれ１つずつ選び，記号で答えなさい。ただし，ゴムが切れることはないものとします。

ア　200 g　　イ　250 g　　ウ　300 g　　エ　350 g
オ　400 g　　カ　450 g　　キ　500 g

(4) ゴムののびについてこの実験から言えることとして最もふさわしいものを次の**ア**～**ウ**から1つ選び，記号で答えなさい。

ア のびが同じでも元にもどろうとする力はゴムによって異なることがある。
イ 下げるおもりの重さを2倍にすると，ゴムの長さは約2倍になる。
ウ 同じ種類のゴムでも，おもりを下げないときの長さを変えると，ゴムののび方も変わる。

(5) 聖子さんはより遠くまでゴムを飛ばせるゴムでっぽうを作ろうと考えました。ゴムにはたらく力が大きいほど，ゴムは遠くまで飛びます。ゴムの種類以外の条件を変えずにゴムでっぽうを作るとき，ゴムAとゴムBではどちらを使ったほうがよいですか。次の**ア**～**ウ**から1つ選び，記号で答えなさい。また，そう考えられる理由を簡単に書きなさい。

ア ゴムA
イ ゴムB
ウ どちらでも変わらない。

2 卵のからを食酢に入れると色もにおいもない気体Aが発生しました。次の問いに答えなさい。

(1) 色もにおいもない気体として<u>ふさわしくないもの</u>を次の**ア**～**オ**から1つ選び，記号で答えなさい。

ア 水素　**イ** 酸素　**ウ** 窒素　**エ** 二酸化炭素　**オ** アンモニア

気体Aが何であるか調べるために次の操作を行いました。

① 気体Aの中にしめらせた青色リトマス紙を入れると赤色になった。
② 気体Aの中に火のついた線香を入れると火が消えた。
③ 気体Aの中に（　あ　）水を入れてよく振ると白くにごった。

(2)　①について，気体Ａの性質を次のア〜ウから１つ選び，記号で答えなさい。

ア　酸性　　イ　中性　　ウ　アルカリ性

(3)　②とは逆に，火のついた線香を入れると線香が激しく燃える気体を次のア〜エから１つ選び，記号で答えなさい。

ア　アンモニア　　イ　酸素　　ウ　窒素　　エ　二酸化炭素

(4)　③について，空欄（　あ　）にあてはまる言葉を漢字２文字で答えなさい。

(5)　気体Ａが発生する操作を次のア〜エから２つ選び，記号で答えなさい。

ア　二酸化マンガンに過酸化水素水を加える
イ　アルミニウムに塩酸を加える
ウ　石灰石に塩酸を加える
エ　木材を燃焼させる

ある温度で，水１Ｌに気体Ａは1000 cm^3 とけます。また，気体Ａの重さは１Ｌあたり1.98ｇです。

(6)　1000 cm^3 の気体Ａの重さは何ｇですか。もっとも適当なものを次のア〜エから１つ選び，記号で答えなさい。

ア　0.198ｇ
イ　1.98ｇ
ウ　19.8ｇ
エ　198ｇ

(7)　水２Ｌに気体Ａを4.5ｇとかそうとしたとき，とけきらない気体Ａの質量は何ｇですか。答えは小数第２位まで求めること。

3　きよし君と聖子さんの会話を読んで，以下の問いに答えなさい。

きよし　「身近な環境《かんきょう》問題について調べよう」という宿題が出たけど，テーマはもう決まった？

聖子　私は地球温暖化について調べることにしたわ。

きよし　温暖化の原因の１つである，温室効果ガスのはいしゅつ量を減らす取り組みが世界の国々で進んでいるね。具体的にはどんなことをしているのかな？

聖子　コップやストローをプラスチック製のものから紙製のものにかえている飲食店もあるわよ。

きよし　プラスチックも紙も燃やすと（　A　）が発生するよね？どちらでも変わらない気がするけど。

聖子　紙の原料は植物よね？だから紙を全て燃やしたとしても原料になる樹木を切った後に再び同じ樹木を植えるのよ。そうすれば，その樹木が成長のために，紙を燃やしたときに発生した（　A　）とほぼ同じ量の（　A　）を吸収してくれるの。だから大気中にある（　A　）の全体量は変わらないわ。でもプラスチックの材料は（　B　）なの。これは（　C　）が長い時間かけて変化したもので，（　D　）にあるから採取して燃やすと大気中の（　A　）の量が増えてしまうのよ。（　B　）からできたプラスチックを燃やしても同じことね。きよし君は何について調べるの？

きよし　ぼくは帰化生物について調べることにしたよ。帰化生物というのは，本来その地域に住んでいなかったけど，(ア)<u>人間の活動などにより別の地域から持ち込まれて</u>，その地域に住み着いた生物のことだよ。(イ)<u>もとからその地域に住んでいた生物や，その地域の環境に大きな影響《えいきょう》を与える</u>んだって。帰化生物の大部分は外国産の生物なんだよ。

(1)　文中の空欄ＡとＢにあてはまる言葉を答えなさい。

(2)　文中の空欄Ｃにあてはまる言葉として最もふさわしいものを，次のア～エから１つ選び，記号で答えなさい。

ア　海底の石
イ　大昔の動物プランクトンの死がい
ウ　貝やサンゴの死がい
エ　火山の噴《ふん》火によって降り積もった火山灰

(3)　文中の空欄Ｄにあてはまる，地球上の場所として最もふさわしいものを次のア～エから１つ選び，記号で答えなさい。

ア　地上から 20 ～ 30 km の上空
イ　地中深くの大昔の地層《そう》の中
ウ　長い時間かけて地球をまわる海流の中
エ　火山の噴火によってできた湖の底

(4)　下線（ア）について，人間の活動によって海外から日本に運ばれて来た生物の例として正しいものを次のア～カから３つ選び，記号で答えなさい。

ア　ニホンザリガニ　　イ　オオクチバス　　ウ　オオスズメバチ
エ　ミシシッピアカミミガメ　　オ　タヌキ　　カ　セイヨウミツバチ

(5)　下線（イ）の影響にはどのようなものがありますか。例を１つあげなさい。

4 次の文を読んで，以下の問いに答えなさい。

地層は，水のはたらきでできる場合と，火山のはたらきでできる場合があります。水のはたらきでできる場合は，川のはたらきによって石や砂が海や湖に運ばれていき，地層ができます。火山のはたらきでできる場合は（　　　　）によって火山灰がふり積もり，地層ができます。

(1)　文中の下線部分のはたらきを３つ答えなさい。

(2)　図１の**Ｘ－Ｙ**部分の川の周囲のようすとして正しいものを①と②から選び，さらに**Ｘ－Ｙ**部分の川の断面図として正しいものを**ア～ウ**から選び，記号で答えなさい。

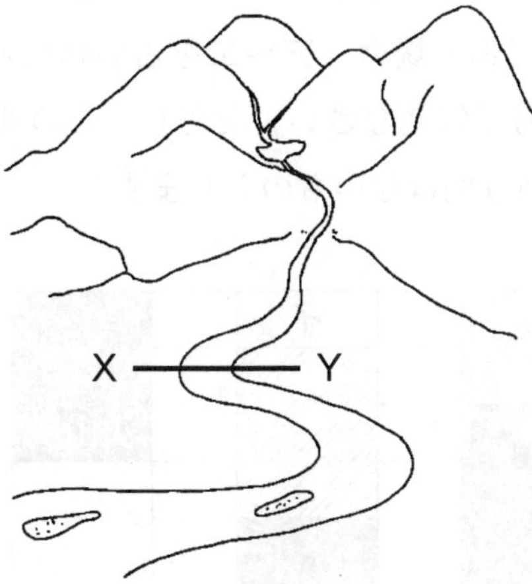

図１

【周囲のようす】

①

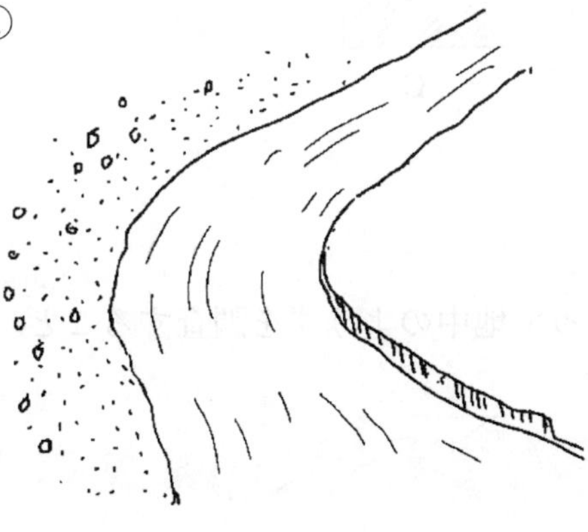

②

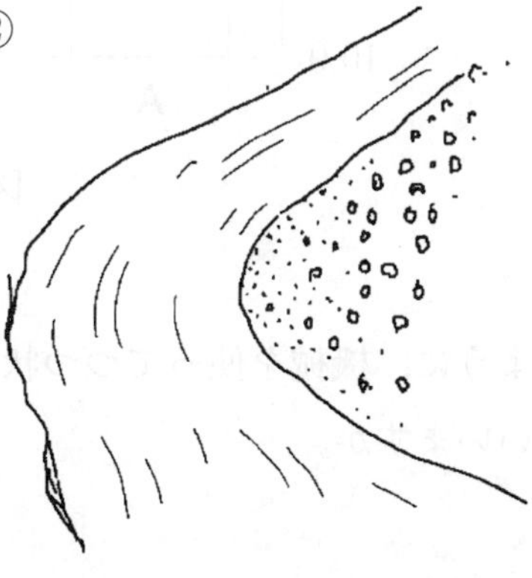

【川の中のようす】

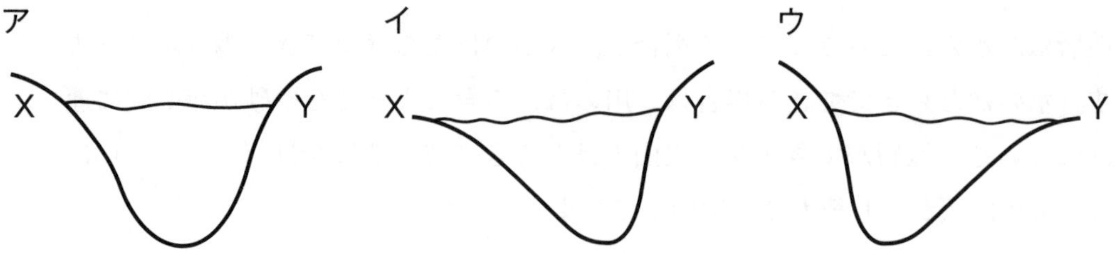

(3)　文中の（　　　　）の中にあてはまる言葉を答えなさい。

(4)　離れたところの地層のつながりは，火山灰の地層などから調べることができます。ある地域においてA，B，Cの３カ所で穴をほって地中のようすを調査したとき，図２のような地層になっていることがわかりました。火山灰の層は同じ時期で同じ火山によるものである場合，ア～エを古い順に並べたときに，２番目と３番目に古い地層を記号で答えなさい。ただし，この地域では地層は水平に広がっており，断層やしゅう曲はないものとします。

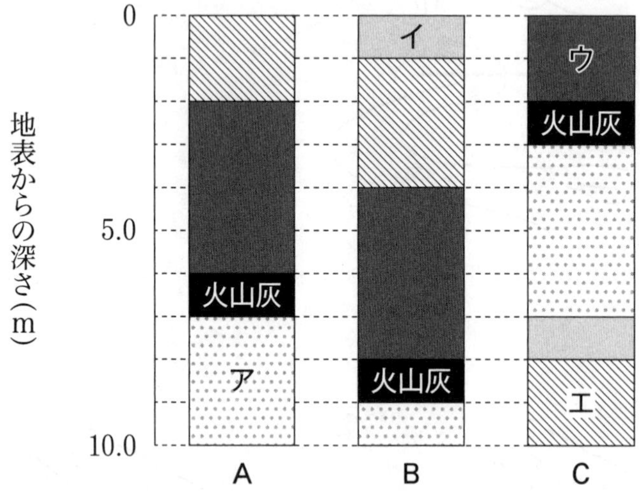

図２

(5)　(4) のように，機械を使ってつつ状に穴をほって地中のようすを調査することを何といいますか。

5　ア　長い冬が去って春が来た。
イ　台風が上陸してひどい雨が降った。
ウ　寒すぎて上着をぬぐことができない。
エ　この場所は広くて美しい。

問六　次の１～５の作者の作品名を、後のア～オから選び、記号で答えなさい。

１　森鷗外《もりおうがい》　２　有島武郎《ありしまたけお》　３　壺《つぼ》井栄《いさかえ》
４　太宰治《だざいおさむ》　５　志賀直哉《しがなおや》

《作品名》
ア　『走《はし》れメロス』　イ　『高瀬舟《たかせぶね》』
ウ　『小僧《こぞう》の神様《かみさま》』　エ　『二十四《にじゅうし》の瞳《ひとみ》』
オ　『一房《ひとふさ》のぶどう』

問三　次の1〜5の漢字と同じ画数のものを、後のア〜エからそれぞれ一つ選び、記号で答えなさい。

1　酸（ア　潔　イ　雑　ウ　群　エ　劇）
2　段（ア　級　イ　延　ウ　門　エ　胸）
3　乳（ア　限　イ　飛　ウ　宙　エ　祖）
4　陽（ア　蒸　イ　路　ウ　郵　エ　量）
5　遠（ア　勢　イ　博　ウ　善　エ　誤）

問四　次の1〜5のことわざとよく似た意味のものを、後のア〜オから選び、記号で答えなさい。

1　紺屋《こうや》の白《しろ》ばかま　　2　待《ま》てば海路《かいろ》の日和《ひより》あり
3　ぬかにくぎ　　4　弘法《こうぼう》にも筆《ふで》のあやまり
5　ちょうちんにつりがね

ア　とうふにかすがい　　イ　石の上にも三年
ウ　かっぱの川流《かわなが》れ　　エ　医者の不養生《ふようじょう》
オ　月とすっぽん

問五　次の――線部の中から、性質の異なる語を一つ選び、それぞれ記号で答えなさい。

1　ア　夜は寒くなるらしい。
　イ　人間らしい生き方をしよう。
　ウ　今日は冬らしい天気だった。
　エ　とても子どもらしい話し方だ。

2　ア　弟はあまり本を読まない。
　イ　店の場所はだれも知らない。
　ウ　この教室は明るくない。
　エ　いくら待っても来ない。

3　ア　母の作った洋服を着る。
　イ　引き出しの中に入れておく。
　ウ　遠くで鳥の鳴く声が聞こえた。
　エ　妹の言っていることは本当だ。

4　ア　犬が外を走っている。
　イ　花が咲くのが楽しみだ。
　ウ　つかれたが歩いて帰った。
　エ　先生が手をふっていた。

問十三　本文中から読み取れるアーヤの人物像として最もふさわしいものを次から一つ選び、記号で答えなさい。

ア　ほがらかで笑顔をたやさず、だれとでも友達になれる少女。

イ　新しい環境《かんきょう》から逃げず、苦しみを乗りこえようと努力している少女。

ウ　勝ち気で負けず嫌いであり、自分の意見を曲げることのない少女。

エ　優しいが周りの言動に傷つきやすく、すぐに泣いてしまう少女。

問十四　あなた自身が困難を乗りこえた経験を、その経験から学んだこともふくめて百字以内で記述しなさい。ただし、次の条件にしたがって答えること。

条件　二文で書き、一文目にあなたの経験、二文目にそこから学んだことを書きなさい。

二　次の各問いに答えなさい。

問一　次の――線部の漢字の読みを答えなさい。

1　このペンは本当に重宝している。

2　作者の意図を読み取る。

3　険しい山を登る。

4　病気が快方にむかう。

5　ものすごい形相でにらむ。

問二　次の――線部のカタカナを漢字に直しなさい。

1　カンタンな料理を作る。

2　新しい店のセンデンをする。

3　明日までにケントウする。

4　電車でオウフクする。

5　黒板の字をウツす。

問八　――線部⑦「とってもいい生活」とありますが、ドッティの生活はどのような点で「いい生活」と言えるのですか。本文中の言葉を用いて、四十字以内で説明しなさい。

問九　――線部⑧「芝居《しばい》がかった」、――線部⑨「口火をきった」の意味を後から選び、記号で答えなさい。

⑧　芝居がかった

ア　芝居であってくれたらいいと願う様子。
イ　苦痛でたえがたい様子。
ウ　同意できず不満な様子。
エ　いかにも大げさにふるまう様子。

⑨　口火をきった

ア　聞きづらいことを堂々と質問すること。
イ　物事を他より先に行って、きっかけを作ること。
ウ　話しにつまった時、無理して話題を作ること。
エ　周りの人がおどろくようなことを急にすること。

問十　――線部⑩「ずうっときょうだいがほしかったんだ」とありますが、それはなぜですか。理由として最もふさわしいものを次から選び、記号で答えなさい。

ア　幼い子どもに関心があり、自分もアーヤのように年下のきょうだいがほしいと思っているから。
イ　きょうだいがいれば、同じことの繰《く》り返しの毎日が楽しいものになるだろうと想像しているから。
ウ　きょうだいがいれば重荷を分け合えるが、いないため親の期待が重すぎてつぶされそうになっているから。
エ　アーヤを少しでもなぐさめるため、アーヤには弟がいて孤《こ》独《どく》ではないのだと伝えたかったから。

問十一　――線部⑪「アーヤは、写真から目をはなせなかった」とありますが、それはなぜですか。本文中の言葉を用いて、三十五字以内で答えなさい。

問十二　次のア～エが、本文中のミス・ヘレナの説明としてふさわしければ○、ふさわしくないものには×と答えなさい。

ア　若い頃、世界で活躍するバレリーナだった。
イ　傷を恥じずに堂々と生きることをアーヤに教えてくれた。
ウ　自分で考え行動することをせず、他人を利用して生きている。
エ　いつかユダヤに帰りたい思いが強く、「空を飛ぶ鳥」と呼ばれている。

問四　本文中の［Ａ］～［Ｃ］にあてはまる語として最もふさわしいものを次から選び、それぞれ記号で答えなさい（記号の使用は一度だけ）。

ア　おずおずと　イ　ふらふらと　ウ　ぐっと
エ　ひしひしと　オ　すらっと

問五　――線部④「誇りをもって傷をまとうの」とありますが、それはなぜですか。その理由にあたる一文を本文中から探し、初めの五字をぬき出して答えなさい。

問六　――線部⑤「あなたの足になにがあったのか」とありますが、どのようなことがあったのですか。次の空らんＡ～Ｃにあてはまる語を、本文中からそれぞれ指定字数でぬき出して答えなさい。

友だちと【　Ａ（六字）　】いた時に【　Ｂ（二字）　】があり、いきなり【　Ｃ（七字）　】。

問七　――線部⑥「リリエラも、ぎこちなくいって、顔を赤らめた」とありますが、この時の「リリエラ」の心情と考えられるものとして最もふさわしいものを次から選び、記号で答えなさい。

ア　難民であるアーヤへの接し方にとまどいもあるが、足に傷がありながらもおどりが上手だったことに感心したことを伝えたいという気持ち。

イ　バレエのおどりがとても上手であることに加え、足に傷がある難民のアーヤが、自分とは異なる優秀な人物だと考え緊張している気持ち。

ウ　難民であるアーヤが自分よりもバレエのおどりが上手だったことをくやしく思い、足の傷のことを話題にしてやろうという気持ち。

エ　キアラといっしょにアーヤをからかうためにわざと思ってもいないほめ言葉を述べており、そのことをアーヤにかくそうとする気持ち。

2023年度

玉川聖学院中等部

【国　語】〈第一回試験〉（四五分）〈満点：一〇〇点〉

一　次の文章を読み、後の問いに答えなさい。
（字数制限のある問いについては、特別な指示がないかぎり、読点や記号も一字として数えます。）

〔編集部注…課題文は著作権上の問題により掲載しておりません。作品の該当箇所につきましては次の書籍を参考にしてください〕
・キャサリン・ブルートン 著／尾崎愛子 訳『シリアからきたバレリーナ』
（偕成社　二〇二二年二月発行）
八三ページ六行目～八八ページ最終行
（中略）
九二ページ冒頭～九六ページ一五行目

問一　――線部①「わらいがひいていった」とありますが、それはなぜですか。本文中の語句を用いて三十字以内で答えなさい。

問二　――線部②「アーヤの胃が、またぎゅっとちぢこまり、顔は、かっと熱くなった」とありますが、この時のアーヤの心情として最もふさわしいものを次から選び、記号で答えなさい。

ア　自分はみんなと同じただの女の子なのだと言えずにいたところに、ドッティから一方的にレオタードをおしつけられて、いかりがわいてくる気持ち。

イ　ドッティの親切心は理解しているが、レオタードをもらうことで人に物をめぐんでもらわなければならない難民の子だと思われたようで恥ずかしい気持ち。

ウ　いつも親切にしてくれているドッティに、難民だからと使い古したレオタードをおしつけられたことが、キアラにばかにされたことよりもつらい気持ち。

エ　ドッティは親切心をもって接してくれていると思っていたが、貧しい難民の子だと見下されていたことに気づき悲しい気持ち。

問三　――線部③「とくに、キアラには」の後に省略されている言葉を、本文中から十五字でぬき出して答えなさい。

2023年度

玉川聖学院中等部

▶解説と解答

算 数 ＜第1回試験＞（45分）＜満点：100点＞

解 答

1 (1) 6 (2) $\frac{77}{180}$ (3) $\frac{7}{12}$ (4) 右のらん (5) 15.6 **2** (1) 140個 (2) 18秒 (3) **一番小さい奇数**…103, **一番大きい偶数**…542 (4) 24cm (5) 右のらん **3** ㋐…54度, ㋑…108度 **4** 28.26cm^2 **5** **体積**…240cm^3, **表面積**…288cm^2 **6** (1) 毎分2.4L (2) 毎分4.8L (3) 6時間13分20秒後 **7** (1) ウ→オ→ア→エ→イ (2) 2 (3) 右のらん

1 (4)

$$\frac{3}{8}\div\left(\frac{3}{4}-\frac{3}{10}\times 2\right)=\frac{3}{8}\div\left(\frac{3}{4}-\frac{3}{5}\right)$$
$$=\frac{3}{8}\div\left(\frac{15}{20}-\frac{12}{20}\right)$$
$$=\frac{3}{8}\div\frac{3}{20}$$
$$=\frac{3}{8}\times\frac{20}{3}$$
$$=\frac{5}{2}$$

答え $=\frac{5}{2}\left(2\frac{1}{2}\right)$

2 (5) 進んだ時間は(15.6÷96)時間。

単位を分にすると,

$15.6\div96\times60=9\frac{3}{4}$(分)

$\frac{3}{4}$分を秒にすると,

$\frac{3}{4}\times60=45$(秒)

答え 9分45秒

7 (3)

カ	ク
1	6
1	7
2	6
2	7

解 説

1 **四則計算**

(1) 72÷18×6－6×3＝4×6－18＝24－18＝6

(2) $\frac{4}{9}-\frac{5}{12}+\frac{2}{5}=\frac{80}{180}-\frac{75}{180}+\frac{72}{180}=\frac{77}{180}$

(3) $\frac{1}{3}+0.4\times\frac{5}{8}=\frac{1}{3}+\frac{4}{10}\times\frac{5}{8}=\frac{1}{3}+\frac{1}{4}=\frac{4}{12}+\frac{3}{12}=\frac{7}{12}$

(4) 解答のらん

(5) (14.3＋7.8÷1.2)×0.75＝(14.3＋6.5)×0.75＝20.8×0.75＝15.6

2 **割合，最小公倍数，場合の数，最大公約数，速さ**

(1) 7個が全体の5％つまり0.05なので，作った製品は，7÷0.05＝140(個)である。

(2) 赤と青の電球がつく時間の最小公倍数が90秒となる。また，赤と青の電球が同時についたあと90秒後までにそれぞれ数回ついたので，青の電球がつく時間は90秒未満である。90＝2×3×3×5，15＝3×5なので，青の電球がつく時間は，2×3×3＝18(秒)となる。

(3)　ある数の一の位が奇《き》数ならその数は奇数で，一の位が偶《ぐう》数ならその数は偶数である。３けたの数なので百の位は[0]のカードではない。一番小さい奇数の百の位は[1]，十の位は[0]，一の位は奇数の[1]，[3]，[5]のカードになるが[1]のカードはすでに使ったので次に小さい[3]となり，一番小さい奇数は103である。一番大きい偶数の百の位は[5]，十の位は[4]，一の位は偶数の[0]，[2]，[4]のカードになるが[4]のカードはすでに使ったので次に大きい[2]となり，一番大きい偶数は542である。

(4)　15.12m＝1512cm，9.6m＝960cmなので，1512cmと960cmの最大公約数が，求める正方形のマットの１辺となる。右のように連除法を行うと，最大公約数は，２×２×２×３＝24で，正方形の１辺は24cmである。

2)	1512	960
2)	756	480
2)	378	240
3)	189	120
	63	40

(5)　解答のらん

3　複合図形の角度

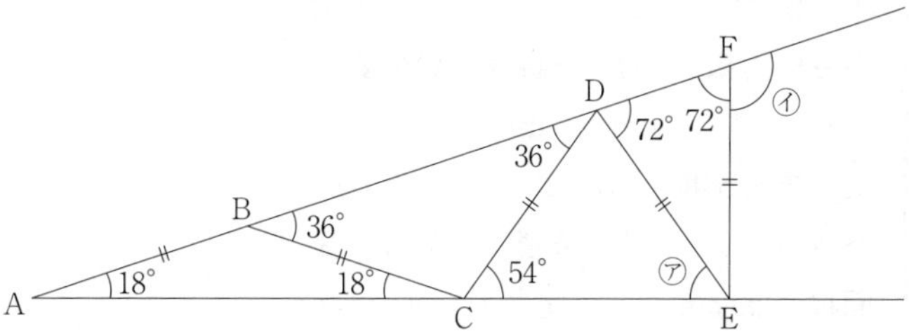

㋐　三角形BACは，BA＝BCの二等辺三角形なので，角BCA＝角BAC＝18度である。角CBDは三角形BACの外角なので，角CBD＝角BAC＋角BCA＝18＋18＝36(度)となる。三角形CDBは，CB＝CDの二等辺三角形なので，角CDB＝角CBD＝36度である。角DCEは三角形ACDの外角なので，角DCE＝角CAD＋角CDA＝18＋36＝54(度)となる。三角形DCEは，DC＝DEの二等辺三角形なので，㋐＝角DCE＝54度である。

㋑　角EDFは三角形DAEの外角なので，角EDF＝角DAE＋角AED＝18＋54＝72(度)となる。三角形DEFは，ED＝EFの二等辺三角形なので，角EFD＝角EDF＝72度である。㋑＝180－角EFD＝180－72＝108(度)となる。

4　円の面積

斜《しゃ》線部分は，直径６cmの半円と半径６cmで中心角が90度のおうぎ形をあわせた図形から，直径６cmの半円をのぞいた図形なので，その面積は半径６cmで中心角が90度のおうぎ形の面積と等しくなる。よって，求める面積は，(６×６×3.14)÷４＝６×６÷４×3.14＝９×3.14＝28.26(cm^2)である。

5　表面積・体積

１辺が２cmの立方体の体積は，２×２×２＝８(cm^3)である。求める立体は１辺が２cmの立方体が，１＋２×２＋３×３＋４×４＝１＋４＋９＋16＝30(個)あるので，この立体の体積は，８×30＝240(cm^3)と求まる。

１辺が２cmの立方体の１つの面の面積は，２×２＝４(cm^2)である。表面積を上下から見える面と，前後左右から見える面で考える。上から見える面と下から見える面は一番下の段の16個の立方体の上側の面の面積と等しい。前から見える面は，１＋２＋３＋４＝10(個)の立方体の面で，左，右，後ろから見える面の面積も正面から見える面と同じである。よって，この立体の表面積は，４×(16×２＋10×４)＝288(cm^2)と求まる。

6　水の深さとグラフ

(1)　グラフの②の部分は，水そうの水の量の変化がないので，じゃ口Aから１分間に給水される水の量は，排《はい》水口Ｂから１分間に排水される水の量2.4Lと等しい。よって，じゃ口Ａからは毎分2.4L給水されている。

(2)　グラフの⑤の部分は，じゃ口Ａから毎分2.4L給水だけされていて，⑥の部分は⑤の部分で増えた分が減っているから，毎分2.4L減っていることがわかる。⑥の部分でもじゃ口Ａから毎分2.4L給水されているから，排水口Ｄから１分間に排水される水の量は，2.4＋2.4＝4.8(L)となる。

(3)　最初に水が40L入っているので，水そうの水が300Lになるためには水を，300－40＝260(L)増やす必要がある。グラフの①，③，⑤の部分ではそれぞれ，2.4×５＝12(L)増えている。④の部分では，(3.2－2.4)×５＝４(L)減って，⑥の部分は，12L減っている。よって，①～⑥の30分間で，12×３－４－12＝20(L)増えている。水そうの水が260L増えるのは，260÷20＝13より，①～⑥を13回繰《く》り返し終えたときである。ただし，13回目の③のとちゅうで300Lをこえ，④の最後にも300Lになる。①～⑥を１回終えるのに，30(分)かかるので，12回繰り返すのにかかる時間は，0.5×12＝６(時間)で，水そうの水は，40＋20×12＝280(L)である。残り，300－280＝20(L)のうち，①で12L増えるので，残りは，20－12＝８(L)である。あと８L増えるのにかかる時間は，８÷2.4×60＝200(秒)である。200秒は３分20秒なので，12回目が終わったあとの，①の５分，②の５分，③のとちゅうの３分20秒後であるから，６時間13分20秒後と求まる。

7　条件の整理

(1)　左から右へ数字の小さい順に並べるから，最初にウの1がくる。３は２つあるから，先に黒のオの3，次にアの3，エの6，イの8の順となる。

(2)　キは黒の４の左にあるので１～３の数字が入るが，愛さんが白の１と３のカードを持っているので，キは残りの２とわかる。

(3)　カはキの白の２の左にあるので，１か２の数字が入る。ケが７のとき，クは５～７の数字が入るが，愛さんが黒の５のカードを持っているので，クは６か７である。よって，考えられる数字の組み合わせは右のようになる。

カ	ク
1	6
1	7
2	6
2	7

社　会　＜第１回試験＞（35分）＜満点：100点＞

解　答

1　**問１**　病院　**問２**　(1)　Ｂ　(2)　ア　(3)　エ　(4)　上流　**問３**　ウ　**2**　**問１**　ウ　**問２**　Ｅ　**問３**　Ｃ　**問４**　ウ　**問５**　Ｄ　**問６**　イ　**3**　**問１**　エ　**問２**　富岡製糸場　**問３**　奉公　**問４**　ア　**問５**　**Ｘ**　Ｅ　**Ｙ**　Ａ　**問６**　Ｄ
4　**問１**　室町(幕府)　**問２**　ア　**問３**　ウ　**問４**　エ　**問５**　(1)　イ　(2)　ウ
5　**問１**　18　**問２**　イ　**問３**　ウ　**問４**　ウ　**問５**　エ　**6**　**問１**　イ　**問２**　ウ　**問３**　(1)　平和主義　(2)　イ　**7**　**問１**　ア　**問２**　エ　**問３**　ウ　**問４**　イ　**8**　**問１**　ア　**問２**　ア　**問３**　イ　**問４**　イ

解　説

1　さまざまな略図についての問題

問１　方位記号の矢印が指している方向が北である。図１では矢印が上を指しているので，学校から見て上が北，学校から見て右が東となる。

問２　⑴　イは山に囲まれた内陸地点なので，季節風がもたらす雨の量が少なく，海の影響《えいきょう》が少ないために寒暖の差が大きい。よって，３つのグラフの中で最も降水量が少なく冬の寒さが厳しいＢを選ぶ。なお，冬に降水量が多いグラフのＡは日本海側の気候のア，夏に降水量が多く，比較《ひかく》的温暖なＣは太平洋側の気候のウである。　⑵　１は飛騨《ひだ》山脈，２は赤石山脈である。なお，イの半島とは陸地が海や湖に突《つ》き出している部分，ウの盆地《ぼんち》とは周りを山に囲まれた平地，エの平野とは海に面した平地を表す。　⑶　３は越後《えちご》平野，４は濃尾《のうび》平野である。　⑷　河川は標高の高いところから低いところに向かって流れ，海や湖に出るので，Ⓧは上流にあたる。

問３　塗《ぬ》りつぶされた地域は，西から順に北九州工業地域(地帯)，阪神《はんしん》工業地帯，中京工業地帯，京浜工業地帯にあたる。

2　情報や統計にもとづく黒ぬり地図についての問題

問１　Ａは山形県，Ｂは長野県，Ｃは山梨《やまなし》県，Ｄは岡山《おかやま》県，Ｅは福岡県である。ぶどうの栽培に適した地理的条件として，比較的雨が少ないこと，寒暖差が大きいこと，日照時間が長いことが挙げられる。Ａ～Ｅの県はそれぞれ，そのいくつかの条件を満たしている。なお，アの小麦の収穫量１位は北海道，イのキャベツの収穫量１位は群馬県，エのかきの収穫量１位は和歌山県(いずれも2021年産)である。

問２　Ｅの福岡県は九州地方の政治・経済の中心地であり，福岡市・北九州市と２つの政令指定都市を有していることから，５県の中で人口が最も多いと考えられる。

問３　山梨県の県庁所在都市は甲府《こうふ》市である。

問４　東北地方はＡ，中部地方はＢとＣ，九州地方はＥが存在している。

問５　坂出市は香川《かがわ》県，岡山県倉敷《くらしき》市水島地区は瀬戸内《せとうち》工業地域の中心となる重化学工業都市である。

問６　Ａでは山形盆地や新庄盆地，米沢《よねざわ》盆地，Ｂでは長野盆地や松本盆地，諏訪《すわ》盆地，Ｃでは甲府盆地などで農業がさかんにおこなわれている。

3　飛鳥時代から明治時代についての問題

問１　藤原《ふじわら》氏は蘇我《そが》氏を滅《ほろ》ぼした中臣氏の子孫，枕草子《まくらのそうし》は清少納言が書いた随筆である。

問２　富岡製糸場はフランスの製糸技術を導入し，1872年に開業した官営模範《もはん》工場である。

問３　「奉公《ほうこう》」としては他に京都や鎌倉の警備などがあった。

問４　杉田玄白《すぎたげんぱく》は前野良沢《まえのりょうたく》らとともに『ターヘル・アナトミア』を翻訳《ほんやく》し，『解体新書』として出版した。なお，イの津田梅子《つだうめこ》は岩倉使節団に同行した最年少女子留学生で教育者，ウの野口英世は黄熱病の研究などを行った細菌《さいきん》学者，エの平塚《ひらつか》らいてう《ちょう》は女性の地位向上をめざし青鞜社《せいとうしゃ》を結成した人物で，いずれも明治～大正時代に活躍《かつやく》した。

問５　Ｘ　出島は江戸幕府が長崎につくった人工島で，オランダ商館を監視下に置いた。　Ｙ　聖徳太子がつくった法隆寺《ほうりゅうじ》は，現存する世界最古の木造建築物としてユネスコの世界文化遺産に登録されている。

問６　Ａは飛鳥時代，Ｂは平安時代，Ｃは明治時代，Ｄは鎌倉《かまくら》時代，Ｅは江戸《えど》時代である。よって，時期の早い順に，Ａ→Ｂ→Ｄ→Ｅ→Ｃとなる。

4 室町時代についての問題

問１　図Ａの北部に「花の御所《ごしょ》」という表記が見られる。「花の御所」は足利義満が室町に建てた邸宅《ていたく》で，ここで政治も行った。

問２　鎌倉も七口と呼ばれる出入り口があるが，山を切り開いてつくった狭《せま》い道(切り通し)だった。

問３　応仁の乱は，８代将軍足利義政のあとつぎをめぐる争いや有力守護大名の細川氏・山名氏の勢力争いなどが原因となって起きた。なお，アの壬申の乱は天智《てんじ》天皇の死後，天皇の位をめぐって起きた飛鳥時代の戦乱，イの承久の乱は後鳥羽上皇が政治の実権を取りもどそうと起こした鎌倉時代の戦乱，エの島原の乱はキリシタンへの弾圧《だんあつ》や重い年貢《ねんぐ》の取り立てに抵抗して農民らが起こした江戸時代の百姓一揆《ひゃくしょういっき》である。

問４　応仁の乱以降，下剋上《げこくじょう》の風潮が広まり戦国時代となった。村の周囲を濠《ほり》で囲んだのは村人たちの自衛の策だったといえる。

問５　(1)　アの隣組《となりぐみ》は昭和時代の戦前に町内会の内部に結成された組織，ウの村会は戦前の村の議決機関，エの座は室町時代の商工業者の同業者組合である。　(2)　資料の中に「一　よそ者を，勝手に村の中に住まわせてはならない」という条文があることに注目する。

5 国会や選挙についての問題

問１　2016年に選挙権年齢《ねんれい》は満20才以上から満18才以上に引き下げられた。これは，世界の傾向に合わせるとともに，高齢化の進む日本において若い世代の声が政治に届きにくくなることを防ぐための措置でもあった。

問２　アの参議院議員の立候補年齢は満30才以上から，ウの条約を結ぶ仕事は内閣の仕事，エの法律が憲法に違反《いはん》していないかを調べる仕事は裁判所の仕事である。

問３　アの税金の管理は財務省，イの買い物をするときに納める税金は消費税，エの税金の使い道で最も多いのは社会保障関連費である。

問４　予算案は内閣が作成し，国会で議決する。

問５　聖子さんは意見文の中で，“教育を担当する省庁が，学校の授業でニュースについて意見交《こう》換《かん》する環境《かんきょう》を整えるべきです”と述べている。教育を担当する省庁とは文部科学省であり，エが正しい。

6 国際貢献についての問題

問１　イは国連難民高等弁務官事務所の略称である。なお，アは国連教育科学文化機関，ウは持続可能な開発目標，エは非政府組織の略称である。

問２　2001年の同時多発テロとは，ハイジャックされた４機の旅客機がアメリカ合衆国のワールドトレードセンター，アメリカ国防総省本庁舎などに衝突《しょうとつ》や墜落《ついらく》して多くの犠牲者《ぎせいしゃ》を出した事件のことである。この事件を引き起こした国際テロ組織の指導者をかくまっているとして，アメリカ合衆国はアフガニスタンに侵攻《しんこう》した。

問３　(1)　日本国憲法の基本原則は平和主義以外に，国民主権と基本的人権の尊重がある。　(2)　憲法第９条は戦争の放棄《ほうき》・交戦権の否認・戦力の不保持がうたわれている。

7 貨幣についての問題

問１　日本で最初に発行された銅製の貨幣《かへい》は，７世紀後半に発行された富本銭と考えられている。

問２　石見銀山は戦国時代から江戸時代前期が産出の最盛期だった。「石見銀山遺跡《いせき》とその文化的景観」として，2007年に世界文化遺産に登録された。

問３　渋沢栄一《しぶさわえいいち》は「日本資本主義の父」といわれ，約500の会社の設立や経営に関わった。また，社会福祉《ふくし》事業にも深く関わっている。なお，アの後藤新平《ごとうしんぺい》は明治時代の政治家，イの田中正造は明治時代に足尾《あしお》銅山鉱毒事件を国会に問題提起した衆議院議員，エの坂本龍《さかもとりょう》馬《ま》は薩長《さっちょう》同盟の仲立ちをした幕末の志士である。

問４　当初は地租《ちそ》を地価の３％として現金で納めさせたが，農民の税負担は軽くならず，各地で地租改正反対の一揆が起こったため，政府は地租を地価の2.5％に引き下げた。アの太閤《たいこう》検地は豊臣《とよとみ》秀吉《ひでよし》が行った全国的な土地調査，ウの廃藩置県は明治初期の中央集権国家づくりのための政策，エの大政奉還《ほうかん》は徳川慶喜《とくがわよしのぶ》が政権を朝廷《ちょうてい》に返還したことを指す言葉である。

8　発電割合についての問題

問１　1980年度の発電電力量はおよそ5,000億kWhであるのに対し，2020年度はおよそ10,000億kWhなので約２倍である。

問２　2011年の東日本大震災《だいしんさい》での地震《じしん》と津波《つなみ》によって福島第一原子力発電所で深刻な事故が起きた後，全国の原子力発電所は点検などで順次停止し，再稼働《さいかどう》の是非《ぜひ》が議論されるようになった。2014年には原子力発電割合は０％になり，その後再稼働した原子力発電所もあるが，事故前の水準にはもどっていない。

問３　1980年度のＸの発電量・割合ともに高くない。2000年度と2010年度の発電量はほぼ等しいが，2010年度の方が総発電量は多いので，割合は2000年度より下がることになる。2020年度には発電量・割合ともに低いことからイを選ぶ。

問４　問題文中の「本校校舎の屋根にも設置されている」という文とともに写真が載《の》せられていることに注目する。写真の体育館棟《とう》屋根に設置されているのは，太陽光発電用のソーラーパネルである。

理　科　＜第１回試験＞（35分）＜満点：100点＞

解　答

1　(1)　右の図　(2)　比例　(3)　**ゴムＡ**…イ　**ゴムＢ**…キ　(4)　ア　(5)　イ／**理由**…（例）　同じのびのとき，ゴムＡよりゴムＢのほうが大きな力で元にもどろうとするから。

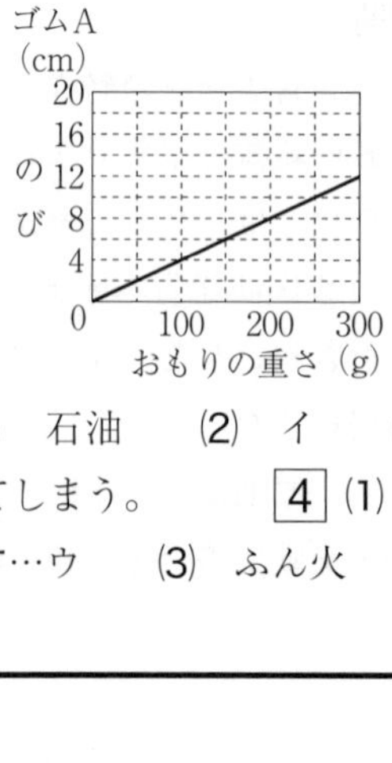

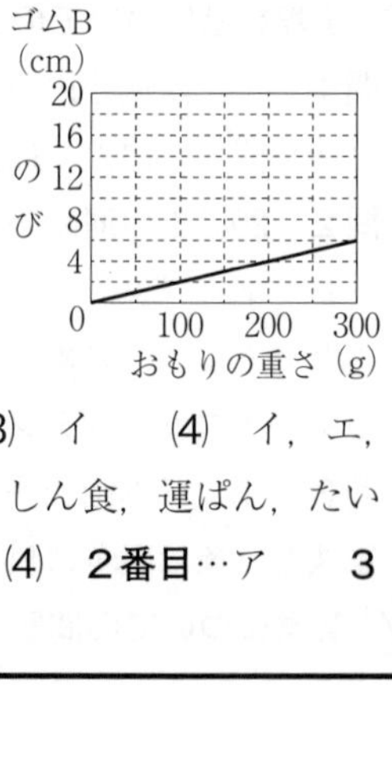

2　(1)　オ　(2)　ア　(3)　イ　(4)　石灰　(5)　ウ，エ　(6)　イ　(7)　0.54g　**3**　(1)　**Ａ**　二酸化炭素　**Ｂ**　石油　(2)　イ　(3)　イ　(4)　イ，エ，カ　(5)　（例）　もとからいた生物が食べられてしまう。　**4**　(1)　しん食，運ぱん，たい積　(2)　**周囲のようす**…②　**川の中のようす**…ウ　(3)　ふん火　(4)　**２番目**…ア　**３番目**…ウ　(5)　ボーリング(調査)

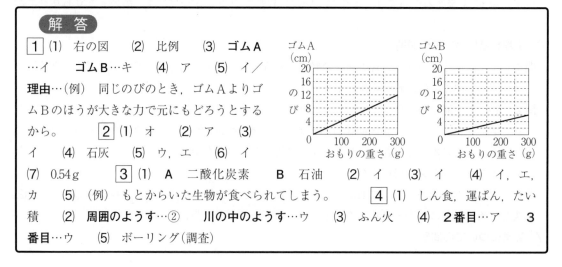

解　説

1　ゴムののび方についての問題

(1)　表１より，ゴムＡののびは，おもりの重さが０ｇのときは０cm，100ｇのときは４cm，200ｇのときは８cm，300ｇのときは12cmとなっている。また，ゴムＢののびは，おもりの重さが０ｇのときは０cm，100ｇのときは２cm，200ｇのときは４cm，300ｇのときは６cmになっている。このことをグラフに表すと，解答の図のようになる。

(2)　ゴムＡもゴムＢも，おもりの重さが２倍，３倍になると，のびも２倍，３倍となっている。このような関係を比例という。比例のグラフは右ななめ上にのびる直線となるから，(1)でかいたグラフを見ても比例であることがわかる。

(3)　ゴムＡは，おもりの重さ100ｇあたり４cmのびている。よって，のびを10cmにするためには，$100\times\frac{10}{4}=250$(ｇ)のおもりをぶら下げればよい。また，ゴムＢは，おもりの重さ100ｇあたり２cmのびているから，のびを10cmにするためには，$100\times\frac{10}{2}=500$(ｇ)のおもりをぶら下げればよい。

(4)　(3)より，同じだけのばすのに必要な力は，ゴムによって異なることがわかる。このことから，同じだけのびていても，元にもどろうとする力はゴムによって異なると考えられる。

(5)　ゴムでっぽうでは，本体に引っかけたゴムの長さが同じになるので，その長さにするのに必要な力が大きいゴムであるほど，元にもどろうとする力が大きくはたらいて，ゴムがより遠くまで飛ぶ。したがって，(3)より，同じ長さだけのばすのに必要な力が大きいゴムＢのほうを使うとよい。

2　二酸化炭素の性質についての問題

(1)　アンモニアは無色であるが，鼻をつくような強いにおいを持っている気体である。

(2)　青色リトマス紙が赤色になったので，気体Ａが水にとけると，その水よう液は酸性を示すことがわかる。

(3)　酸素にはものが燃えるのを助ける性質(助燃性)があるため，酸素の中に火のついた線香を入れると，線香が激しく燃える。

(4)　卵のからには炭酸カルシウムという物質が多くふくまれていて，その炭酸カルシウムが酸性の食《しょく》酢《す》と反応すると，二酸化炭素のあわが発生する。つまり気体Ａは二酸化炭素である。気体が二酸化炭素であるかどうかを調べるときには，石灰水を使う。気体を石灰水とよくふれさせたとき，石灰水が白くにごったら，その気体は二酸化炭素だとわかる。

(5)　ア　二酸化マンガンに過酸化水素水を加えると，酸素が発生する。　イ　アルミニウムに塩酸を加えると，水素が発生する。　ウ　石灰石の主成分は炭酸カルシウムなので，石灰石に酸性の塩酸を加えると，二酸化炭素が発生する。　エ　木材をつくっている成分には炭素があるので，木材を燃焼させると，炭素と酸素が結びついて，二酸化炭素が発生する。

(6)　$1\,L=1000cm^3$なので，$1000cm^3$の気体Ａの重さは1.98ｇである。

(7)　(6)より，水１Ｌに気体Ａは1.98ｇとけるから，水２Ｌには，$1.98\times2=3.96$(ｇ)とける。したがって，とけきらない気体Ａは，$4.5-3.96=0.54$(ｇ)になる。

3　地球と環《かん》境《きょう》についての問題

(1)　**A**　プラスチックも紙も，それらをつくっている物質の成分に炭素がふくまれているので，燃やすと二酸化炭素が発生する。　**B**　プラスチックは，石油から取り出したナフサという成分を使ってつくられる。

⑵，⑶　石油は，大昔に生息していた動物プランクトンの死がいが積もり，その上に土砂がたい積して地中にうもれて，長い時間をかけて変化してできたものである。そのため，石油は大昔の地層の中にあり，その多くは地中深くにある。

⑷　オオクチバスは，ブラックバスともよばれ，もともとはアメリカにいる魚である。日本に持ちこまれたのは1925年で，神奈川県の芦ノ湖《あしのこ》に放流されたのが始まりとされる。以降，全国各地で放流された。ミシシッピアカミミガメは，もともとはアメリカにいるカメで，日本にはおもに(ミドリガメという名前で)ペットとして輸入されたが，それがにげ出したり捨てられたりして野生化した。セイヨウミツバチは，明治時代に海外から輸入され，農産物の受粉を助けたり，はちみつを採ったりするために，現在も広く飼われている。

⑸　帰化生物(外来生物)が入りこんで定着するようになると，もとからその地域に住んでいた生物(在来生物)を食べてしまったり，住む場所をうばったりするため，もとからその地域に住んでいた生物たちによって築かれてきた自然環境(生態系)がこわされてしまう。すると，もとからその地域に住んでいた生物たちの数が減り，場合によっては絶滅《ぜつめつ》してしまうおそれもある。

４　流れる水のはたらきと地層についての問題

⑴　川のはたらき(流れる水のはたらき)には，地面をけずる「しん食(しん食作用)」，けずった土砂を運ぶ「運ぱん(運ぱん作用)」，運んできた土砂を積もらせる「たい積(たい積作用)」の３つがある。

⑵　川の曲がっているところでは，曲がりの外側のほうが内側よりも流れが速い。すると，曲がりの外側は，しん食作用が大きくはたらいてけずられるため，川岸はがけのようになり，川底は深くなる。一方，曲がりの内側は，たい積作用が大きくはたらくので，川岸には川原が広がり，川底は浅くなる。したがって，周囲は②のようになり，川の中はウのようになる。

⑶　火山がふん火すると，大小さまざまな大きさの岩石がふき出される。そのうち最も小さなつぶである火山灰は，風に流されながらゆっくり落ちていくので，周辺の広いはん囲にふり積もる。

⑷　ここでは断層やしゅう曲がないので，地層は下にいくほど古い。A，B，Cの各所に見られる火山灰の層は同じものであり，アの層は火山灰の層の１つ下，イの層は火山灰の層の３つ上，ウの層は火山灰の層の１つ上，エの層は火山灰の層の３つ下にあるから，古いものから順にエの層→アの層→ウの層→イの層とわかる。

⑸　機械を使ってつつ状に穴をほることをボーリングといい，この穴や採取した土砂から地中のようすを調べることをボーリング調査という。穴をほるときに地中の土砂が取り出せるので，地中にどのような地層が広がっているかを推測することができる。

国　語　＜第１回試験＞（45分）＜満点：100点＞

解　答

一　**問１**　(例)　キアラがばかにするみたいに難民という言葉を投げつけたから。　**問２**　イ　**問３**　あたしが泣くのを見せたりしない　**問４**　A　エ　B　ウ　C　ア　**問５**　「傷には，　**問６**　A　通りで遊んで　B　砲撃　C　砲弾が爆発した　**問７**　ア　**問８**　(例)　砲撃もなく安全に，学校での勉強やバレエ，食べることや寝ることができる点。　**問９**

⑧ エ　⑨ イ　**問10** ウ　**問11** （例） ミス・ヘレナも自分と同じ難民という身の上であったことを知ったから。　**問12** ア ○　イ ○　ウ ×　エ ×　**問13** イ
問14 （例） 音楽会の合唱練習でみんなの声がまとまらず苦労しましたが，たがいの声をよく聞き，声量や音程を合わせた結果，成功させることができました。自分だけうまくこなすのでなく，周囲も気づかい協力することが必要だと学びました。　二 **問１** **1** ちょうほう　**2** いと　**3** けわ(しい)　**4** かいほう　**5** ぎょうそう　**問２** 下記を参照のこと。
問３ **1** イ　**2** ア　**3** ウ　**4** エ　**5** ア　**問４** **1** エ　**2** イ　**3** ア　**4** ウ　**5** オ　**問５** **1** ア　**2** ウ　**3** イ　**4** ウ　**5** エ　**問６** **1** イ　**2** オ　**3** エ　**4** ア　**5** ウ

●漢字の書き取り

二 問２　1 簡単　2 宣伝　3 検討　4 往復　5 写(す)

解　説

一 **出典は，キャサリン・ブルートン『シリアからきたバレリーナ』による。**シリア内戦で故郷を脱《だっ》出《しゅつ》した少女アーヤは，父と離《はな》ればなれになりながらもイギリスで難民として暮らし始める。シリアでバレエを習っていたアーヤは，毎日通う難民支援センターと同じ建物にあるバレエ教室でミス・ヘレナと出会い，バレエを踊《おど》ることで息を吹《ふ》き返していく。

問１　傍線部《ぼうせんぶ》①の一つ前の段落の「ちゃんと前を見てよ，難民さん！」というキアラのことばと，その後の「キアラは，ホステルの家主とおなじように，ばかにするみたいにそのことばをなげつけた」という部分から読み取り，まとめる。

問２　アは「いかりがわいてくる気持ち」がアーヤの心情としてふさわしくない。イは「ドッティが親切にしてくれていることも～よくわかっていた」「レオタードをもらうことで，ほどこしを受ける『かわいそうな難民の子』にされた気がしたのだ」という本文の内容に合い，アーヤの心情としてふさわしい。ウは「難民だからと使い古したレオタードをおしつけられた」が，エは「貧しい難民の子だと見下されていた」がふさわしくない。

問３　傍線部③は，文章の一部を省略することで読み手にそのことばを想像させる表現技法で，前後のつながりや内容から省略されたことばがわかる。ここでは，直前の「だれにも，あたしが泣くのを見せたりしない」に注目する。

問４　空欄《くうらん》にあてはまる修飾語《しゅうしょくご》を選ぶ問題である。アの「おずおずと」はこわがっておくびょうな様子。イの「ふらふらと」は不安定で力が入らない様子。ウの「ぐっと」は力が入る様子。または，困ったり感動したりしてことばや息がつまる様子。エの「ひしひしと」はせまるように強く感じる様子。オの「すらっと」は身長などが高くほっそりしている様子。

問５　傍線部④はミス・ヘレナのことばである。直後の会話文の中で，「傷には，わたしたちが苦しんで，それをのりこえてきた歴史がこめられているからよ」とその理由を述べている。

問６　傍線部⑤に対する返答は，年少クラスのレッスンを手伝うために残ったドッティとアーヤがお弁当を食べながら話す記述の後に書かれている。「砲撃《ほうげき》があってね。友だちと通りで遊んでたんだけど……いきなり砲弾《ほうだん》が爆発《ばくはつ》したの」というアーヤのことばから指定の字数に合わせてぬき出す。

問７　アは，本文で「ぎこちなくいって，顔を赤らめた」ことからアーヤへの接し方にとまどいが

あると考えられ，「しかも，あなたは……」とアーヤの足をちらりと見おろしたことから，足に傷があるにもかかわらず上手だと思っている様子がうかがえるため，リリエラの心情としてふさわしい。イは「自分とは異なる優秀《ゆうしゅう》な人物だと考え緊張《きんちょう》している」が，ウは「くやしく思い，足の傷のことを話題にしてやろうと」が，エは「アーヤをからかうためにわざと思ってもいないほめ言葉を述べて」がリリエラの心情としてふさわしくない。

問８　傍線部⑦以前に語られているアーヤの足の傷の原因となった砲撃の話や，故郷を離れてからの苦労と，「自分の生活がほんとにたいくつ～学校，バレエ，学校，食べる，寝《ね》る，宿題，またバレエ」というドッティの生活とを比べて考える。アーヤは学校に行ったりバレエの練習をしたり，食べることや寝ることがふつうにできたりする日常を「とってもいい生活」だと考えている。

問９　ことばの意味を問う問題。　⑧「～がかる」は，～に似た様子になることをいう。　⑨「口火」とは，点火に使う火のこと。ここからものごとが始まるきっかけを表す。

問10　ドッティは，傍線部⑩の後に「ひとりじゃ，親の期待が重すぎて，つぶされちゃう！　きょうだいがいたら，重荷をわけあえるってもんじゃない？」と，アーヤに共感を求めながらきょうだいがほしい理由を述べている。アは「幼い子どもに関心があり」が，イは「きょうだいがいれば，同じことの繰《く》り返しの毎日が楽しいものになるだろうと想像」が，エは「アーヤを少しでもなぐさめる」が，それぞれ本文中で述べられておらず，理由としてふさわしくない。

問11　アーヤは，ミス・ヘレナの若いころの写真を見て，また，ドッティの話から，世界的なバレリーナであったミス・ヘレナがユダヤ人でイギリスにのがれてきた，自分と同じ難民であったことを知り，強く興味を引かれている。「目がはなせない」とは心が引かれずっと見ていたいと思うこと，また，心配で常に見ていないと不安である様子を表す慣用句。

問12　**ア**　ドッティのことばに「ヘレナ・ローゼンベルクって，きいたことあるでしょ。世界じゅうでおどってたんだって」とあり，ミス・ヘレナの説明としてふさわしい。　**イ**　アーヤに「わたしたちは，誇《ほこ》りをもって傷をまとうの」と語っており，ふさわしい。　**ウ**　ドッティが「わたしはずっと，他人の親切にたよってきたのよ」というミス・ヘレナのまねをしているものの，ウの内容は本文中で述べられておらず，ふさわしくない。　**エ**「いつかユダヤに帰りたい思いが強く」という内容がふさわしくない。

問13　本文中の「アーヤは，少女たちからまたふつうの目で見てもらうために，なにかいいたかった。～でも，ことばは出てこなかった」「アーヤは顔を真っ赤にして，小声でいった」など自分の考えや気持ちを率直に伝えられない様子，また，「アーヤはくちびるをかんで，まつ毛に～泣いてはだめ。だれにも，あたしが泣くのを見せたりしない」と自分をはげましてのりこえようとしている様子などから考えると，アは「ほがらかで笑顔をたやさず」が，ウは「勝ち気で負けず嫌《ぎら》い」が，エは「すぐに泣いてしまう」が，それぞれふさわしくない。

問14　一文目に経験，二文目に学んだことという条件を守って書く。「困難を乗り越《こ》えた経験」とあるが，無理に大げさなエピソードを書こうとするより，学校や家庭など身近な生活の中での体験を選ぶと説得力のあるものになる。「だ・である」「です・ます」など文末表現を統一し，八〇字以上で書くようにしたい。

二　漢字の読みと書き取り，画数，ことわざ，品詞の識別，文学作品の知識

問１　**１**　便利で役に立つ様子。　**２**　あることをしようと考えること。また，その考えやねらい。　**3**　傾斜《けいしゃ》が急で危険な様子。　**4**　病気やけががよくなっていくこと。　**5**　おそろしい顔つき。

問2　**1**　こみいっておらず手軽な様子。　**2**　あるもののよさを人々に広く知らせること。　**3**　よく考えること。　**4**　行ってまたもどること。　**5**　見たとおりに他のものに書くこと。

問3　画数の問題である。「及」や「えんにょう」「こざとへん」の画数は間違《まちが》えやすいので気をつける。ふだんから漢字は点画，筆順を正しく書くことを心がけたい。　**1**　14画。アは15画，イは14画，ウは13画，エは15画。　**2**　９画。アは９画，イは８画，ウは８画，エは10画。　**3**　８画。アは９画，イは９画，ウは８画，エは９画。　**4**　12画。アは13画，イは13画，ウは11画，エは12画。　**5**　13画。アは13画，イは12画，ウは12画，エは14画。

問4　**1**　「紺屋《こうや》の白《しろ》ばかま」「医者の不養生《ふようじょう》」は，他人のことにいそがしく，自分のことはかまわないこと。　**2**　「待《ま》てば海路《かいろ》の日和《ひより》あり」「石の上にも三年」は，今はうまくいかなくても，待っていればそのうち幸運がやってきてうまくいくこと。　**3**　「ぬかにくぎ」「とうふにかすがい」は，手応えや効き目がまったくないこと。　**4**　「弘法《こうぼう》にも筆《ふで》のあやまり」「かっぱの川流《かわなが》れ」は，どんな名人でもときには失敗することがあるというたとえ。　**5**　「ちょうちんにつりがね」「月とすっぽん」は，二つのものが比べものにならないほどちがうこと。

問5　**1**　アは「たぶんそうだろう」という意味の，推定の「らしい」。イ，ウ，エの「らしい」は「～にふさわしい」と言いかえられる。　**2**　ウは「ない」の前に「は」を入れると「明るくはない」と意味が通じる文になる。ア，イ，エは「ない」を「ぬ」にかえても意味が通じる文になる。　**3**　ア，ウ，エは「の」を「が」にかえても意味が通じる文になる。　**4**　ウは「が」を「けれども」にかえても意味が通じる。ア，イ，エは「だれが」「なにが」という主語につく「が」である。　**5**　エは「広い」「美しい」という二つのことばを対等に並《なら》べてつないでいる。

問6　文学作品の知識に関する問題である。頻出《ひんしゅつ》の作者とその代表作は確実におさえておきたい。

2023年度 玉川聖学院中等部

【算　数】〈第２回試験〉（40分）〈満点：100点〉

1 次の計算をしなさい。

(1) $7 \times 17 - 14 \times 5 + 3 \times 7$

(2) $1\frac{1}{5} + \frac{9}{10} \times \left(\frac{5}{6} - \frac{2}{3} \right)$

(3) $\frac{5}{8} - \left(0.3 + \frac{1}{4} \right) + 0.125$

(4) $0.325 \div 0.13 - 1.7 \times 0.4$

(5) $9 - 2 \times (45 - 17) \div 14$

2 次の□にあてはまる数字を入れなさい。ただし，(5) は途《と》中の計算も解答らんにかくこと。

(1) 3.2 km の道のりを，行きは分速 400 m で自転車に乗り，帰りは時速 3 km で歩いたところ，往復にかかった時間は□時間□分でした。

(2) 4 % の食塩水 300 g と□%の食塩水 200 g を混ぜたら 6 %の食塩水 500 g ができました。

(3) 32，46，67 を整数□で割ったら，あまりがどれも 4 になりました。

(4) あるクラス 40 人の生徒のうち，通学にバスを使っている人は 23 人，電車を使っている人は 15 人，バスと電車を両方使っている人は□人，バスも電車も使っていない人は 13 人です。

(5) 聖子さんの国語と理科と社会のテストの平均点は 58 点でしたが，算数のテストが□点だったので，4 教科のテストの平均点はちょうど 60 点になりました。

3　下の方眼用紙にかかれた正方形 ABCD の対角線を利用し，㋐＋㋑の角の大きさを求めなさい。

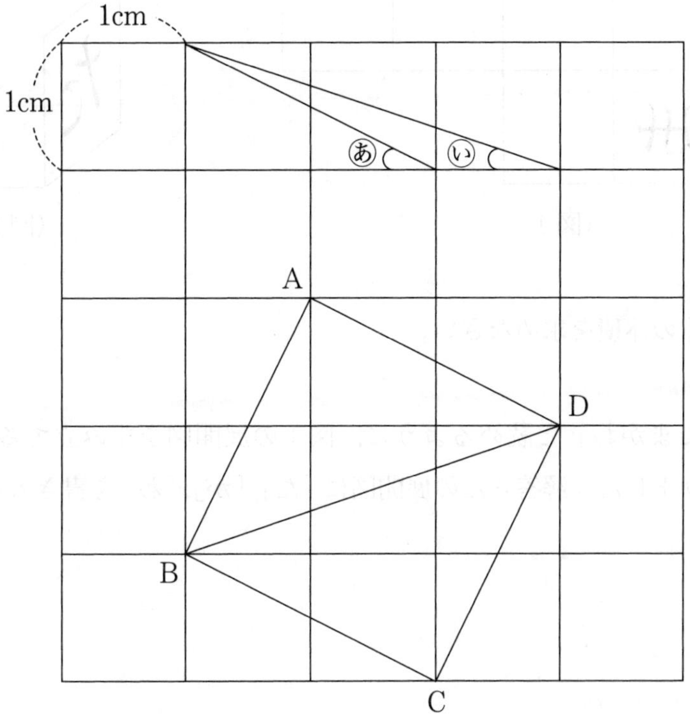

4　下の図は正方形と半円を組み合わせたものです。円周率を 3.14 とするとき，斜《しゃ》線部分の面積を求めなさい。ただし，途中の計算も解答らんにかくこと。

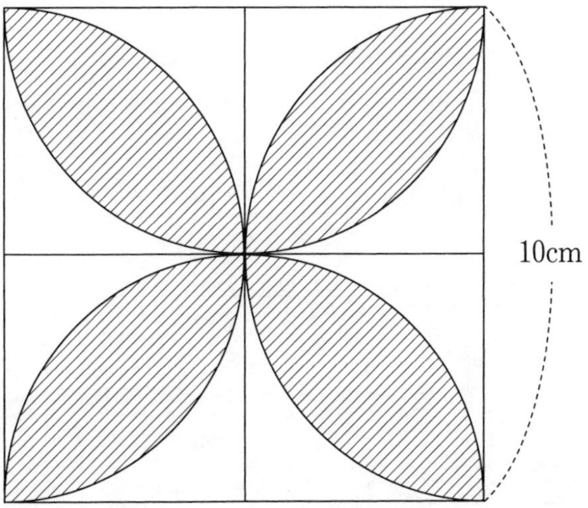

5　下の図１は１辺が３cm の立方体の展開図です。次の問いに答えなさい。

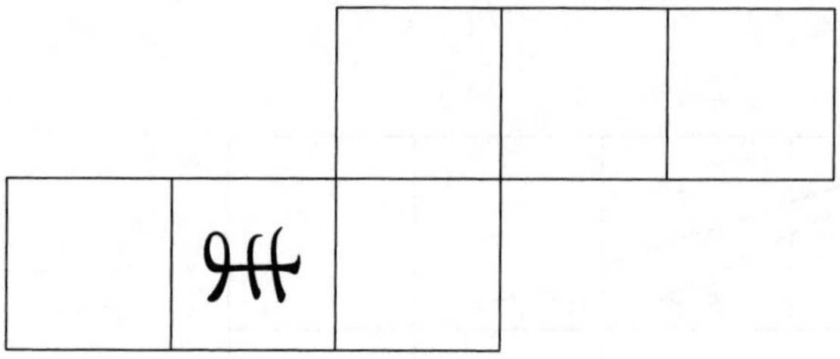

(図 1)

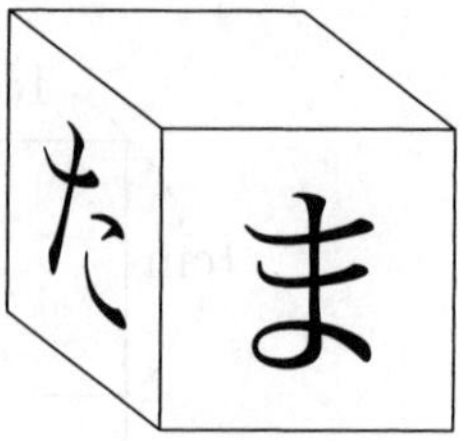

(図 2)

(1)　この立方体の体積を求めなさい。

(2)　側面が「たまがわ」と読めるように，図１の展開図を組み立てると図２の立方体になりました。解答らんの展開図に「た」,「が」,「わ」を書き入れなさい。

6 兄と妹はある駅を同時に出発し，12 m 離れた遊園地に向かいました。兄は駅から遊園地まで向かう「動く歩道」に乗り，立ち止まって進んでいましたが，妹の歩く速さよりも遅いことに気づき，途中から「動く歩道」の上を歩いていきました。一方，妹はふつうの歩道を歩き，兄より１秒遅れて到着《とうちゃく》しました。下のグラフは，このときの兄と妹の距離と時間の関係を表したものです。兄と妹の進んだ距離は等しく，兄の歩く速さ，妹の歩く速さ，「動く歩道」の速さはそれぞれ一定であるものとして，次の問いに答えなさい。

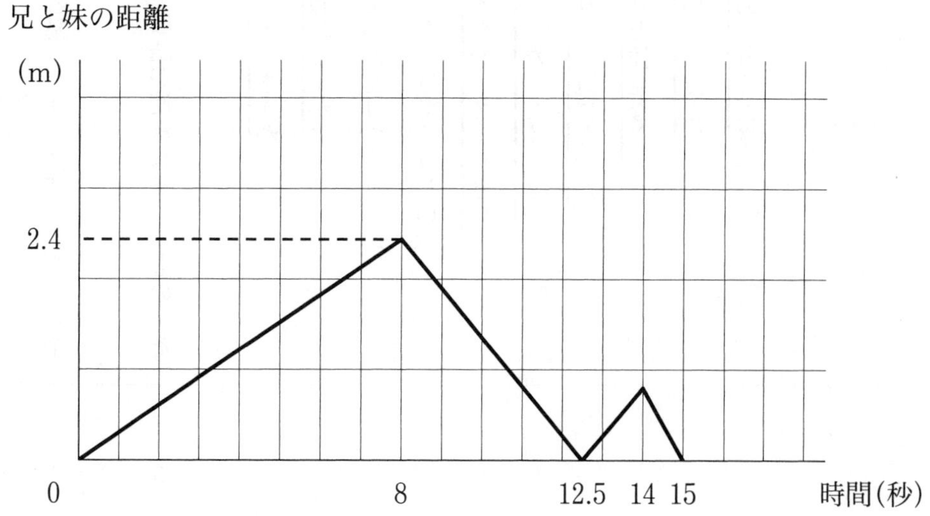

(1) 兄と妹の移動した距離と時間の関係を表したグラフは下の㋐，㋑，㋒のどれですか。また，妹の歩く速さは毎分何 m ですか。

㋐

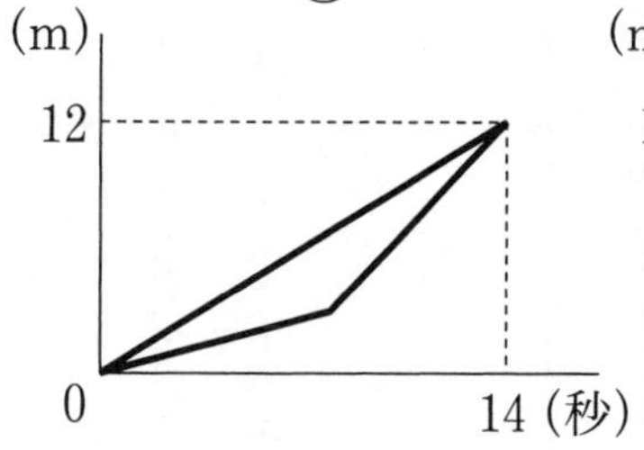

㋑

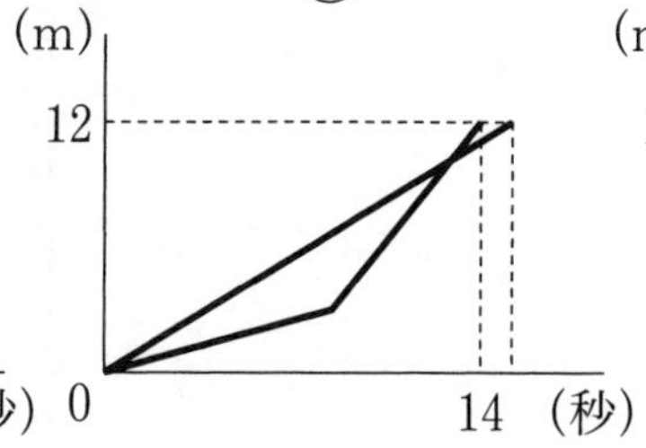

㋒

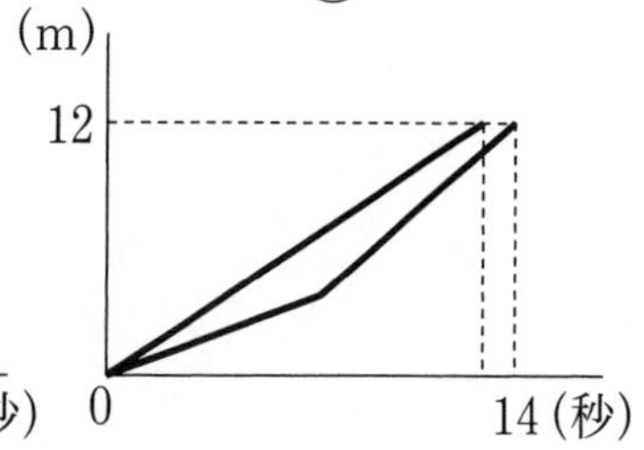

(2) 兄が到着したとき，兄と妹の距離は何 m ですか。

(3) 兄が「動く歩道」を歩く速さは毎分何 m ですか。

問四　次の１～５の反対の意味を持つ熟語をそれぞれ漢字で答えなさい。

１　失敗　　２　原因　　３　容易　　４　消費　　５　安全

問五　次の――線部から最も正しく敬語が使われているものをそれぞれ選び、記号で答えなさい。

１　ア　社長は講演会にいらっしゃいますか。
　　イ　社長は講演会にうかがわれますか。

２　ア　そのようにおっしゃっていただけてうれしい。
　　イ　そのように申し上げていただけてうれしい。

３　ア　当日はスリッパをご持参になってください。
　　イ　当日はスリッパをお持ちになってください。

４　ア　先生は彼の絵をじっくりとご覧になった。
　　イ　先生は彼の絵をじっくりと拝見なさった。

５　ア　みなさんどうぞいただいてください。
　　イ　みなさんどうぞおめしあがりください。

問六　次の１～５の作者の作品名を、後のア～オから選び、記号で答えなさい。

１　オルコット　　２　サン・テグジュペリ
３　モンゴメリ　　４　マーク・トゥエイン
５　メーテルリンク

《作品名》

ア『赤毛《あかげ》のアン』　　イ『トム・ソーヤの冒険《ぼうけん》』
ウ『青い鳥』　　エ『星の王子さま』
オ『若草物語』

問十二　――線部⑩「いちばんこわいのは武器よりも人の心だ」とありますが、なぜブンさんはそう思うのですか。本文中のことばだけでなく、自分のことばも用いて四十字以内で説明しなさい。

問十三　――線部⑪「石をひとつ、積んだ」とありますが、「石を積む」とはどのような行いのたとえとして用いられていますか。本文中の語句を用いて、解答らんの語句に続くように十五字以内で説明しなさい。

問十四　ブンさんの話全体を通して読んで、平和な世界を作っていくために、今のあなたに今日からでもできることとしてどのようなことがありますか。それが、なぜ平和な世界を作ることにつながるか、その理由も含めて、あなたの考えを書きなさい。ただし次の条件にしたがって書くこと。

条件　二文で書き、一文目にあなたのできること、二文目にその理由を書きなさい。

二　次の各問いに答えなさい。

問一　次の――線部の漢字の読みを答えなさい。

1　布を裁断する。
2　後世に残る作品になる。
3　木造の家屋に住んでいる。
4　気持ちを奮い立たせる。
5　部屋には絵画がかざってある。

問二　次の――線部のカタカナを漢字に直しなさい。

1　好きなことにムチュウになる。
2　ノウリツよく仕事をする。
3　やさしいクチョウで話す。
4　詩をアンショウする。
5　計画をタダちに実行する。

問三　次の1～5の漢字の部首名を、後のア～オから選び、記号で答えなさい。

1　然　2　制　3　部　4　教　5　雑

ア　おおざと　イ　ふるとり　ウ　れんが
エ　りっとう　オ　のぶん

問九　――線部⑦「これからみなさんがつくる未来も、見ていますよ」とありますが、ブンさんがこの言葉を通してみんなに伝えたかった思いとはどのようなものと考えられますか。最もふさわしいものを次から選び、記号で答えなさい。

ア　かつて私たちは戦争という大きな過ちをおかしたが、未来世代である子どもたちには、戦争のない平和な社会を作っていってもらいたいという思い。

イ　このクスノキは樹齢百二十年にもなる老木で、今までの歴史をずっと見てきたのだから、この木を大事に守っていってもらいたいという思い。

ウ　二度の大戦をくぐりぬけて生き延びてきたこのクスノキを見習って、子どもたちにも、戦争が起きても生き残れるような強さを持ってもらいたいという思い。

エ　百二十年という長い年月を生きているこのクスノキのように、どっしりとかまえて人々を見守ることのできる大人になってほしいという思い。

問十　――線部⑧「似島にドイツ人捕虜《ほりょ》がいた戦争と、原爆が落ちた戦争は、なんだか、まったくちがうような気がする」とありますが、ブンさんの説明によれば次の①～④は二つの戦争のうちどちらのことを言い表したものですか。〈ここまでの話〉〈カール・ユーハイムの人生〉と本文全体から判断し、「似島にドイツ人捕虜がいた戦争」にはA、「原爆が落ちた戦争」にはB、どちらにもあてはまらないものには×を書きなさい。

①　捕虜に強制労働をさせるなど、人間らしい扱いをしなくなった。

②　民間人の住む街にも爆弾がたくさん落とされ、兵士以外の多くの人が亡くなった。

③　捕虜になった兵士と捕虜にした国の人々の間で文化交流が行われた。

④　武器を使わず、話し合いや外交の力で国同士の問題を解決しようとした。

問十一　――線部⑨「より効率的になった」とありますが、これをよりくわしく説明している三十字以内の部分を、解答らんの語句（「なったということ。」）に続く形でぬき出して答えなさい。

問七　――線部⑤「『原爆ドーム』になりました」とありますが、ブンさんがこのような表現をしたのはなぜですか。最もふさわしいものを次から選び、記号で答えなさい。

ア　世界遺産にもなっている、あの有名な「原爆ドーム」がどのようにして誕生したのかという話をしているのだということを強調して、だいぶ話に飽《あ》き始めていた子どもたちの関心をひきつけるため。

イ　世界遺産にもなっている、みんなもよく知っているあの「原爆ドーム」は、最初から「原爆ドーム」と呼ばれていたわけではなく、恐ろしい原子爆弾によって破壊《はかい》され今の姿になったのだということに気づかせるため。

ウ　世界遺産にもなっている、広島の子どもなら誰もが知っている「原爆ドーム」の名前を出すことで、ユーハイムが実在の人物ではなかったのではないかと疑っている子どもたちに、これは実話だと信じてもらうため。

エ　世界遺産にもなっているあの有名な「原爆ドーム」が、ほぼ原子爆弾を真上から受けたにも関わらず、今の姿が残っていることから、どれだけじょうぶに作られていたかを分かってもらうため。

問八　――線部⑥「手の中でバウムクーヘンが、ふわっとかおった」とありますが、作者がここでこの一文を書き加えたのは、どのような意図からと考えられますか。最もふさわしいものを次から選び、記号で答えなさい。

ア　「ボク」がブンさんの話を聞くよりも、手の中のバウムクーヘンに気を取られて、早く食べたい気持ちになっていることを表すため。

イ　ブンさんの話がそろそろ終わりに近づいてきて、それと同時にブンさんとのお別れも近づいてきていることを表すため。

ウ　戦争で何もかもなくし、カールも死んでしまったが、エリーゼや職人さんたちが再び立ち上がったことで、ユーハイムの味が受け継《つ》がれてきたことを表すため。

エ　ブンさんの話が終わってもまだバウムクーヘンがおいしそうな匂《にお》いを放っていることから、みんなのバウムクーヘン作りが成功したことを表すため。

問一　[A]・[C] にあてはまることばとして、最もふさわしいものを次から一つずつ選び、それぞれ記号で答えなさい。ただし、[C] は二ヶ所あるが、同じことばが入る。

ア　いそいそ　　イ　もやもや　　ウ　いらいら
エ　くよくよ　　オ　どきどき

問二　――線部①「でも、わたし、立っていますよ」とありますが、エリーゼはこのことばでカールにどのようなことを伝えようとしているのですか。最もふさわしいものを次から選び、記号で答えなさい。

ア　横浜では関東大震災にあい、けがもしたが、今はこうして健康で立っていられるということを伝えて安心させようとしている。
イ　弱気になっているカールに、自分はこうして立って働いているのだから、早く仕事にかかるようにとけしかけている。
ウ　横浜では本当につらく悲しい思いをしたが、それでも今こうして生きていられるのだから、だいじょうぶですよと力づけている。
エ　人間はどんなに悲しいことがあっても、くじけずに立っていなければならないのだと教えさとしている。

問三　――線部②「『ええ……』という声とため息が、あちこちからもれた」とありますが、この声やため息は、ブンさんの話を聞いていた「ぼく」たちキャンプの参加者がもらしたものです。「ぼく」たちはなぜこのような声をもらしたのか、六十字以内で説明しなさい。ただし、次の言葉を必ず用いて答えること。

（　戦争　／　大震災　／　二十年　）

問四　――線部③「垣根《かきね》がなくなりました」とありますが、それはどういう意味ですか。それを説明した次の文の空らんにあてはまるふさわしい語句を本文中からぬき出して答えなさい。

兵士でない一般市民の人々が生活する場所も[　　]になったということ。

問五　[B] には、本文中にも何回か登場する漢字二字のことばが入ります。それをぬき出して答えなさい。

問六　――線部④「閉じられたはずのふたをつきやぶって真っ暗な闇《やみ》があらわれ」とありますが、これと同じ内容を言い表している一文をこれより前から探し、最初と最後の三字を答えなさい。

ぼくは、ブンさんに、ぼくの［ C ］をいってみた。

「原爆を使った戦争に、文化の交流なんてありそうにないし」

ブンさんがうなずいた。

「きみの疑問はほんとうに正しい。ちがいは、⑨戦争がより効率的になったということです。いかに効率的に人の命をうばえるか」

「効率的に？」

「そう。一度にできるだけたくさんの人やものを破壊《はかい》できるように。そうすると、兵士だけでなく、女性や子どもたちも、木や自然もすべてが巻きこまれるようになる。その変化は、たった二十数年のあいだに起こるには、たしかに大きすぎた」

（いかに効率的に人の命をうばえるか……）

胸の中でくりかえすと、ぞっとした。

「人間って、むごいね」

「そう。むごい。⑩いちばんこわいのは武器よりも人の心だと、ぼくは思うよ。だけど、やさしくもなれる。やさしくも、むごくもなれるのが人間なんだ。だからこそ、平和というものは、意識して築いていかなくちゃいけない。きみが似島にやってきて、それが平和を考えるきっかけになったとしたら、⑪石をひとつ、積んだってことだよ」

「いや……、ぼくはほんとは、バウムクーヘンが食べたかっただけで」

そういいながら、はずかしくなった。自分でバウムクーヘンを愛する男子なんて名乗っておいて、店の食べくらべでバウムクーヘンを語ろうとしていたなんて。

「でもこれからは、バウムクーヘンを食べるとき、ここでのことを思いだします」

「そうか。それはうれしいなぁ」

ブンさんが笑いながら、軍手をつけた手で鼻の下をこすったら、炭の黒いひげがついた。

（巣山ひろみ『バウムクーヘンとヒロシマ』による）

ちが、船で次からつぎへと運びこまれます。収容人数五百名の検疫所は、たちまち一万人ほどの患者《かんじゃ》であふれました。軍医たちは寝《ね》る間もおしんで治療《ちりょう》にあたりますが、薬は四日後には底をつき、ほとんどの人が似島で亡くなりました」

ひっそりとした木立の中で、ブンさんの声だけが伝わってくる。

「カール・ユーハイムが、はじめてバウムクーヘンを日本人に紹介《しょうかい》した建物。日本で菓子の店を開く出発点となった産業奨励館の消失と、時期をほぼ同じくして、カールは亡くなりました。ですが、〝ユーハイム〟はふたたび復活します。カールの思いをつぐ職人さんたちが集まって、エリーゼとともに店を再建していくのです」

⑥手の中でバウムクーヘンが、ふわっとかおった。

「これで、ぼくの話は終わりです。さて、ぼくの話した似島でのいろんなことを、ずっと見てきたものが、ここにいます。ほら、見あげて」

ブンさんの指さすぼくたちの頭上には、大きなクスノキが枝を広げて木かげをつくってくれていた。

「百二十歳《さい》になるクスノキじいさんです。クスノキじいさんは、カール・ユーハイムが似島に連れてこられた日も、バウムクーヘンを焼いた日も、見ていました。ひとつの戦争が終わり、また次の戦争がはじまって、原子爆弾が炸裂したことも知っています。⑦これからみなさんがつくる未来も、見ていますよ」

木は、風にサラサラと葉音を立てた。

似島はぼくが思っていたような、お菓子の国ではなかった。

〝軍の島〟の検疫所。ユーハイムのいたドイツ人俘虜収容所。被爆者一万人を受けいれた野戦病院。ぼくが今、立っているこの場所。その全部が、同じ場所なんだ。全部がほんとうに起こったこと。

昼食までは休憩《きゅうけい》時間になり、みんなは散らばっていった。でも、ぼくは、クスノキじいさんの下から離れることができないでいた。

作業着で、コンロの炭を集めるブンさんを、見るともなしに目で追った。焼けのこった炭は、まだ赤くくすぶっていた。

さっきからずっと、心の中のどこかが［C］していた。ぼくは、ブンさんにかけよった。

「あの……、ブンさんは、カール・ユーハイムたちが似島にいたとき、文化の交流があったっていいましたね」

ブンさんは仕事の手を止めた。

「そうだよ。交流は今でもつづいてるよ。ほら、あの菩提樹《ぼだいじゅ》なんて、最近、ドイツから送られてきたものだし」

グラウンドわきの、まだ若い木をブンさんが指さした。

「ねえ、ブンさん。ぼくは、⑧似島にドイツ人捕虜がいた戦争と、原爆が落ちた戦争は、なんだか、まったくちがうような気がするんです。どうして、あんなにちがうんだろう」

を歩きまわるというような突飛《とっぴ》な行動からはじまり、ありもしないことをほんとうだと思いこみ、暗い顔で自分の内に閉じこもるようになりました。ウォルシュケやオートマーたちが見たら、捕虜収容所時代を思いうかべたことでしょう。

　一九四五年八月十四日。カールとエリーゼは、六甲山のホテルで静養していました。

　真夏といえど、六甲山山頂に建つホテルには、すずやかな風が吹《ふ》いていました。空襲《くうしゅう》の爆音もありません。静かな午後でした。

　安楽椅子《いす》に腰《こし》かけたカールの視線が、自分に向けられているのにエリーゼは気づき、はっとしました。そのあたたかく、やさしい目は、心を病む以前の夫のものです。なつかしい夫がもどってきた。そう思うと、これまでの心配ごとも、苦労も消えるようないっしゅんでした。

「戦争が終わるよ」

おだやかに、カールはいいました。

　終戦の一日前のことです。まだ、世の中のだれも、次の日に戦争が終わるなんて知りません。

「わたしは死にます。でも、すぐに平和が来るから」

　そういうと、心から安心したように、カールは椅子に深ぶかと体をうずめました。閉じた目に笑みをうかべ、五十八年の人生を終えたのです。

*

　ブンさんの話はつづいた。

「広島のことをお話ししましょう。

　同じ年の一九四五年八月六日、午前八時十五分。

　アメリカの戦闘機から投下された一発の原子爆弾が、広島の上空、高度六百メートルで核分裂爆発《かくぶんれつばくはつ》をおこします。このとき生まれた火の玉は、爆発の一秒後、直径二百八十メートルにまでふくれあがります。その中心温度は摂氏《せっし》百万度以上。太陽の表面よりも熱い火の玉は、爆心地《ばくしんち》の人びとを蒸発させました。その直後、強烈《きょうれつ》な衝《しょう》撃波《げきは》が襲《おそ》い、半径二キロの木造住宅を全壊《ぜんかい》させます。爆発からこの間、わずか十秒のできごとでした。

　放射能、熱線、爆風《ばくふう》により壊滅《かいめつ》状態になった広島の街を、炎《ほのお》が焼きつくしました。

　原子爆弾をほぼ真上から受けた広島県産業奨励館《しょうれいかん》は、爆風と熱線をあび、丸屋根から炎をふきあげ大破し、⑤「原爆ドーム」になりました。

　当時、三十五万人の人が広島市にいて、このうち十四万人の人が、原子爆弾でこの年の末までに亡くなったといわれます。

　原爆が炸裂《さくれつ》してからは、似島の検疫所《けんえきじょ》は臨時の病院になりました。小さな島には、目も当てられぬほどのひどいやけどを負った人た

「これでケーキがつくれたらなぁ……」

ケーキのならばなくなったショーケースの向こうに、毎日、やってくる子どもたちがいます。戦争になる前、親に連れられて店にやってきて、エリーゼから、「ナニアゲマショウカ?」と、クッキーを紙ナプキンにつつんでもらった子どもたちです。子どもばかりではありません。もう、お菓子を置いていないのがわかっていながら、大人たちも店の前を通りかかるとかならず、ショーケースを悲しそうな目で見つめていくのです。

材料をはかりにかけながら、井口さんがいいました。

「パンの粉は、ケーキにはねばりが強すぎまさあ」

「それなら、クッキーにしたらどうだろう。サクサクした口当たりになるんじゃないかな。みんな、菓子にうえているのだよ」

「だめだめ。ないしょでそんなものをつくったら、軍にしょっぴかれますぜ」

もっともな言葉に、カールは大きな体で、しょんぼりとうなだれました。

「菓子は B なときにしか、つくれないのだね」

パンよりバウムクーヘンを焼きたいと考えて、ふと、カールはこれと同じ思いを青島でしたことを思いだしました。ゾクッとしました。家族と離《はな》ればなれになった過去が、いっきに脳裏によみがえりました。

「うう……」

頭をかかえ、カールはしゃがみこみました。体がブルブルふるえ、冷《ひ》や汗《あせ》が流れます。④閉じられたはずのふたをつきやぶって真っ暗な闇《やみ》があらわれ、そこらじゅうにあふれだすのをカールは感じていました。逃《に》げだそうにも、動くことすらできないのです。

アメリカの攻撃《こうげき》は、日に日にはげしくなっていきました。

一九四五年六月五日。アメリカの戦闘機《せんとうき》が神戸の街に大編隊でやってきて、焼夷弾《しょういだん》を無数に落としました。焼夷弾は、火事を起こさせる爆弾《ばくだん》です。爆弾はザーッと、まるで夕立ちのような音を立て、町にふりそそぎました。

ちょうどその前日にユーハイム一家は、友人にさそわれて、六甲《ろっこう》山《さん》にある友人の別荘《べっそう》に疎開《そかい》していました。ケーブルカーであがってきた、標高約五百メートルの山頂から見下ろす町は、爆音《ばくおん》とけむりにつつまれていました。その爆撃《ばくげき》の振動《しんどう》は、山をゆさぶりつづけました。

ユーハイムの店と工場のあった三宮も焼野原となりました。ただ、工場だけは、ぽつんと焼けのこりました。しかし、カールにはもう、店を再建することはできませんでした。

二度目の大戦の足音が近づくころから、カールはじょじょに、身体とともに精神を病んでいました。鞍《くら》もつけない馬に乗って、街中神戸港は当時からすでに、世界的な国際貿易港として発展しており、四十六か国の外国人の暮らす街でした。カールをしたう職人たちや常連客にささえられ、ユーハイムは神戸で大きく育っていきました。

いっぽうで、カール・ユーハイムが日本ではじめてバウムクーヘンを登場させた場所、物産陳列館《ぶっさんちんれつかん》では、そのころ、美術の展覧会や特産物の展示即売会《そくばいかい》、講演会などさまざまなイベントがおこなわれ、たくさんの人でにぎわっていました。

ところが、平和は長くはつづきませんでした。

似島俘虜《ふりょ》収容所が閉鎖《へいさ》されて、ちょうど二十年後の一九三九年九月。ドイツ軍がポーランドに侵入《しんにゅう》したことを皮切りに、ふたたび世界中を巻きこむことになる巨大《きょだい》戦争が起こります。

第二次世界大戦の勃発《ぼっぱつ》です。

＊

②「ええ……」という声とため息が、あちこちからもれた。せっかく戦争が終わったのに、たった二十年でまた戦争がはじまったというのだ。

ブンさんがいった。

「第二次世界大戦では、日本とドイツは手を組んで、アメリカやイギリス、中国などと戦いました。今回も戦争は、あらゆる国を巻きこみ、六十一もの国が参戦しました。この戦争では、捕虜を人間としてあつかうという意識は失われ、強制労働でも、たくさんの兵士が命を落としました。そして、③戦場と民間の垣根《かきね》がなくなりました。民間とはつまり、ふつうに人びとが生活する場です」

＊

戦争をはじめた日本には、お菓子に材料を回す余裕《よゆう》なんてなくなっていました。菓子づくりのための砂糖も小麦粉もバターも、仕入れることができません。青島のときと同じように、カールは毎日また、兵士のためのパンを焼きました。ドイツ潜水艦《せんすいかん》の水兵のためのパンです。

おおぜいいた日本人の職人は、戦争にとられていました。青年になり、ユーハイムをつぐため、仕事にはげんでいた息子のカールフランツも、ドイツ兵として戦争に行ってしまいました。

ゆいいつ店に残っていた職人の井口《いぐち》さんとふたりで、水兵百三十人分のパンを、週に三回焼きます。パンの原料はドイツ兵が、トラック二台で運んできます。工場に運びこまれた粉袋《こなぶくろ》を前に、カールはつぶやきました。

2023年度

玉川聖学院中等部

【国語】〈第二回試験〉(四〇分)〈満点：一〇〇点〉

一　次の文章を読み、後の問いに答えなさい。

(字数制限のある問いについては、特別な指示がないかぎり、句読点や記号も一字として数えます。)

〈ここまでの話〉

「ぼく」(颯太《そうた》・広島の六年生)は、夏休みに県内の似島《にのしま》で行われるバウムクーヘン作り体験キャンプに参加した。島で「ぼく」たちを迎えてくれた「ブンさん」は、バウムクーヘンを作り終えた後、カール・ユーハイムというドイツの菓子《かし》職人について話してくれた……。

〈カール・ユーハイムの人生〉

カールは中国の青島《チンタオ》で店を開きますが、第一次世界大戦で日本の似島の捕虜《ほりょ》収容所に連れ去られてしまいました。妻のエリーゼと引き離された悲しみにくれるカールでしたが、捕虜仲間のウォルシュケやオートマーに励まされ、収容所で開かれた日本とドイツの文化交流会でバウムクーヘンを焼くことにより立ち直ることができました。これが日本初のバウムクーヘンです。戦争が終わると、カールは家族を日本に呼び寄せ「E・ユーハイム」を横浜に開店、店は大人気となりますが、翌年関東大震災《だいしんさい》が起こり店もお金もなくしてしまいます。しかし翌年、一家は神戸の町で一から店を始めるのです。

神戸港にほど近い三宮《さんのみや》で店をオープンさせるというカールのもとに、震災《しんさい》でちりぢりになっていた職人たちが、ふたたび集まってきました。

無一文からのスタートです。はかりしれない苦労がありました。近くの百貨店でも、洋菓子《ようがし》を売りだし、そちらに客を取られ、売りあげががたりと落ちたことも。そんなとき、さすがにカールも弱気になりました。

「どうしよう、このままでだいじょうぶなのかな」

カールが［A］したようすを見せると、エリーゼはこう返しました。

「わたしたちは横浜《よこはま》で、一生分の悲しい思いをしたわ。①でも、わたし、立っていますよ」

妻の、凛《りん》とした言葉に、カールは自分を信じる強さを取りもどすことができました。

菓子の原料はつねに一流のものを仕入れ、国内でよいものが手に入らなければ、ラム酒はジャマイカから、バターはオーストラリアというふうに、外国から取りよせました。

2023年度
玉川聖学院中等部 ▶解答

※編集上の都合により，第２回試験の解説は省略させていただきました。

算　数　＜第２回試験＞（40分）＜満点：100点＞

解　答

[1] (1) 70　(2) $1\frac{7}{20}\left(\frac{27}{20}\right)$　(3) $\frac{1}{5}$ (0.2)　(4) 1.82　(5) 5　[2] (1) 1時間12分　(2) 9％　(3) 7　(4) 11人　(5) 右のらん　[3] 45度　[4] 右のらん　[5] (1) 27cm³　(2) 右のらん　[6] (1) **グラフ**…㋑，毎分48m　(2) 0.8m　(3) 毎分50m

[2] (5) 国語と理科と社会の合計点は

$58\times3=174$

４教科のテストの合計点は

$60\times4=240$

算数のテストの点数は

$240-174=66$　答え　66点

[4] $5\times5\times3.14-10\times10\times\frac{1}{2}=78.5-50$

$=28.5$

$28.5\times2=57$　答え　57cm²

[5] (2)

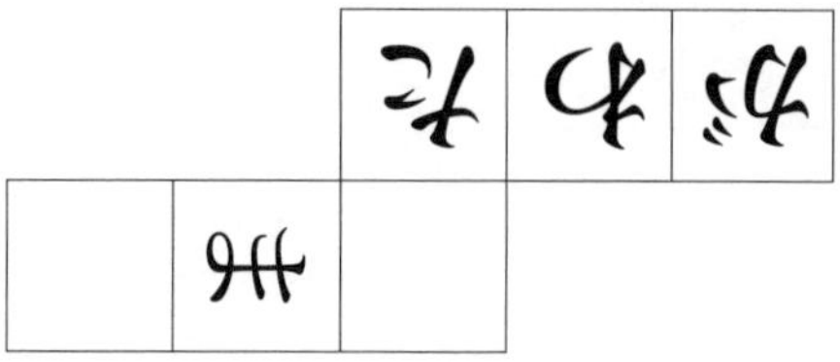

国　語　＜第２回試験＞（40分）＜満点：100点＞

解　答

[一] **問１**　Ａ　エ　Ｃ　イ　**問２**　ウ　**問３**　（例）　戦争や大震災で苦労したカールがやっと幸せになったと思ったのに，たった二十年でまた戦争が始まってしまったから。　**問４**　戦場　**問５**　平和　**問６**　**（はじめ）**　家族と　**（終わり）**　した。　**問７**　イ　**問８**　ウ　**問９**　ア　**問10**　①　Ｂ　②　Ｂ　③　Ａ　④　×　**問11**　一度にできるだけたくさんの人やものを破壊できるように（なったということ。）　**問12**　（例）　いかに効率的に人の命をうばえるかを追求して兵器を作るのは人間だから。　**問13**　（例）　意識して平和を築いていく（行いの第一歩となるということ。）　**問14**　（例）　私は差別やいじめに気づいたら，「それは違うよ」「そういうことはやめようよ」と声に出して止めるようにしたい。なぜなら，はじめは小さなことだと見過ごしていると，やがてそれが積もり積もって争いの種になることもあるからだ。　[二] **問１**　**１**　さいだん　**２**　こうせい　**３**　かおく　**４**　ふる(い)

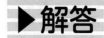

5　かいが　問2　下記を参照のこと。　問3　1　ウ　2　エ　3　ア　4　オ　5　イ　問4　1　成功　2　結果　3　困難　4　生産　5　危険　問5　1　ア　2　ア　3　イ　4　ア　5　イ　問6　1　オ　2　エ　3　ア　4　イ　5　ウ

●漢字の書き取り

㊁ 問2　1　夢中　2　能率　3　口調　4　暗唱　5　直(ちに)

2022年度　玉川聖学院中等部

〔電　話〕　(03)3702－４１４１
〔所在地〕　〒158－0083　世田谷区奥沢７－11－22
〔交　通〕　東急東横線―「自由が丘駅」より徒歩６分
東急大井町線―「九品仏駅」より徒歩３分

【算　数】〈第１回試験〉（45分）〈満点：100点〉

1　次の計算をしなさい。ただし，(4) は途《と》中の計算も解答らんにかくこと。

(1)　$2022 - 201 + 930 - 1015$

(2)　$\frac{1}{2} + \frac{3}{4} \times \frac{5}{6} - \frac{7}{8}$

(3)　$1.5 \times 0.4 \div \frac{1}{6} - 7.2 \div 9 \times 0.2$

(4)　$\left(2 - \frac{4}{7}\right) \div \frac{2}{21} \times 4.2$

(5)　$8.125 \times (81.25 - 293 \times 0.25) \div 5$

2　次の□にあてはまる数または記号を入れなさい。

(1)　□内に ＋，－，×，÷ のいずれかの記号を１回ずつ入れると，計算式３□４□６□８＝10 は成り立ちます。

(2)　５分で 225 m 歩く人が８分歩いたときの道のりは□m で，この人が３km 歩くには□分□秒かかります。

(3)　$\frac{4}{15}$，0.4，$\frac{1}{4}$ を小さい順に並べると，□，□，□です。

(4)　１辺８cm の正方形を底面とする直方体の容器に□cm の深さまで水を入れると，水の量は 0.96 L でした。

(5)　仕入れ値□円の品物に 40 % の利益を見込んで定価をつけたら，1960 円になりました。

3 図のように１辺40 cm の正方形の中に，４つの同じ大きさの円がぴったり入っているとき，次の問いに答えなさい。ただし，円周率は3.14とします。

(1) 図の斜《しゃ》線部分の面積を求めなさい。

(2) 図の斜線部分の周の長さの合計を求めなさい。

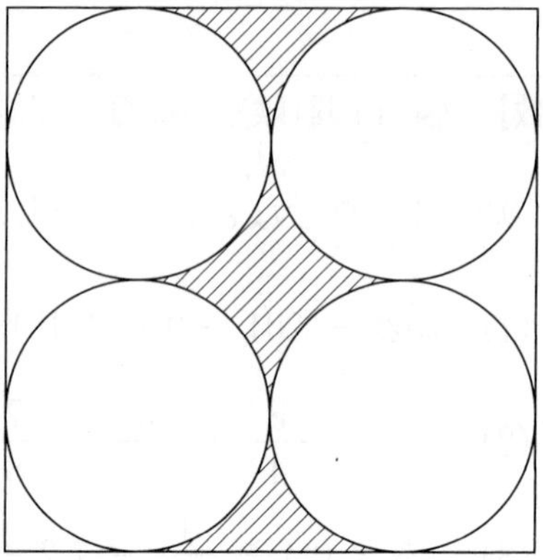

4 下の図は，正方形ABCDとAD＝AEである二等辺三角形ADEを組み合わせた図形です。㋐，㋑の角の大きさを求めなさい。

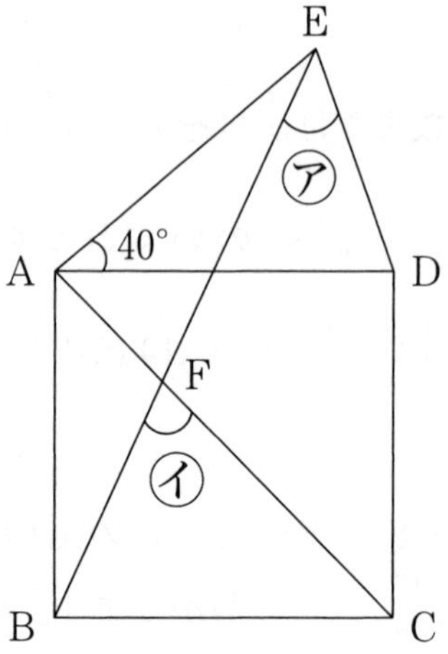

5 図の直方体の表面積は152 cm^2 でした。この直方体の体積を求めなさい。

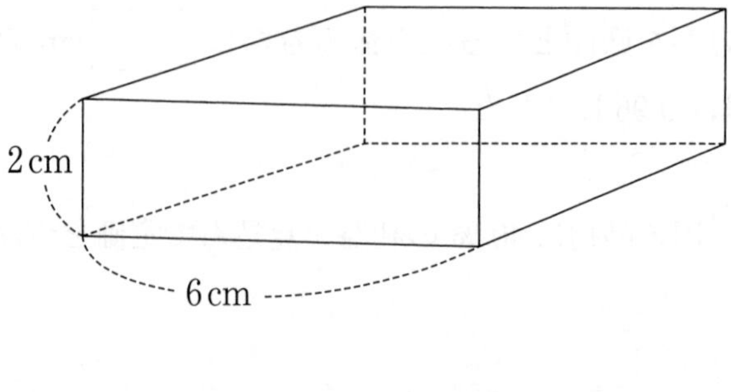

6 聖子さんは，午前８時に家を出発して，1800 m 離れた学校に向かいました。家を出発してから 15 分後に，忘れ物に気づいた聖子さんは，来たときと同じ道を，同じ速さで家に戻りはじめました。姉は，聖子さんの忘れ物に気づき，忘れ物をとどけるため，聖子さんと同じ道を聖子さんの倍の速さであとを追い，忘れ物を渡しました。その後，聖子さんは分速 80 m の速さで学校へ向かいました。

下のグラフは，聖子さんが家を出発してから途中までのようすを表したものです。このとき，次の問いに答えなさい。

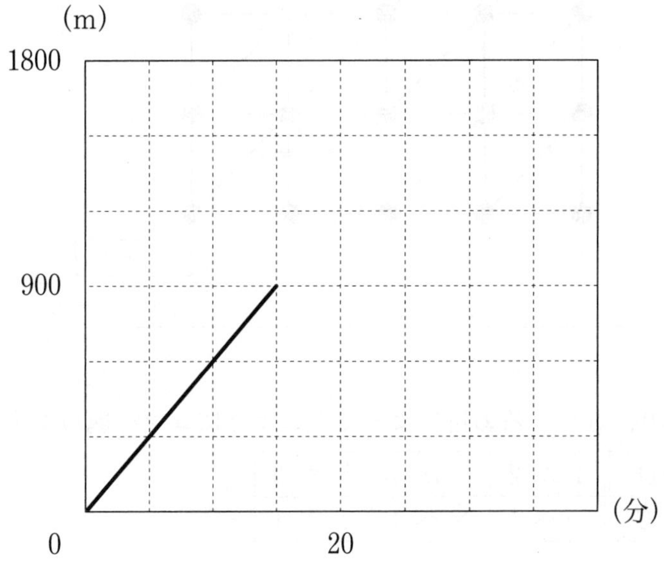

(1) 聖子さんが家を出発してから 15 分間の歩く速さは，分速何 m ですか。

(2) 姉は，家から 600 m の地点で聖子さんに出会いました。姉が家を出た時刻を求めなさい。

(3) 聖子さんが家を出発してから学校に到着するまでのようすを解答用紙のグラフに完成させなさい。また，聖子さんが学校に到着した時刻を求めなさい。

7 聖子さんは下の図のボードを使って，さいころ遊びをしました。初めにボードのスタート地点にコマを置き，次のルールに従ってコマを進め，ゴールを目指します。

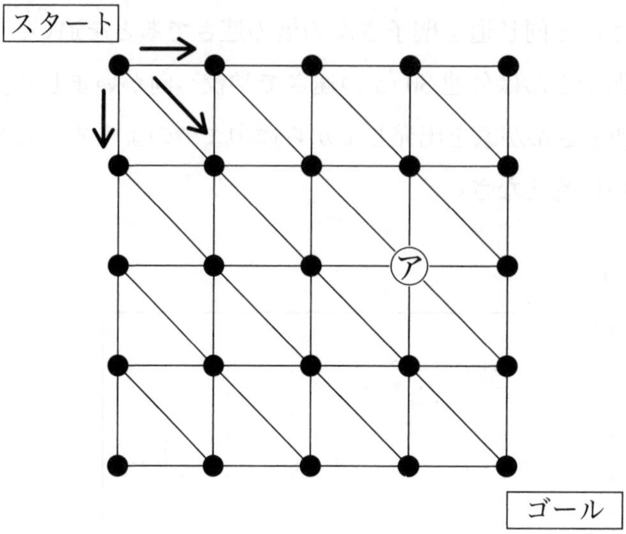

ルール

・さいころをふり，さいころの目によって次のようにコマを進めます。

さいころの目	1 か 2	3 か 4	5 か 6
コマの進め方	→へ 1	↘へ 1	↓へ 1

・さいころをふっても進むことができない場合は，その場所に１回とどまります。

聖子さんはこのゲームを２回行いました。次の問いに答えなさい。

(1) １回目では，スタートから一度もとどまることなく，５回さいころをふってゴールしました。このとき，さいころの目の合計で考えられる最大の数と最小の数を答えなさい。

(2) ２回目では，ボードの㋐の地点を通ってゴールしました。このとき，聖子さんがさいころをふった回数は10回以内でした。さいころの目の合計で考えられる最大の数と最小の数を答えなさい。ただし，途中の考え方も解答らんにかくこと。

【社　会】〈第１回試験〉（35分）〈満点：100点〉

1　あとの問いに答えなさい。

問１　下の図１から読み取れる情報として**誤っているもの**を，次のア～エのうちから一つ選び，記号で答えなさい。

図１

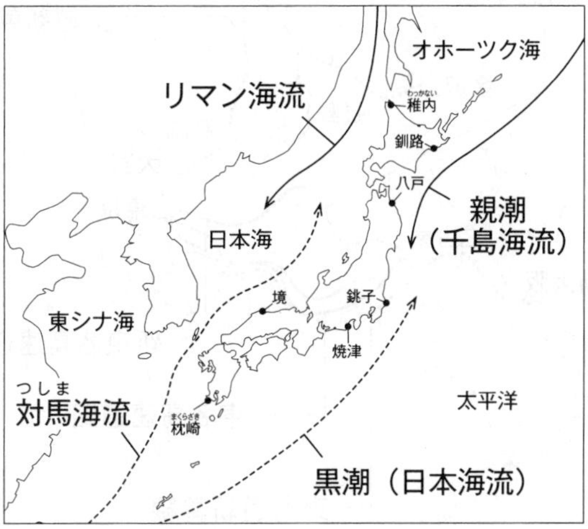

ア　主な漁港　　　　　イ　海流の名前
ウ　主な都市の気温　　エ　日本周辺の主な海の名前

問２　下の図２から読み取れる内容として正しいものを，次のア～エのうちから一つ選び，記号で答えなさい。

図２

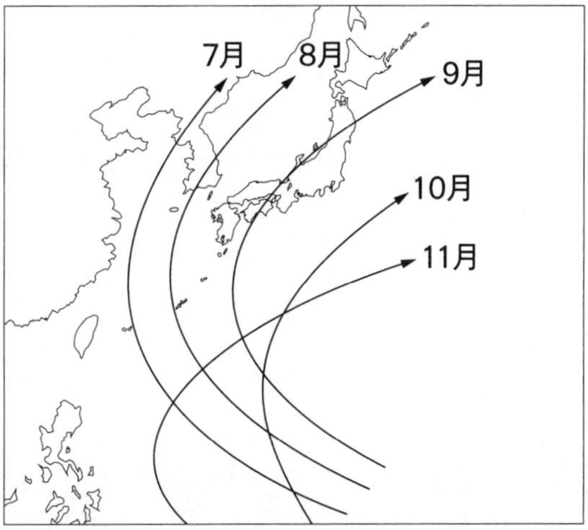

ア　高波が来る様子　　イ　地震の伝わり方
ウ　台風の進路　　　　エ　飛行機の進路

問３　下の図３から読み取れる内容として正しいものを，次の**ア**～**エ**のうちから一つ選び，記号で答えなさい。

図３

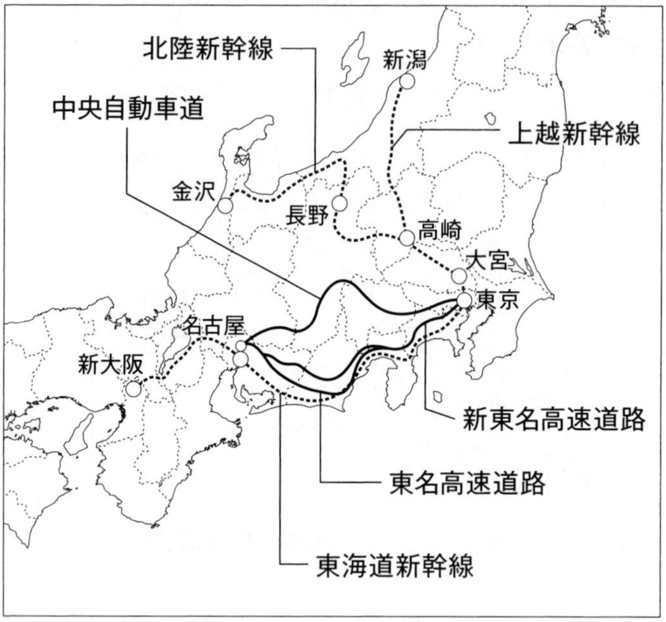

ア　和歌山県に新幹線は走っていない。

イ　富山県には上越新幹線が走っている。

ウ　滋賀県には東名高速道路が通っている。

エ　静岡県に新東名高速道路は通っていない。

問４　下の**図４**は，ある工業の分布を示しています。その工業の名前として正しいものを，次の**ア〜エ**のうちから一つ選び，記号で答えなさい。

図４

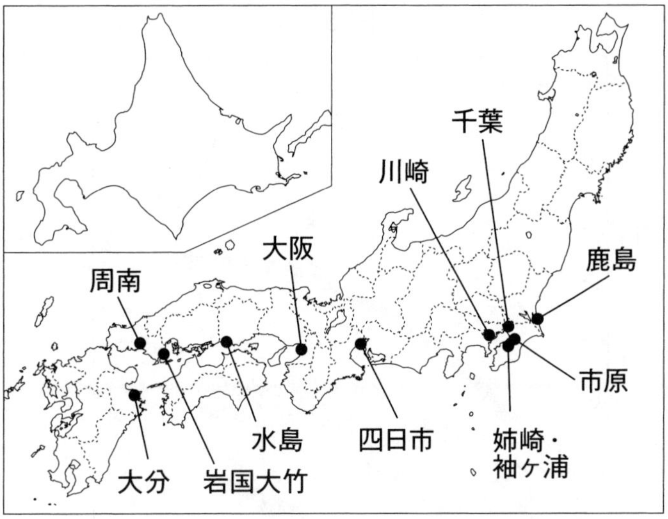

ア　羊毛工業　　イ　セメント工業　　ウ　航空機産業　　エ　石油化学工業

問５　下の**図５**は，水力発電所・火力発電所・原子力発電所の所在地を示しています。水力発電所を示しているものを，次の**ア〜ウ**のうちから一つ選び，記号で答えなさい。

図５

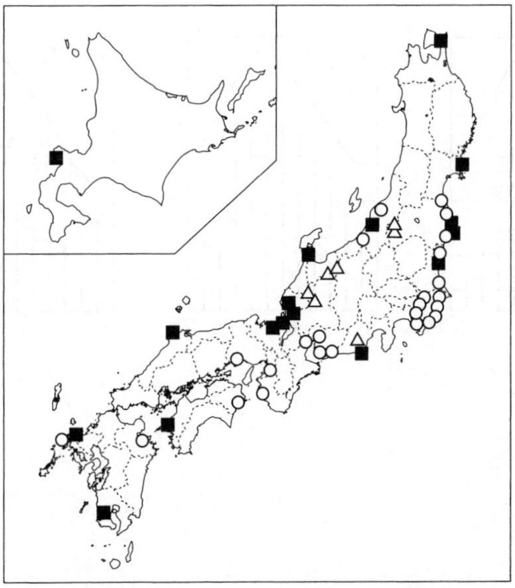

ア　△　　イ　○　　ウ　■

問６　下の図６は中国地方・四国地方を示しており，地図下のＡ～Ｃは図６中のア～ウの地点の雨温図です。図６中の「イ」の地点が示す雨温図として正しいものを，次のＡ～Ｃのうちから一つ選び，記号で答えなさい。

図６

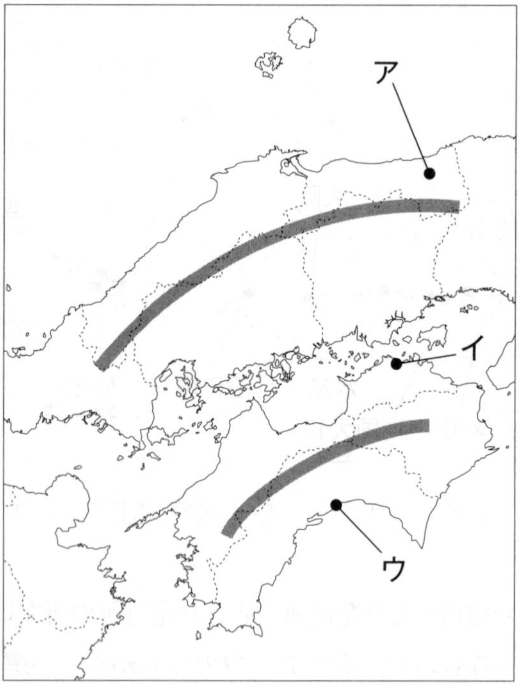

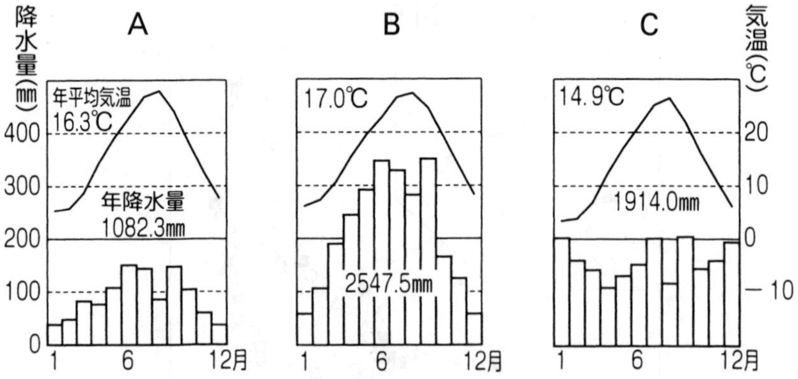

2　下の地図を見て，あとの問いに答えなさい。

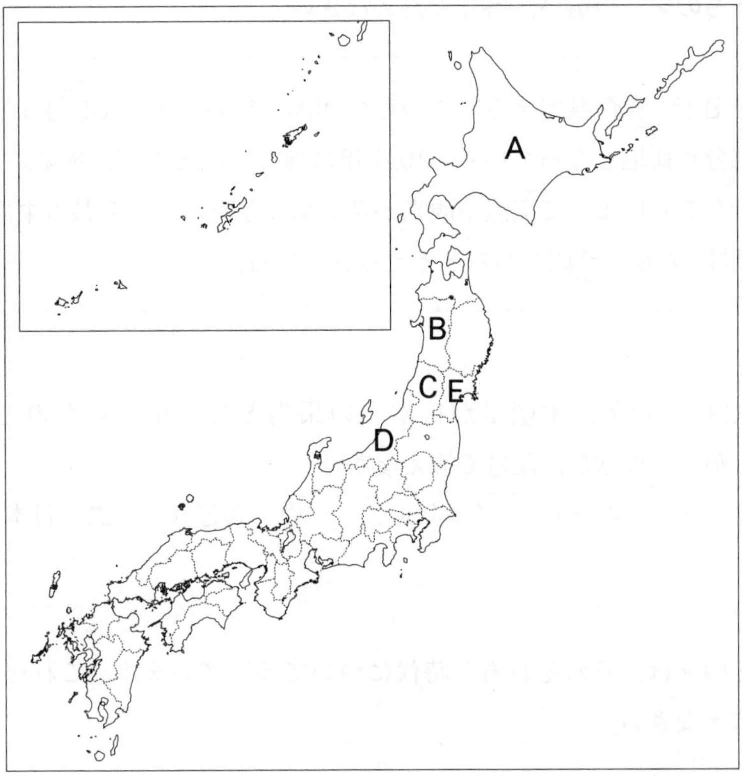

問１　地図中のＡ～Ｅの５つの道県はある農作物の収穫量上位５位を示しています。その農作物の名前を，次のア～エのうちから一つ選び，記号で答えなさい。

ア　米　　イ　小麦　　ウ　とうもろこし　　エ　大豆

問２　問１の農作物の生産量が１位の道県を，地図中のＡ～Ｅのうちから一つ選び，記号で答えなさい。

問３　年間の平均気温が最も低い道県庁所在地を，地図中のＡ～Ｅのうちから一つ選び，記号で答えなさい。

問４　地図中のＡについて，この地域に見られない地形を，次のア～エのうちから一つ選び，記号で答えなさい。

ア　平野　　イ　台地　　ウ　山脈　　エ　サンゴ礁《しょう》

問5　下の文は地図中のBの県について述べています。文章中の下線①～④の中から**誤っているもの**を一つ選び，番号で答えなさい。

> 地図中のBは①青森県である。この県の西部に位置する②八郎潟《はちろうがた》は干拓によって大部分が耕地となっている。1997年にはこの県と東京都を結ぶ③新幹線が開通したことによって交流や観光がさかんになった。この県の東部に広がる田沢湖は④カルデラ湖であると考えられている。

問6　地図中のCについて，生産量が日本一の果実として正しいものを，次のア～エのうちから一つ選び，記号で答えなさい。

ア　おうとう（さくらんぼ）　　イ　りんご　　ウ　ぶどう　　エ　日本なし

3　次のA～Eの文は，それぞれある時代について述べています。これを読んで，あとの問いに答えなさい。

A　豊臣秀吉の死後，徳川家康が勢力を伸ばしました。家康は関ケ原の戦いに勝って（　　　）となり，江戸に幕府を開きました。さらに大阪（大坂）冬の陣・夏の陣の2回の戦いで豊臣家を滅ぼしました。

B　この時代には遣唐使が派遣され，中国の進んだ制度を学んだり文物を取り入れたりしました。また，中国からは僧侶の鑑真が来日し，仏教の重要な戒律を伝えました。

C　この時代の人びとは，木の実など自然の植物のほか，イノシシやシカなどの動物，魚や貝などを食べていました。また食べ物を調理したり，貯蔵したりするために土器を作り始めました。

D　この時代，天皇を中心とする新しい政府は，政治の方針を五箇条の御誓文として示しました。また，それまで大名が治めていた領地と領民を天皇に返させました。さらに，藩を改めて新たに県を置き，政府の役人である知事を派遣しました。

Ｅ　平氏との戦いに勝った源頼朝は，鎌倉に幕府を開きました。頼朝が亡くなると幕府の中で争いが起き，源氏の将軍は３代で途絶えました。その後は将軍を助ける役職の（　　　）についていた北条氏が幕府の政治を担いました。

問１　ＡとＥの文の（　　　）にあてはまる語の組み合わせとして正しいものを，次のア～エのうちから一つ選び，記号で答えなさい。
ア　Ａ関白：Ｅ摂政　　イ　Ａ征夷大将軍：Ｅ執権
ウ　Ａ執権：Ｅ摂政　　エ　Ａ征夷大将軍：Ｅ関白

問２　Ｂの文の鑑真が都の奈良に開いた寺を何といいますか。次のア～エのうちから一つ選び，記号で答えなさい。
ア　東大寺　　イ　中尊寺　　ウ　唐招提寺　　エ　清水寺

問３　Ｃの時代の遺跡としてふさわしいものを，次のア～エのうちから一つ選び，記号で答えなさい。
ア　大森貝塚　　イ　登呂遺跡　　ウ　大仙（仁徳陵）古墳　　エ　吉野ケ里遺跡

問４　Ｄの文で，下線部「藩を改めて新たに県を置き，」とありますが，この政策を何といいますか，漢字４字で答えなさい。

問５　次の像は，Ａ～Ｅのどの時期と最も関係が深いですか。記号で答えなさい。

東大寺南大門・金剛力士像

問６　Ａ～Ｅを時代の早い順（古い順）に並べると，３番目にくるのはどれですか。記号で答えなさい。

4　以下の図と文を読んで，あとの問いに答えなさい。

図Ａ

図Ｂ

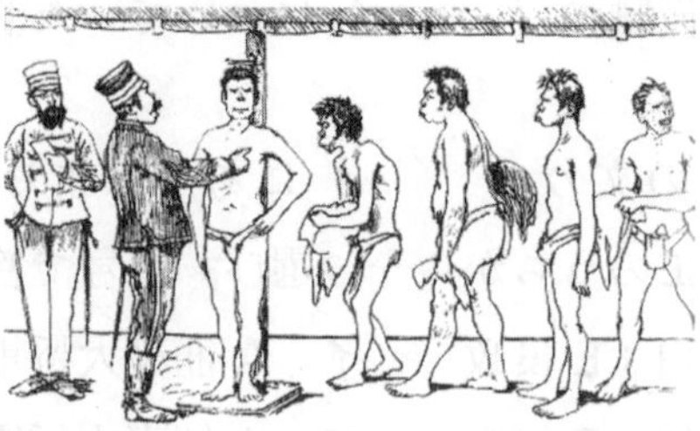

古代には，天皇の支配のもとで，農民たちが兵士となって①都や国境を守りました。やがて鎌倉時代になると，②武士が天皇にかわって全国を支配しました。武士とは人々を支配する兵士のことです。図Ａの右の③竹崎季長《たけざきすえなが》という武士は，自分は④外国との戦いで大活躍したので，支配する土地（領地）を増やしてほしいと，鎌倉に来て役人に訴えています。

やがて明治時代となり，武士が支配者でなくなっても，国家にとって兵士は必要でした。そこで図Ｂのようにして⑤兵士が集められました。彼らの中には，もと武士である士族もいましたが，しかし彼らは，もはや支配者ではありません。

問１　下線部①について，九州の守りについた兵士たちは何と呼ばれましたか。次のア～エのうちから一つ選び，記号で答えなさい。

ア　大名　　イ　防人《さきもり》　　ウ　渡来人《とらいじん》　　エ　御家人

問２　下線部②について，武士が人々を支配するための役所を漢字２字で答えなさい。

問３　下線部③について，竹崎季長は，将軍の家来として現在の熊本県に領地を与えられた武士でした。鎌倉時代に，このような者たちは何と呼ばれましたか，次のア～エのうちから一つ選び，記号で答えなさい。

ア　大名　　イ　防人　　ウ　渡来人　　エ　御家人

問４　下線部④について，当時モンゴル人に支配された中国の王朝が攻めて来ました。この王朝はどれですか。次のア～エのうちから一つ選び，記号で答えなさい。

ア　唐　　イ　元　　ウ　明　　エ　清

問５　下線部⑤について，このとき，兵士を集めるために新政府が出した法令は何といいますか。次のア～エのうちから一つ選び，記号で答えなさい。

ア　解放令　　イ　大宝律令　　ウ　徴兵令　　エ　治安維持法

問６　歌舞伎は江戸時代の人々の娯楽でしたが，それに続く時代になっても，人気は衰えませんでした。以下は河竹黙阿弥《かわたけもくあみ》による歌舞伎『水天宮利生深川《すいてんぐうめぐみのふかがわ》』の脚本の一部を，読みやすく改めたものです。これを読んであとの問いに答えなさい。

幸兵衛　こうしてその日暮らしのすえ，親子が食うに困り，飢え死にしなければならないのか。以前は士農工商と呼ばれて人の上に立った士族である私が，このような最後をむかえるとは恥ずかしい。もし子供がいなければ，切腹して立派に死をとげるところだが。（中略）

お雪　　お父様のおっしゃるのは，ごもっともでござります。とても生きて居られませんので，私どもも共《とも》に死にとうございます。侍《さむらい》らしく子供らを先に殺し，最後にお父様はご切腹なさって，どうか立派に死んでください。

幸兵衛　おおよく言った，よく申した。さすが武士の子だ。（以下略）

（『河竹黙阿弥集』明治文学全集９，筑摩書房，昭和52年，をもとに作成。
李賢貞氏による国文学研究資料館発表要旨（同館HP収録）を参考にしました。）

(1)　この作品は実際の事件をもとに作られました。このあと幸兵衛は川に身を投げ，助けられて人の情けを知ります。この芝居《しばい》が人々の心をとらえた理由について，最も適切と思われるものを次の**ア**～**エ**から一つ選び，記号で答えなさい。

ア　時代は変わり，もはや武士は支配者ではなくなった。かつて人々を支配してきた士族たちに生活の苦労をさせるのが明治政府の方針だった。

イ　時代は変わったが，これまでどおり武士は支配者だった。人々を支配する士族が生活に苦しむのは，世の中が正しくないからだと思った。

ウ　時代は変わり，もはや武士は支配者ではなくなった。そんな士族が生活に苦労しても，同じ人間として助ける人々の姿がうれしかった。

エ　時代は変わっても，武士は支配者だった。生活に苦労して恥をかくくらいなら自殺しようという士族の考えに，人々はみな賛成だった。

(2)　作品中の下線部について，この作品が上演される約８年前には，西郷隆盛に率いられた士族たちが最後の反乱と呼ばれる戦争を起こし，**図Ｂ**にみられる新しい兵士たちに敗れました。その戦争を何と呼ぶか，漢字で答えなさい。

5 次の新聞記事を読んで，あとの問いに答えなさい。

> 夫婦の姓を同じにするよう求める民法と戸籍法の規定について，①最高裁判所は23日，憲法に違反しない「合憲」と判断した。裁判官15人のうち11人の多数意見。4人は「違憲」とした。最高裁は2015年に，夫婦同姓の規定は合憲とする初の判断を示していて，今回も同じ判断を下した。「この種の制度のあり方は【　②　】で判断されるべきだ」と指摘した。
>
> 今回申し立てたのは，3組の事実婚カップル。「別姓を選びたい人は【　③　】的な結婚ができず，信条によって差別されている」として，現行法は「【　③　】の下《もと》の平等」を保障する憲法14条と「婚姻の自由」などを定めた憲法24条に反すると主張していた。
>
> ＊同姓：同じ名字　＊事実婚：婚姻届けを出していない結婚　＊別姓：違う名字
>
> (『朝日中高生新聞』2021年6月27日より抜粋)

問１　下線部①について，最高裁判所を含めた日本の裁判所の働きとして正しいものを，次のア～エのうちから一つ選び，記号で答えなさい。

ア　罪を犯した疑いのある人が有罪か無罪かの裁判を行い，内閣総理大臣が最終的な判断を下す。

イ　人々の間に起きた争いについては，仲直りをするように命令し，決して裁判を行わない。

ウ　日本の政治が憲法に違反していないかを調べる。

エ　他国の法律が日本の憲法に違反していないかを調べる。

問２　文中の【　②　】には，法律をつくる日本の国家権力があてはまります。文中の【　②　】にあてはまる言葉として正しいものを，次のア～エのうちから一つ選び，記号で答えなさい。

ア　天皇　　イ　国会　　ウ　内閣　　エ　都道府県

問３　文中の【　③　】にあてはまる言葉を漢字１字で答えなさい。

問４　下の文は，新聞記事を読んだ**玉美さん**と**聖子さん**の意見文です。**玉美さん**と**聖子さん**の意見文について最も正しいものを，次の**ア**～**エ**のうちから一つ選び，記号で答えなさい。

> **玉美さん**
> 「夫婦が同じ姓を名乗ることは日本の社会で広く受け入れられています。もし，夫婦が別の姓を名乗ると，親子が別々の姓になります。また，子どもの姓を両親どちらの姓にするかなどの混乱も起きます。日本の文化で守られてきた家族制度は大切にするべきです。」

> **聖子さん**
> 「人権を守るはずの司法が，役割を果たしていません。国際連合は，夫婦別姓の制度をとっていない日本に対して，民法のルールを見直しするように伝えてきました。今回の裁判では，夫婦別姓のルールが民法や戸籍法で認められるために，司法に役割を果たしてほしかったです。」

ア　**玉美さん**は，夫婦別姓の家族制度は，日本の文化で守られてきたと考えている。

イ　**玉美さん**は，夫婦同姓のルールは，日本の社会に混乱を起こすと心配している。

ウ　**聖子さん**は，最高裁判所が，夫婦同姓の規定について，憲法違反と判断するべきだったと考えている。

エ　**聖子さん**は，夫婦同姓のルールが民法で認められるために，内閣に役割を果たしてほしかったと考えている。

6 次の文は，2021年の田上市長による長崎平和宣言の一部です。以下の文を読んで，あとの問いに答えなさい。

> 今年，一人のカトリック修道士が亡くなりました。「アウシュビッツの聖者」と呼ばれたコルベ神父を生涯慕い続けた小崎登明さん。93歳でその生涯を閉じる直前まで被爆体験を語り続けた彼は，手記にこう書き残しました。
>
> 「世界の各国が，こぞって，核兵器を完全に『廃絶』しなければ，地球に平和は来ない。核兵器は，普通のバクダンでは無いのだ。放射能が持つ恐怖は，体験した者でなければ分からない。このバクダンで，沢山の人が，親が，子が，愛する人が殺されたのだ。
>
> このバクダンを二度と，繰り返させないためには，『ダメだ，ダメだ』と言い続ける。①核廃絶を叫び続ける。原爆の地獄を生き延びた私たちは，核兵器の無い平和を確認してから，死にたい。」
>
> 小崎さんが求め続けた「核兵器の無い平和」は，今なお実現してはいません。でも，その願いは②一つの条約*となって実を結びました。
>
> …【　③　】が「最初の被爆地」という事実によって永遠に歴史に記されるとすれば，長崎が「最後の被爆地」として歴史に刻まれ続けるかどうかは，私たちがつくっていく未来によって決まります。
>
> ＊これは，2021年１月に発効された「核兵器禁止条約」のことである。

問１　下線部①について，日本は，被爆国として「核兵器をもたない，つくらない，もちこませない」という方針を1971年に国会で決議しました。この方針を何というか答えなさい。

問２　下線部②の条約の成立には，「核兵器廃絶キャンペーン」（ICAN）という非政府組織が大きく貢献しました。下線部の略称を何と言いますか。次の**ア**～**エ**のうちから一つ選び，記号で答えなさい。

ア　PKO　　**イ**　NGO　　**ウ**　SDGs　　**エ**　ODA

問３　文中の【　③　】にあてはまる都市を，漢字２字で答えなさい。

問４　**資料Ⅰ**は，1947 年に発表された「世界終末時計」をグラフで表したもので，0 分に近いほど，人類滅亡が近づいていることを表しています。**資料Ⅱ**は，1945 年以降の核兵器の数の推移です。★— の線は，世界全体の核兵器の数が最大の 1986 年を示しています。下の文章Ａ～Ｄのうち，**資料Ⅰ・Ⅱ**について正しく説明している組み合わせを，次の**ア**～**エ**のうちから一つ選び，記号で答えなさい。

資料Ⅰ　世界終末時計

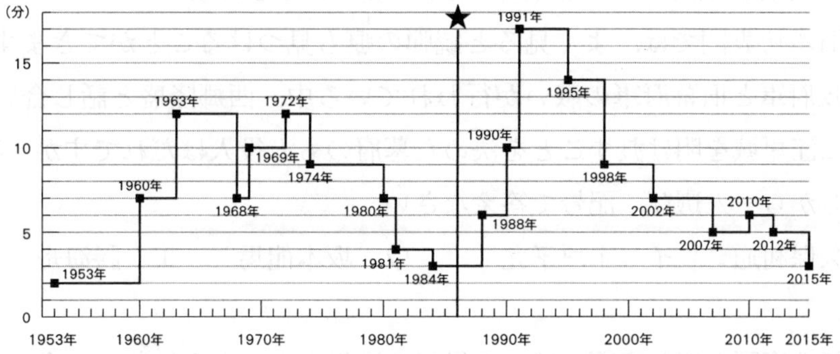

（出典：原子力科学者会報の HP より作成）

資料Ⅱ　核兵器の数の推移 ―― 世界全体・アメリカ・ソ連（ロシア）を表記

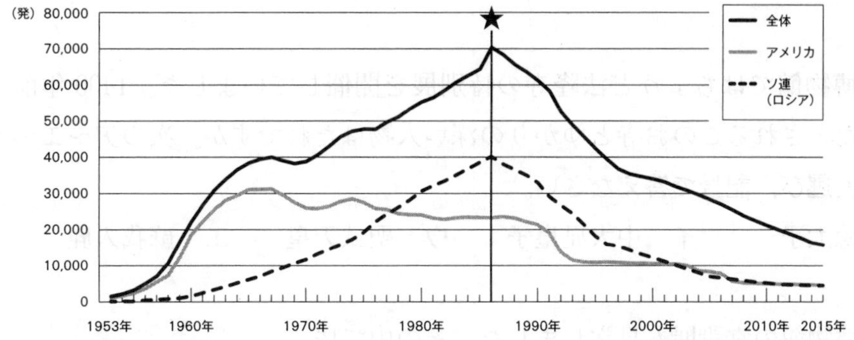

（出典：Our World in Data（データで見る世界）より作成）

Ａ　アメリカの核兵器保有数が最大の時に，世界終末時計が０分に一番近い。

Ｂ　ソ連（ロシア）の核兵器保有数がアメリカの核兵器保有数を超えたあとの終末時計は，1986 年まで０分に近づき続ける。

Ｃ　アメリカの核兵器とソ連（ロシア）の核兵器の保有数のグラフがそれぞれ 10,000 発以下に減少し続けてから，世界終末時計は０分から離れ続ける。

Ｄ　1986 年以降，核兵器の全体の数は減少し続ける一方で，世界終末時計は一時的に０分から離れるが，再び０分に近づいていく。

ア　ＡとＣ　　**イ**　ＡとＤ　　**ウ**　ＢとＣ　　**エ**　ＢとＤ

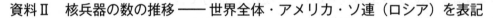

7 次の文を読んで，あとの問いに答えなさい。

毎年本学院の社会科では，宿泊をともなう見学会を実施していましたが，今年度も新型コロナウイルス感染症の影響により，夏の京都・奈良研修を断念しました。そこで今回，希望者が上野の国立博物館に行きました。

問１　上野は明治新政府軍と旧幕府軍の間で戦いが起きた場所の一つです。今でも寛永寺《かんえいじ》旧本坊表門では，よく見ると銃弾の痕《あと》も見つけることができます。さて，この新政府軍と旧幕府軍の戦いが行われている中，西郷隆盛と話し合いをして，戦わずに江戸城を明け渡すことを決めた幕府のもと役人はだれですか。次のア～エのうちから一人選び，記号で答えなさい。

ア　大久保利通　　イ　木戸孝允　　ウ　坂本龍馬　　エ　勝海舟

問２　この新政府軍と旧幕府軍の戦いの最後の戦場となった五稜郭《ごりょうかく》は，今の何市にありますか。次のア～エのうちから一つ選び，記号で答えなさい。

ア　北九州市　　イ　函館市　　ウ　京都市　　エ　青森市

問３　国立博物館ではちょうど法隆寺の特別展を開催していました。1400年前に亡くなったとされるこのお寺とゆかりの深い人物はだれですか。次のア～エのうちから一人選び，記号で答えなさい。

ア　聖徳太子　　イ　中大兄皇子　　ウ　聖武天皇　　エ　蘇我入鹿

問４　国立博物館の常設展も見学しました。その中で豊かなめぐみを願ってつくられたと考えられている右の図のようなものを何と言いますか。次のア～エのうちから一つ選び，記号で答えなさい。

ア　銅たく　　イ　かめ棺

ウ　はにわ　　エ　土偶

8　次の表は，平成25年の，各都道府県議会議員で女性議員の占める人数が多い順に上位五位までの都府県を並べたものです。あとの問いに答えなさい。

表：都府県議会の女性議員数（平成25年）

	女性議員数	総議員数	女性有権者10万人当たり女性議員数
東京都	25	127	0.46
兵庫県	12	88	0.5
福島県	8	57	0.96
京都府	8	57	0.73
滋賀県	7	46	1.22
秋田県	6	44	1.24
奈良県	6	44	0.99

（総務省HP資料集　選挙関連資料をもとに作成）

問１　表から読み取れることとして正しいものを，次のア～エのうちから一つ選び，記号で答えなさい。

ア　総議員数が多いほど，女性有権者10万人当たり女性議員数の数値は大きくなる。

イ　総議員数が多いほど，女性議員数も多くなる。

ウ　女性議員数が多いほど，女性有権者10万人当たり女性議員数の数値は小さくなる。

エ　女性議員の多い都府県で最も北側に位置しているのは，東京都である。

問２　各都府県議会議員における女性議員の割合を求めるためには，どのような計算をすればよいか，正しい計算式を，次のア～エのうちから一つ選び，記号で答えなさい。

ア　女性議員数　÷　総議員数

イ　女性有権者10万人当たり女性議員数　÷　総議員数

ウ　総議員数　÷　女性議員数

エ　総議員数　÷　女性有権者10万人当たり女性議員数

問３　兵庫県と秋田県・奈良県の女性議員の割合をそれぞれ計算すると，どのようになるか，正しいものを，次のア～エのうちから一つ選び，記号で答えなさい。

ア　兵庫県のほうが，秋田県・奈良県の数値よりも高くなる。

イ　秋田県・奈良県のほうが，兵庫県の数値よりも高くなる。

ウ　三県とも同じ数値になる。

エ　三県とも違う数値になる。

問４　各都府県議会議員における女性議員の割合を表したグラフはどれか，当てはまるものを，次のア～エのうちから一つ選び，記号で答えなさい。

ア

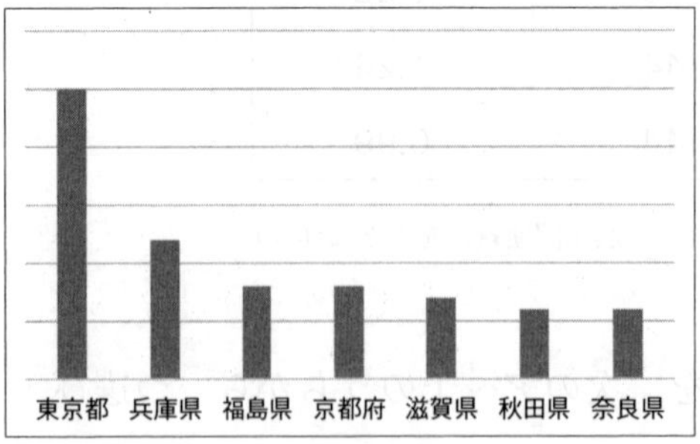

イ

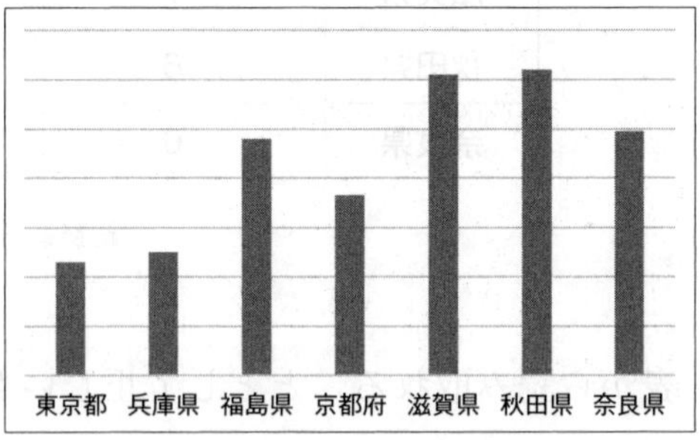

ウ

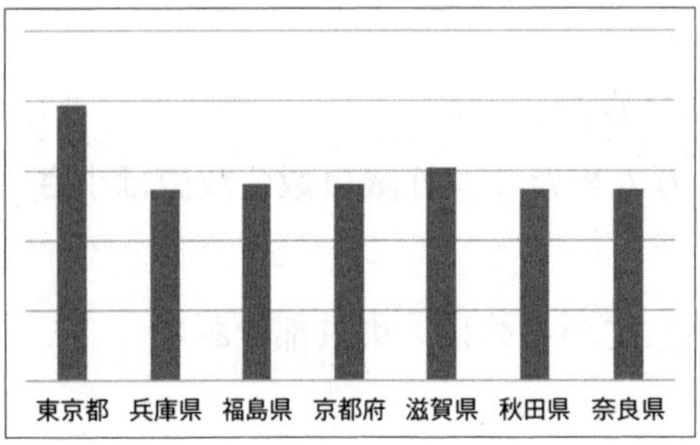

エ

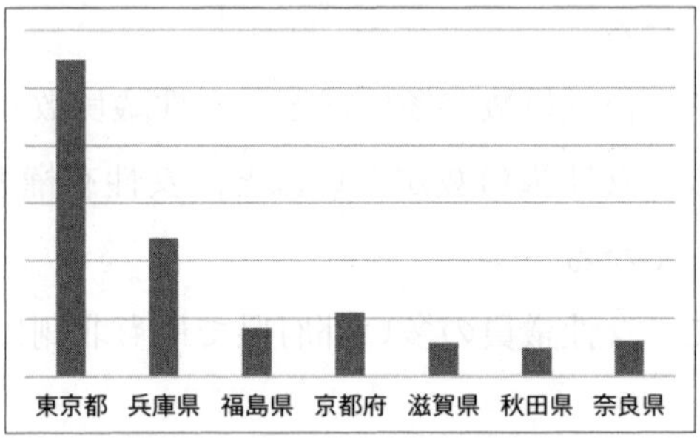

【理　科】〈第１回試験〉（35分）〈満点：100点〉

1　聖子さんは乾《かん》電池とモーターを導線でつなげました。

(1)　導線をつなげるとモーターに電流が流れプロペラが回転しました。このとき電気は１つの輪のようにつながっている道筋を通ります。この道筋を何と言いますか。

(2)　聖子さんは乾電池を２個使い，さまざまなつなぎ方を試しました。

①　プロペラが回転しないつなぎ方を次の**ア**～**カ**から<u>**２つ選び**</u>，記号で答えなさい。

②　プロペラが最も速く回転するつなぎ方を次の**ア**～**カ**から１つ選び，記号で答えなさい。

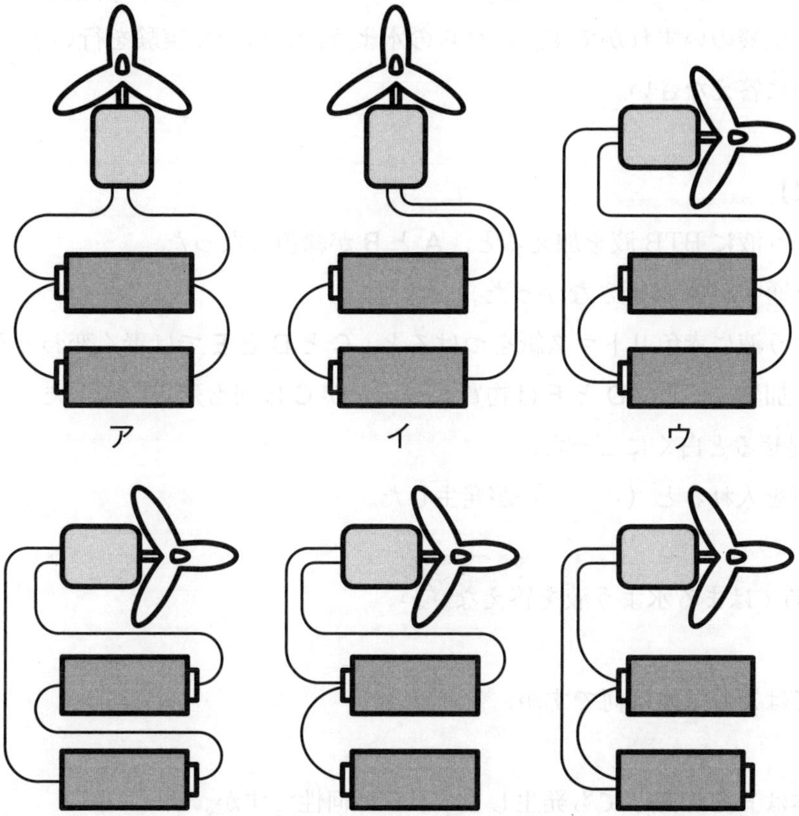

(3)　聖子さんは屋外に移動しました。そして，乾電池のかわりに光電池を使ってモーターに電流を流し，プロペラを回転させました。このとき何に気を付けると，プロペラはより速く回転するでしょうか。次のア，イにことばを当てはめて答えなさい。

光電池に（　ア　）を当てる角度を光電池の面に対して（　イ　）にする。

聖子さんは光電池で電気が作られることに興味を持ち，日常生活で使われている電気がどうやって作られているか調べました。すると，電気の多くは石油や天然ガスを燃やして発電する火力発電という仕組みで作られていることを知りました。一方で，光電池を利用した太陽光発電が近年注目され，発電量が増えていることも知りました。

(4)　太陽光発電の①長所と②短所を１つずつ考え，簡単に説明しなさい。

2　A～Gは，アンモニア水，水酸化ナトリウム水よう液，食塩水，砂糖水，炭酸水，石灰水，塩酸のいずれかです。これらの水よう液について実験を行いました。以下の問いに答えなさい。

【実験操作と結果】

・７つの水よう液にBTB液を加えると，AとBが緑色になった。
・Bは電気を通すがAは通さなかった。
・７つの水よう液に赤色リトマス紙をつけると，CとDとEでは青く変わった。
・水よう液を加熱すると，DとEは物質が残ったがCは何も残らなかった。
・DとFを混ぜると白くにごった。
・Gに石灰石を入れると（　　　）が発生した。

(1)　A～Dにあてはまる水よう液を答えなさい。

(2)　空欄にあてはまる気体は何ですか。

(3)　(2) の気体はFを加熱しても発生します。Fは何性ですか。

Eの水よう液 10 cm^3 にいろいろな体積のGの水よう液を混ぜ，BTB液を加えると次の表のような結果が得られました。

	ア	イ	ウ	エ	オ
Gの体積 [cm^3]	10	15	20	25	30
BTB液の色	青	緑	黄	黄	黄

(4)　混ぜ合わせた液にさらにEを 10 cm^3 加えて，BTB液を入れると緑色になるのは**ア～オ**のどれですか。１つ選び，記号で答えなさい。

(5)　Eの水よう液とGの水よう液を混ぜると食塩ができました。食塩の量は，**ア**は 0.8 g，**イ**は 1.2 g でした。Gの体積と食塩の量の関係をグラフで表しなさい。

3　「パルスオキシメーター」は血液に十分な酸素があるかどうかを調べる道具です。十分な酸素があるときは 99 %～ 96 %となりますが，90 %以下だと酸素が足りておらず，肺炎《えん》やぜんそくなどの病気が疑われます。呼吸と酸素についてあとの問いに答えなさい。

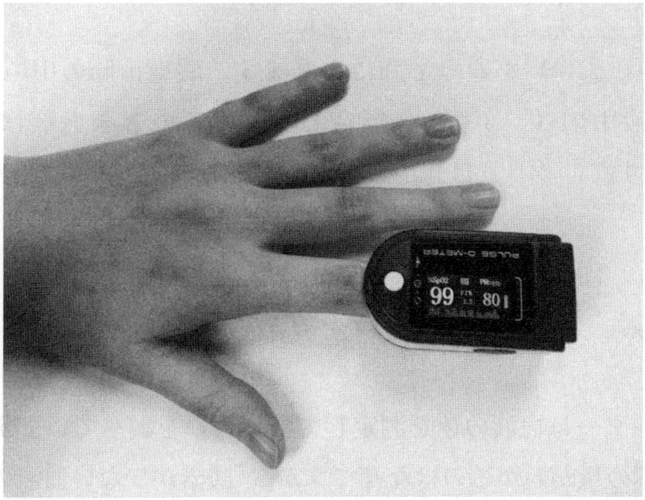

(1)　息を吸ったりはいたりすることを呼吸といいます。ヒトは１日に何回呼吸しますか。ヒトの呼吸回数を１分間に 15 回として計算しなさい。

(2)　ヒトは１回の呼吸で $500\ \mathrm{cm}^3$ の空気を吸ってはいているとします。ヒトが１日に吸ってはく空気の体積として最もふさわしいものを次の**ア**～**オ**から１つ選び，記号で答えなさい。

ア　約　1000 L
イ　約　10000 L
ウ　約 100000 L
エ　約　2000 L
オ　約　20000 L

(3)　ヒトが呼吸で吸う空気と，はき出した空気の成分を気体検知管で調べると，以下のようになりました。

	酸素	二酸化炭素
吸う空気	21 %	0.03 %
はき出す空気	16 %	4 %

以上の結果を次の文にまとめました。文中の空欄にあてはまる正しい語句と数字を【語群】より選んで，それぞれ答えなさい。

ヒトが吸った空気は（　①　）を通って肺に入ります。酸素は肺の中の（　②　）のまわりを流れる血液中の（　③　）と結合します。そのとき血液は代わりに（　④　）を肺に出します。（　④　）は肺から（　①　）を通り外へとはき出されます。

【語群】　食道　　気管　　血管　　肺胞《はいほう》　　心臓　　赤血球　　白血球
　　　　血小板　　酸素　　二酸化炭素　　アンモニア

(4)　パルスオキシメーターは血液の色を測定して酸素の量を調べています。血液の色を調べると酸素の量がわかるのはなぜですか。「酸素が少ない血液の色は，酸素が多い血液と比べて」という文に続けて説明しなさい。

4 次の会話を読み，以下の問いに答えなさい。

学くん　「最近天気のことが気になって，九州の福岡，関西の大阪，関東の東京の先週1週間の天気を表にまとめてみたよ。そうしたらあることに気がついたんだけど，聖子さんはこれを見てどう思う？」

	5月10日	5月11日	5月12日	5月13日	5月14日
福岡	雨	くもり	晴れ	快晴	晴れ
大阪	くもり	くもり	雨	晴れ	晴れ
東京	快晴	晴れ	くもり	雨	くもり

学くん　「これを見る限り，天気は（　①　）から（　②　）へ移り変わっているように思えるんだけど」

聖子さん　「ええ。日本をふくむ，北緯《ほくい》30度から北緯65度付近の上空には，(A)偏西《へんせい》風《ふう》と呼ばれる強い風が吹いていて，高さ十数kmあたりで最も風速が速くなるそうよ」

学くん　「高さ十数kmあたりと言えば，飛行機が飛ぶ高さだね」

聖子さん　「この風によって，雨を降らせる（　③　）気圧や，おだやかな晴れの天気をもたらす（　④　）気圧は（　①　）から（　②　）へ移動することになるの」

学くん　「なるほど。それで天気は（　①　）から（　②　）へ移り変わるんだね。でもさ，前に出かけた先では(B)かみなりが鳴って大つぶの雨が激しく降っていたけれど，電車に乗って地元の駅に着いたら晴れていたということがあったよ」

聖子さん　「天気は規則的に移り変わるだけでなく，せまい範囲《はんい》で急激に変化することもあるのね」

(1)　文中の空欄（　①　）と（　②　）に入る方角を，漢字1文字でそれぞれ答えなさい。

(2)　文中の空欄（　③　）と（　④　）に入る漢字をそれぞれ答えなさい。

(3)　次の**ア〜エ**のうち，下線部 (A) の風の影響を受けないものを１つ選び，記号で答えなさい。

ア　日本付近を通る台風の進路

イ　飛行機で東京から福岡まで行く場合と，福岡から東京まで来る場合の飛行時間

ウ　国際宇宙ステーションが地球を回る軌道《きどう》

エ　黄砂が飛散する範囲

(4)　下線部 (B) のような雨を降らせる雲の名前を漢字３文字で答えなさい。

(5)　下線部 (B) の雲の形として最も近いものを次の**ア〜エ**から選び，記号で答えなさい。

ア　かたまり状で，わたあめのように見える雲

イ　層のように平たく，横はばの広い雲

ウ　かたまり状で，高さが約 10 km になることもある雲

エ　魚のうろこのような形をした雲

(6)　下線部 (B) の雲が大つぶの雨を激しく降らせる理由を，雲の形に注目して説明しなさい。

問四 次の文字群に共通してつけられる部首の名前を、後のア～オから選び、それぞれ記号で答えなさい。

例 口　井　玉　大　→　くにがまえ（回　囲　国　因）

1 付　丁　坐　車　　2 相　由　即　官

3 也　巷　胡　永　　4 言　系　表　木

5 東　米　周　告

ア さんずい　　イ まだれ　　ウ たけかんむり

エ しんにょう　　オ にんべん

問五 次の（　）の中にあてはまる言葉を、それぞれ後のア～オから選び、記号で答えなさい。

1 今年（　）大会に出場したい。

2 命（　）あれば何もいらない。

3 このゲームは、子ども（　）できる。

ア でも　　イ ずつ　　ウ こそ

エ さえ　　オ しか

問六 次の1～4について、――線部の種類を後のア～エから選び、記号で答えなさい。

1 ええ、おっしゃる通りです。

2 さあ、そろそろ準備を始めよう。

3 さようなら、また明日。

4 ああ、まるで絵本のような風景だ。

ア あいさつ　　イ 応答　　ウ 感動　　エ 呼びかけ

問七 次の1～5の作者の作品名を、後のア～オから選び、記号で答えなさい。

1 高村光太郎《たかむらこうたろう》　　2 芥川龍之介《あくたがわりゅうのすけ》　　3 井上靖《いのうえやすし》

4 宮沢賢治《みやざわけんじ》　　5 川端康成《かわばたやすなり》

《作品名》

ア『注文《ちゅうもん》の多《おお》い料理店《りょうりてん》』　　イ『蜘蛛《くも》の糸《いと》』

ウ『伊豆《いず》の踊子《おどりこ》』　　エ『道程《どうてい》』

オ『しろばんば』

問十三　――線部⑩「体が軽くなったような気がした」とありますが、その理由として最もふさわしいものを次から選び、記号で答えなさい。

ア　おばあさんが真剣《しんけん》に話を聞いていたので緊張したが、発表が終わりほっとしたから。
イ　ユイさんと彩乃ちゃんがビブリオバトルを見てくれたことがうれしかったから。
ウ　彩乃ちゃんにビブリオバトルに出ることをかくしていたが、もうかくさなくてもよくなったから。
エ　子犬の悲しい現状を会場の人たちと、彩乃ちゃんに伝えることが出来たから。

問十四　――線部⑪「次の子が伝えること」とありますが、あなたが「ビブリオバトル」に出場するとしたら、何の本でどのようなことを伝えたいですか。本の題名および、伝えたいことを百字以内で書きなさい。ただし、次の形式にあてはめて文章を書くこと。

「私の紹介したい本は「□」です。なぜならば、〜。」

二　次の各問いに答えなさい。

問一　次の――線部の漢字の読みを答えなさい。
1　雨戸を閉める。
2　正直に話す。
3　建物が連なる。
4　千代紙で鶴《つる》を折る。
5　土産を買う。

問二　次の――線部のカタカナを漢字に直しなさい。
1　ショウメイを暗くする。
2　ゼッコウの機会だ。
3　交通キカンが乱れる。
4　ケンポウを学ぶ。
5　トウブンをとると元気になる。

問三　次の1〜3について、送りがなの正しいものを後のア〜ウから選び、記号で答えなさい。
1　朝顔を（ア　育だてる　イ　育てる　ウ　育る）。
2　新緑が（ア　美くしい　イ　美しい　ウ　美い）。
3　恩師に連絡《れんらく》を取ろうと（ア　試ろみる　イ　試みる　ウ　試る）。

問八　――線部⑥「わたしは泣きそうになるかもしれない」とありますが、それはどうしてですか。その理由として最もふさわしいものを次から選び、記号で答えなさい。

ア　ずっと子犬とその子のお母さんとくらしたいと思っていたので、見ると感動し、涙が出そうになると思うから。

イ　かわいい子犬を見ると、お母さんに反対されて犬を飼うことが出来ないことを思いだし、悲しくなると思うから。

ウ　子犬のかわいい様子を見ると、ひどい目にあっているお母さん犬のことを考えてしまい、つらくなると思うから。

エ　かわいい子犬がお母さん犬と離ればなれになって鳴いているのを想像すると、かわいそうになると思うから。

問九　本文中の［３］、［４］にあてはまるものとして、最もふさわしいものを次から選び、記号で答えなさい。

ア　肩　　イ　胸　　ウ　口　　エ　目

問十　――線部⑦「頭の中が真っ白になった」とありますが、その理由としてふさわしいものを次から二つ選び、記号で答えなさい。

ア　一番目に発表した男の子が質問にうまく答えていたことを思い出し、緊張してしまったから。

イ　聞かれると思っていなかったことを質問されたので、とまどってしまったから。

ウ　紹介した本は楽しい内容の本ではないので、よいところをすぐには思いつかなかったから。

エ　〈ペットのアリス〉のショーケースをのぞいている自分の姿を思い浮かべていたから。

オ　声を出すと涙が出そうだったので、がまんするのに必死だったから。

問十一　――線部⑧「会場に笑い声があがった」理由として最もふさわしいものを次から選び、記号で答えなさい。

ア　「わたし」の声がかん高かったから。

イ　「わたし」の真面目さがほほえましかったから。

ウ　「男の子」の聞き方がけなげだったから。

エ　「男の子」の答えが的外れだったから。

問十二　――線部⑨「読みます。わたし、その本すぐに読みます」とありますが、彩乃ちゃんはどのようなことを知りたいと思ったのですか。本文中から二十三字で探し、初めの五字をぬき出して答えなさい。

問二　――線部②「すぐに気がついた」とありますが、「わたし」はどのようなことに気がついたのですか。五十字以内で答えなさい。
　ただし、次の言葉を必ず入れて答えること。
（　工場　／　活躍《かつやく》　／　商品　）

問三　――線部③「胸がしぼられるみたいに痛かった」とありますが、これと同じような「わたし」の気持ちを表している一文をこれより前から探し、初めの五字をぬき出して答えなさい。

問四　――線部④「ペットショップで犬を買うことが、パピーミル業者がなくならない、いちばんの理由」とありますが、それはどういう理由からですか。解答らんの「から。」につながるように六十字以内で答えなさい。
　ただし、次の言葉を必ず入れて答えること。
（　ペットショップ　／　パピーミル業者　／　機械　）

問五　本文中の［A］、［B］にあてはまるものとして、最もふさわしいものを次からそれぞれ選び、記号で答えなさい。
ア　そして　　イ　まるで
ウ　しかし　　エ　つまり

問六　［1］、［2］それぞれにあてはまる気持ちを二つ選び、記号で答えなさい。
ア　悲しくて泣きたい
イ　つらくてあきらめたい
ウ　疲れて眠りたい
エ　大きな声でどなりたい
オ　恥ずかしくていたたまれない
カ　楽しみで待ちきれない

問七　――線部⑤「わたしは考えていた」とありますが、「わたし」は自分にできるどのようなことをしようと考えたのですか。ただし、次の言葉を必ず入れて答えること。
（　ビブリオバトル　／　『子犬工場』　／　かわいそうな犬　）

い。

会場を見わたした。さっきのおばあさんは、まっすぐ前を向いて、次の女の子を見ている。彩乃ちゃんもユイさんも前を見ている。

わたしも、発表している子に目を向ける。

⑪次の子が伝えることを、こんどは、わたしが聞く番だ。

（赤羽じゅんこ／松本聡美《まつもとさとみ》／おおぎやなぎちか／森川成美『なみきビブリオバトル・ストーリー　本と４人の深呼吸』松本聡美「とどけ、わたしの声――藤谷アキの場合」による）

注１　チャンプ本……聞いた人が一番読みたくなった本に投票して、一番多くの票が入った本。

注２　ビブリオバトル……本のおもしろさをどれだけ言葉で紹介できるかを競うゲーム。紹介する時間は五分間で、そのあと、観戦者からの質問に答える時間がある。最後に参加者全員で一番読みたくなった本に投票をして一番の本を決める。

注３　『海へ出るつもりじゃなかった』……アーサー・ランサム作。兄弟姉妹だけが乗った船が嵐の夜の海に流されてしまうが、四人で知恵と勇気を出し合い、死ぬか生きるかの冒険をする話。篠田涼香が、ビブリオバトルで紹介した本。

注４　河川敷……その河川の一部として定められている河岸の敷地。

注５　ブリーダー……ペットとして販売するために、健康な動物を繁殖《はんしょく》している人。

注６　クルミン……本名は壇《だん》くるみ。年が離れたお姉さんみたいで話しやすい並木図書館児童室の司書。

注７　ウィン・ディキシーとオパール……『きいてほしいの、あたしのこと―ウィン・ディキシーのいた夏』（ケイト・ディカミロ作）アキ（わたし）が犬を飼いたいと思ったきっかけになった本で、主人公のオパールという女の子が、犬のウィン・ディキシーと暮らし、大切な仲間として、一緒にいろいろなことを経験する話。

問一　――線部①「この子犬たちは、どこで、どんなお母さんから生まれて、ここまでやってきたのでしょう？」について、次の問いに答えなさい。

①　わたしはどんな「お母さん」犬だと予想していましたか。解答らんの言葉につながるように本文中から十二字以内で二つぬき出して答えなさい。

②　実際の「お母さん」犬はどのような生活をしていましたか。本文中からひと続きの二文で探し、初めの五字をぬき出して答えなさい。

「ペットショップは、生きた犬や猫《ねこ》を売らないで、犬や猫のグッズを売ったり、しつけ教室をしたり、シャンプーをしたりしてお店を経営するのです。アメリカのいくつかの都市では、犬や猫を売ることを禁止しているそうです。それから、犬を飼いたい人と犬をゆずりたい人との間に入って、つなげる役目、というのもあります」

「ハイ」

わたしと同じ五年生ぐらいの女の子だ。

「ペットショップで、もう買っちゃった人はどうするんですか」

「大切な……」

注7ウィン・ディキシーとオパールが、ならんで歩く姿が見えてきた。

「大切な〈仲間〉として、ずっとずっといっしょにくらせばいいと思います。そうしたら、お母さん犬も喜ぶと思います」

「ほかに質問ありませんか」

クルミンが会場を見まわした。

ハイ――いちばん後ろのすみっこで手があがった。

(あっ)

声が出そうになった。

彩乃ちゃんだ。彩乃ちゃんが来ている。となりにいるのはユイさんだ。

ピンクの上着を着た彩乃ちゃんが立ちあがっていう。わたしの顔をまっすぐに見ていう。

「ペットショップで買わなくても子犬とくらせる方法、あるんですか」

「はい、あります」

わたしは、彩乃ちゃんの顔を見て答える。

「わたしもこの本を読むまで知らなかったのだけど、動物愛護センターというところがあって、そこでは事情のある犬や猫を預かっているそうです。譲渡会《じょうとかい》というのがあって、犬や猫とくらしたい人は、そこでゆずってもらうことができます。ほかの方法も、この本にくわしく書いてあります」

わたしは『子犬工場』を高くあげた。

⑨「読みます。わたし、その本すぐに読みます」

彩乃ちゃんは、宣言するみたいにいった。そして、わたしの顔を見て、にこっと笑った。

質問タイムが終わった。

「藤谷さん、ありがとう」

クルミンの言葉でわたしは席に着いた。

「では、次、三番目の方ね」

となりにすわっていた女の子が前に出ていく。

わたしは、⑩体が軽くなったような気がした。わたしの中にたまっていたものを〝伝える〟ことができたからかもしれない。いちばん伝えたかった彩乃ちゃんに、とどけることができたからかもしれななひどいことをしていることを、伝えにきました。けれど……」

　だいじょうぶ、声はふるえていない。わたしは、みんなを見わたしていう。

「じょうずにこの本のことが話せませんでした。なにが書いてある本か、わたしがなにがいいたいのか、わからないと思います。でも、この本を読んでください。お願いします。心が楽しくなる本ではありません。でも、読んでください。犬や猫の命について、考えて……」

　チン、と合図が鳴って、時間になった。

　パチパチパチと拍手《はくしゅ》がおこった。

「では、質問タイムです」

　注6クルミンがいったのに、だれも手をあげない。会場がしーんとしている。わたしはくちびるをかんだ。

（わたし……伝えること……できなかった……）

「ハイ！」

　男の子の元気な声がした。見ると、一番目に発表した子が手をあげている。図書館の人がマイクを持って、その子のところへ行った。男の子はマイクを受け取ると、わたしに向かっていった。

「その本のいちばんいいところは、どこですか」

（えっ、いちばんいいところ？――）

　⑦頭の中が真っ白になった。いちばんいいところって……。

〈ペットのアリス〉のショーケースをのぞいているわたしの姿が、目にうかぶ。

　わたしの口から、言葉が出てきた。

「子犬の命って、おもちゃじゃない、と気づけたところです」

　ハイ――小さい声がして、後ろで、あのおばあさんが手をあげた。

「その本は、ふつうの本屋さんで買えるのでしょうか」

　わたしは、すぐに答えた。

「買えます。お店になかったら、取りよせてもらえます」

「ハイ、ハイハイ」

　一年生ぐらいの男の子が手をあげた。

「いくらですか」

　わたしは本の裏を見て答えた。

「千四百円に税金がつきます」

　⑧会場に笑い声があがった。

　ハイ――静かな声がして、女の人が立ちあがった。ママより少し年上って感じの人。

「ペットショップは、どうしたらいいのかしら」

　このことは、わたしも本を読みながらずっと考えていた。だから本に書いてあったことが強く心に残っている。わたしは、女の人の顔を見ていう。

ください」

笑い声がおこった。少しだけ、ほっとした。

「今日、わたしが紹介《しょうかい》するのは、『子犬工場』です」

表紙をみんなのほうに向けていう。よかった。ちゃんと聞いてくれている。わたしは[3]をはって、声を出す。

「この本には、工場でおもちゃをつくるように、どんどん子犬がつくられる話が書いてあります」

〈つくられる〉というところに、力を入れていった。

会場のすみに、小柄《こがら》なおばあさんがいるのが、[4]にとまった。おばあさんは、首をつきだすようにしてわたしのことを見ている。

「その工場の機械にあたるのがお母さん犬です。お母さん犬は、さっきの小さくてきたないケージに入れられて、次つぎに子犬を産みます。一歩も外に出してもらえません。エサは、粗末なものをほんの少しです。病気になってもお医者さんに連れていってもらえません。お金がかかるからです。子犬だけを産みつづけます。そしてやっと産んだ子どもにお乳をやっているときに、ひょいと子どもを連れ去られるのです」

おばあさんが、口をぎゅっとむすんでいる。

「子犬は、小さいほうがかわいくて、よく売れるから、エサはほんのちょっぴり。まだお母さんのそばにいたい赤ちゃん犬が、ひとりぼっちでペットショップのショーケースの中に入れられるのです。どんなにさびしいでしょう」

そういったとき、おばあさんと目があった。おばあさんがハンカチで目をおさえている。なぜだろう。わたしのくちびるの横が、ぷるぷるとふるえてきた。

「こういうひどい人ばかりじゃなくて、犬を大切に思い、犬の健康を考えながら、赤ちゃんを産ませるブリーダー[注5]もいます」

大きく息を吸いこむ。

「でも、ペットショップの中には、さっきいったようなひどい人たちから、子犬を買っているところがあるのです」

前の壁をにらんで話す。

「[B]命がないものみたいに、工場でおもちゃをつくるみたいに、子犬を……つくって……いる人からです……」

（中略）

「見てください。この犬は、目が見えないし、耳も聞こえません。生まれつきじゃありません。子どもを産みつづけたため、こんな姿になったのです」

会場から、まあ、と小さな声があがった。

チン——と音がした。あと一分だ。

わたしは、ぐいっと顔をあげた。

「今日、わたしは、皆さんに、こんな本があること、人間が、こんベッド脇《わき》のテーブルの上に、きのうユイさんのお店でもらった紙袋がある。中を見た。チラシが一枚入っている。

注2《ビブリオバトル、やりませんか？》——太い文字で書いてある。

涼香ちゃんがテレビでやっているのを見て、わたしはあの本、注3『海へ出るつもりじゃなかった』を読みたいと思った。

もしわたしが、このビブリオバトルに出て『子犬工場』の話をしたら、ひょっとして、だれかがこの本を読んでくれるかもしれない。

（中略）

学校からの帰り道、いつものように彩乃ちゃんと戸井川べりを歩く。戸井川の注4河川敷《かせんじき》は広くて、何人もの人が犬を散歩させている。

彩乃ちゃんが、わたしの腕《うで》に手をからませてきた。

「ねえねえ、子犬が来たら、いっしょに散歩しようね」

「うん」

わたしは、彩乃ちゃんに返事する。

きっと子犬はふかふかで、あったかくて、キュンキュンとかわいい声で鳴くだろうな。⑥でもわたしは泣きそうになるかもしれない。子犬を見ると、きっとその子のお母さんのことを考えてしまうと思う。

（中略）

「では、二番目の方、どうぞ」

わたしは、『子犬工場』を持って前に出た。ぐるりと前を見まわす。ホールいっぱいに人が入っている。

「戸井小学校、五年、藤谷アキです」

わたしは、ぺこんとおじぎした。会場で頭をさげてくれた人もいる。

「みなさんは、ペットショップに行ったことがありますか」

何人もうなずいている。

「わたしは、しょっちゅう行きます。かわいい子犬とくらしたいなと思っているからです」

みんなが真剣《しんけん》な目でわたしのことを見ている。

ドアがそろっとあいて、だれかが入ってきたのが、目のはしに見えた。

「ペットショップで売られている子犬、どんなふうなお母さんから生まれてきたか、考えたことがありますか」

わたしは、本をまだ出さない。

「とっても大事にされていると、わたしは思っていました。でも、見てください。これが、お母さん犬が入れられているケージです」

わたしは本をあげて、付せんのはってあるページを開いた。右から左へ、本を動かしていく。

「見えないよう」というように、体を乗り出している男の子がいる。わたしは、とっさにいう。

「遠くて、よく見えないと思います。なので、この本を買って見て四年生の秋、社会科学習で、お菓子工場の見学に行ったときのことを思いだした。機械からぽんぽんとお菓子がベルトコンベアの上に落とされていた。ベルトにそっておばさんたちがならんでいて、形の悪いものをつまんでは、下のかごにほうりこんでいた。

わたしの頭の中で、お菓子が子犬に変わっていく……。

本を読み進めるうち、すこしずつわかってきた。④ペットショップで犬を買うことが、パピーミル業者がなくならない、いちばんの理由だってことに。

［Ａ］、こういうことだ。

お客がペットショップで子犬を買うと、ショーケースが空くから、ショップはそこに新しい子犬を入れる。かわいくて売れそうな子犬を、できるだけ安く仕入れたい。

安い子犬を売るのは、パピーミル業者。一匹でも多く売ろうと、お母さん犬にお金をかけないで、どんどん子犬を産ませて、安い子犬をつくるパピーミル業者。

（わたしが、ペットショップで子犬を買うと、パピーミル業者がもうかるってことだ……）

読み終わったわたしは、体の中に重いものをつめこまれた気がした。［１］気持ちと、［２］気持ちが、ぎゅうぎゅうと、わたしの中でおしあっている。

本を手に、ぼーっとしていたら、壁《かべ》のオルゴール時計が六時のメロディを鳴らした。

「あっ、お米とがなきゃあ」

わたしはキッチンに立った。いつものように炊飯釜《すいはんがま》にお米を一合入れて、といでいく。

お母さん犬のエサは、とても粗末《そまつ》なものだと書いてあった。その粗末なものも、ほんの少ししかもらえないんだって。パピーミル業者は何十匹も飼っているから、エサ代をケチるんだ。自分のもうけを少しでも多くするためにだ。

「ひどいよ、パピーミル業者って……」

お米をとぐわたしの手に力が入る。

「ひどすぎるよ……」

いいながら、⑤わたしは考えていた。

（どうしたらいいの？　わたし、かわいそうな犬や猫のために、なにかできるの？）

そういえば、本の中に、こんな言葉があった。

――できることは人それぞれですが、〝伝えること〟は、きっとだれでもできるはずです――

（伝える？　〝伝える〟って、どうするの？）

わたしは、とぎ終わったお米を炊飯器にセットする。

「あっ」

キッチンからへやへ走った。

きのうは気づかなかったけれど、タイトルとならんで、すこし小さな字があった。

〈いのちが商品にされる場所〉

表紙をめくると、裏にこんなことが書いてある。

〈ペットショップの店先で、50万円の値札をつけられている子犬や、大セール　3万円！の値札をつけられている子犬――①この子犬たちは、どこで、どんなお母さんから生まれて、ここまでやってきたのでしょう？〉

子犬のお母さんのことなんて、考えたことがなかった。とっても大事にされているんだと思う。だって、あんなに高価な子犬を産むお母さんだもの。すてきな貴婦人のようなお母さん。きっとそうだ。

わたしはクッキーをつまみ、ジュースを飲んで、ページをめくった。

②読みはじめてすぐに気がついた。この本はわたしが考えていたような、工場で子犬たちが活躍《かつやく》するお話の本ではないってことに。

思いもかけないことが書いてあった。

子犬を産むお母さん犬のことだ。せまいケージに入れられて、散歩にも連れていってもらえない。一生、外に出ないで、次つぎに赤ちゃんを産むだけ。

「かわいそう……」

お母さん犬は、まるで子犬を産む機械のようだ。

わたしはもう、クッキーを食べることも、ジュースを飲むこともできなかった。

お母さん犬の写真がのっていた。やせて、骨と皮だけになっている。

「こんなになっても、赤ちゃんを産まなきゃいけないの？」

わたしは、ページをめくるたびに、③胸がしぼられるみたいに痛かった。

お母さんからひきはなされた子犬が、ペットショップへ来るまでのことも書いてあった。ペットショップに運ばれるとちゅうで、何匹も死ぬそうだ。

そりゃあそうだよ。まだ、お母さんのそばでねむっていたい赤ちゃん犬だもの。

私の目からは、ふいてもふいても涙《なみだ》が出てくる。

お母さん犬も、やっと産んだ自分の子どもが連れていかれて、どんな気持ちだろう。

こんなふうに、犬のことを少しも考えないで、子犬をどんどん産ませる人たちのことを、「パピーミル」業者というそうだ。「パピー」とは子犬、「ミル」とは工場という意味だって。工場で次つぎに商品がつくられるように、子犬たちがつくられていく。

「それで、この本のタイトルは、子犬工場なんだ」

わたしは、タイトルの意味がやっとわかった。

二〇二二年度 玉川聖学院中等部

【国　語】〈第一回試験〉（四五分）〈満点：一〇〇点〉

一　次の文章を読み、後の問いに答えなさい。
（字数制限のある問いについては、特別な指示がないかぎり、句読点や記号も一字として数えます。）

ここまでの話

藤谷アキ（わたし）は、ある日、ユイさんの本屋に立ち寄った。店には、アイドルの篠《しの》田《だ》涼香がテレビで「ビブリオバトル」をしたときに紹介した本が置いてあったので、アキはその番組を見たことを楽しそうに話す。すると、今度並木図書館で行われる「こどもビブリオバトル」のチラシを、（『子犬工場』という本を買って店を出るときに）渡された。次の日の朝、友達の彩乃ちゃんが、誕生日に祖母が「ペットのアリス」で子犬を買ってくれることになったととても喜んでいた。学校から帰るとアキは、自分も子犬を飼うことを夢見ながら、昨日買った本を読むことにした。

主な登場人物

＊わたし（藤谷アキ）…犬が大好きな小学五年の女の子で、子犬を飼いたいと思っている。看護師の母親と二人暮らし。

＊ユイさん…動物好きで、自分好みの本を置く本屋を営んでいる。アキはお気に入りの犬の本を買うためによく訪れている。

＊篠田涼香…アキがあこがれている本好きの中学生アイドル。テレビ番組でビブリオバトルに参加し、紹介した本が一番の本注1（チャンプ本）になった。

＊彩乃ちゃん…アキと仲のよい同じクラスの友達。子犬を飼いたいと思っていて、二人でよく一緒に「ペットのアリス」というペットショップに犬を見に行っていた。

わたしはへやに入って、ランドセルを置いた。これから、きのう買った『子犬工場』を読むつもり。

おやつのクッキーとオレンジジュースをへやへ運ぶ。

ベッドにもたれて、紙袋から本を出した。

表紙には、まだ目のあかない子犬の写真がのっている。

「生まれたてなんだ。かわいいな」

（あれっ）

2022年度 玉川聖学院中等部 ▶解説と解答

算 数 ＜第１回試験＞（45分）＜満点：100点＞

解 答

[1] (1) 1736　(2) $\frac{1}{4}$　(3) 3.44　(4) 63　(5) 13　[2] (1) ×，÷，＋(または，×，＋，−)　(2) **道のり**…360m，66分40秒　(3) $\frac{1}{4}$，$\frac{4}{15}$，0.4　(4) 15cm　(5) 1400円　[3] (1) 172cm²　(2) 165.6cm　[4] ㋐…45度，㋑…70度　[5] 96cm³　[6] (1) 分速60m　(2) 8時15分　(3) **グラフ**…右の図，**到着した時刻**…8時35分　[7] (1) **最大の数**…20，**最小の数**…15　(2) **最大の数**…48，**最小の数**…15

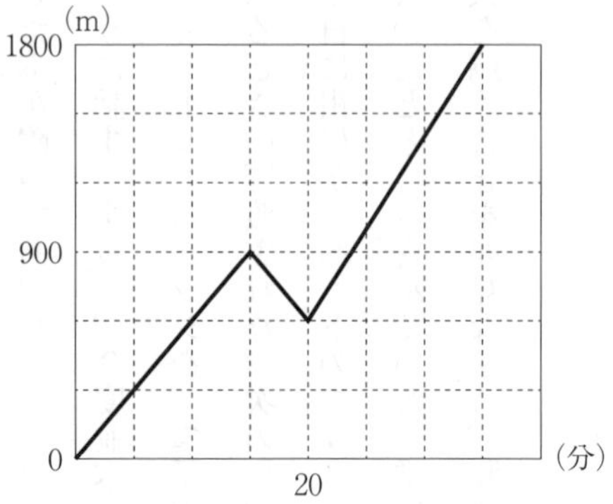

解 説

[1] 四則計算

(1) $2022-201+930-1015=1821+930-1015=2751-1015=1736$

(2) $\frac{1}{2}+\frac{3}{4}\times\frac{5}{6}-\frac{7}{8}=\frac{1}{2}+\frac{5}{8}-\frac{7}{8}=\frac{4}{8}+\frac{5}{8}-\frac{7}{8}=\frac{2}{8}=\frac{1}{4}$

(3) $1.5\times0.4\div\frac{1}{6}-7.2\div9\times0.2=0.6\div\frac{1}{6}-0.8\times0.2=0.6\times\frac{6}{1}-0.16=3.6-0.16=3.44$

(4) $\left(2-\frac{4}{7}\right)\div\frac{2}{21}\times4.2=1\frac{3}{7}\div\frac{2}{21}\times\frac{42}{10}=\frac{10}{7}\times\frac{21}{2}\times\frac{42}{10}=63$

(5) $8.125\times(81.25-293\times0.25)\div5=8\frac{1}{8}\times\left(81\frac{1}{4}-293\times\frac{1}{4}\right)\div5=8\frac{1}{8}\times\left(81\frac{1}{4}-73\frac{1}{4}\right)\div5=8\frac{1}{8}\times8\div5=13$

[2] 四則計算の調べ，速さ，数の大小，水の深さと体積，売買損益

(1) 3×4＝12より，12 □ 6 □ 8＝10にならないか考えると，12÷6＋8＝10となるので，3×4÷6＋8＝10が成り立つ。また，12＋6−8＝10となるので，3×4＋6−8＝10も成り立つ。

(2) この人の速さは，分速，225÷5＝45(m)なので，8分歩いたときの道のりは，45×8＝360(m)である。また，この人が3km歩くには，3km＝3000m，$3000\div45=66\frac{2}{3}$(分)，$60\times\frac{2}{3}=40$(秒)より，66分40秒かかる。

(3) 小数に直して比べる。$\frac{4}{15}=4\div15=0.266\cdots$，$\frac{1}{4}=1\div4=0.25$となる。したがって，小さい順に並べると，$\frac{1}{4}$，$\frac{4}{15}$，0.4である。

(4) 1L＝1000cm³より，入れた水の量は960cm³である。直方体の底面積×水の深さ＝入れた水の量となるので，(8×8)×(水の深さ)＝960(cm³)が成り立つ。したがって，入れた水の深さは，

960÷64＝15(cm)と求められる。

(5)　仕入れ値を１とすると，利益は0.4，定価は，１＋0.4＝1.4になる。この1.4が1960円にあたるので，仕入れ値は，1960÷1.4＝1400(円)となる。

3　円の面積，長さ

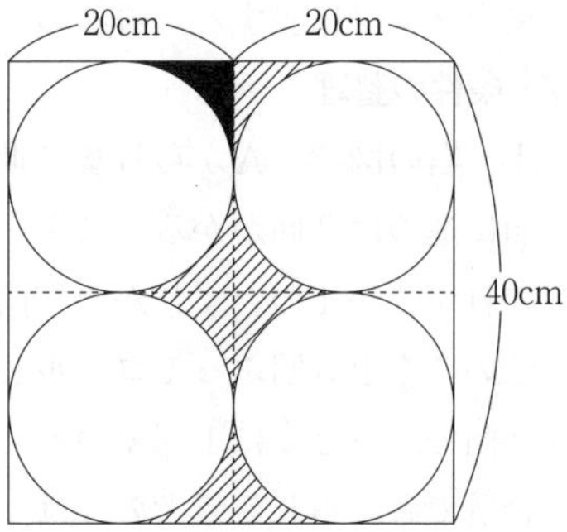

(1)　右の図のように，問題の図形を４つの小さい正方形になるように４等分して考える。このときにできた小さい正方形の１辺の長さは，40÷２＝20(cm)で，円の半径は，20÷２＝10(cm)である。右の図の黒くぬった部分の面積は，(20×20－10×10×3.14)÷４＝86÷４＝21.5(cm^2)である。斜線部分の面積は，求めた黒くぬった部分８個分なので，21.5×８＝172(cm^2)となる。

(2)　図の斜線部分の周の長さの合計は，円の半分の弧《こ》の長さが４個分と，円の半径が４個分である。したがって，斜線部分の周の長さの合計は，(20×3.14÷２)×４＋10×４＝125.6＋40＝165.6(cm)となる。

4　複合図形の角度計算

㋐　三角形ADEは，AD＝AEより二等辺三角形なので，∠ADE＝∠AED＝(180－40)÷２＝70(度)である。また，四角形ABCDは正方形なので，AB＝ADより，AB＝AD＝AEである。したがって，三角形ABEは二等辺三角形であることがわかる。∠BAE＝90＋40＝130(度)より，∠AEBの大きさは，(180－130)÷２＝25(度)となる。したがって，㋐の大きさは，70－25＝45(度)と求められる。

㋑　角ABF＝角AEB＝25度で，角BAF＝90÷２＝45(度)である。三角形ABFにおける，内角と外角の関係より，角BFC＝角ABF＋角BAF＝25＋45＝70(度)である。

5　表面積・体積

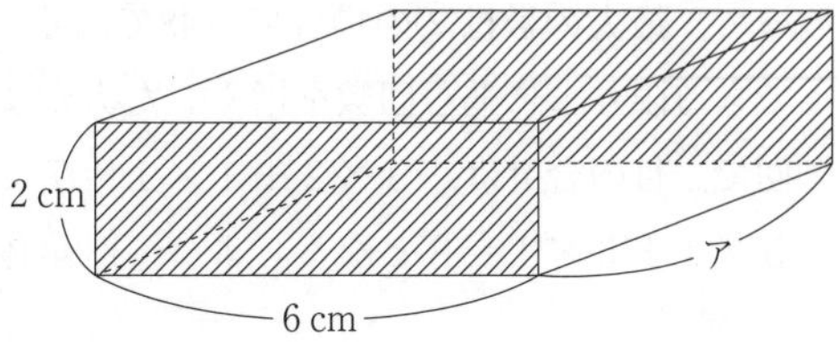

右の図の斜線部分を底面としたとき，底面の面積は，それぞれ，２×６＝12(cm^2)なので，それ以外の側面の面積の合計は，152－12×２＝152－24＝128(cm^2)である。図の縦の長さをアとすると，側面の面積について，(６×２＋２×２)×ア＝128が成り立つ。これを解いて，(６×２＋２×２)×ア＝128，16×ア＝128，ア＝128÷16＝８(cm)と求めることができる。したがって，この直方体の体積は，６×８×２＝96(cm^3)である。

6　速さとグラフ

(1)　グラフより，聖子さんは900mを15分で歩いているので，聖子さんの速さは，分速，900÷15＝60(m)である。

(2)　姉は家から600mの地点で聖子さんに出会っているので，聖子さんが忘れ物に気づいてから姉に出会うまでに戻った道のりは，900－600＝300(m)である。聖子さんはこの道のりを分速60mで歩いているので，忘れ物に気づいてから姉に出会うまでにかかった時間は，300÷60＝５(分)とわかる。したがって，２人が出会った時刻は，８時15分＋５分＝８時20分である。ここで，姉の速さは，分速，60×２＝120(m)であるので，姉が家から600mの地点に着くまでにかかった時間は，600÷

120＝５(分)である。したがって，姉が家を出た時刻は，８時20分の５分前の，８時15分である。

⑶　⑵より，聖子さんは，８時20分には家から600mの地点にいる。その後，分速80mで学校に向かっているので，学校に到着するまでにかかる時間は，(1800－600)÷80＝15(分)となる。したがって，聖子さんが学校に到着した時刻は，午前８時20分＋15分＝午前８時35分である。これらの結果をグラフに表すと，解答のグラフとなる。

7　条件の整理

⑴　右の図で，ＡからＢまで進む場合，↘に進めば１回，→・↓か↓・→と順に進めば２回かかる。スタートからゴールまで，最小の回数は，さいころの目が３か４のいずれかが４回出て，↘に４回進んだ場合である。設問ではさいころを５回ふってゴールしたので，５回のうち３回は↘に進み，残りの２回で，→と↓に１回ずつ進んだことになる。したがって，さいころの目の合計で考えられる最大の数は，４＋４＋４＋２＋６＝20，最小の数は，３＋３＋３＋１＋５＝15と考えられる。

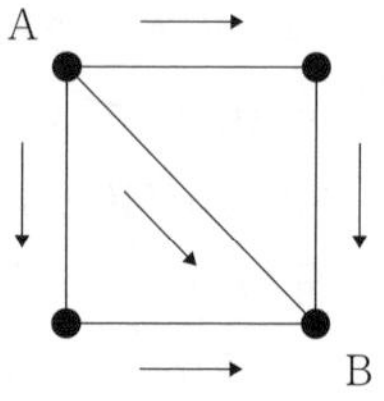

⑵　「さいころをふっても進むことができない場合は，その場所に１回とどまる」，「さいころをふった回数は10回以内」という条件に注意する。まずは，最大の数から考える。最大になるのは２通り考えられ，①スタートから㋐までさいころをふれるだけふり，㋐からゴールまでもさいころをふれるだけふる。②スタートから㋐まではさいころを最小の回数でふり，㋐からゴールまではさいころをふれるだけふる。この２通りである。①のとき，スタートから㋐までは，→３回と↓２回で，目の合計は，２×３＋６×２＝18である。その後，㋐からゴールまでは，↓２回，６が２回出て２回とどまり，→１回で，目の合計は，６×４＋２×１＝26となる。よって，全体の目の合計は，18＋26＝44となる。②のとき，スタートから㋐までは，↘２回と→１回で，目の合計は，４×２＋２×１＝10である。その後，㋐からゴールまでは，↓２回，６が４回出て４回とどまり，→１回で，目の合計は，６×６＋２×１＝38となる。よって，全体の目の合計は，10＋38＝48となる。したがって，最大の数は②の場合で，48である。次に，最小の数を考える。目の合計を少なくするには，できる限り↘に進む回数を増やした方がよい。したがって，スタートから㋐までは，↘２回と→１回で，目の合計は，３×２＋１×１＝７である。その後，㋐からゴールまでは，↘１回と↓１回で，３×１＋５×１＝８となる。よって，全体の目の合計は，７＋８＝15となる。

社　会　＜第１回試験＞(35分)＜満点：100点＞

解　答

1 **問１**　ウ　**問２**　ウ　**問３**　ア　**問４**　エ　**問５**　ア　**問６**　Ａ　**2** **問１**　ア　**問２**　Ｄ　**問３**　Ａ　**問４**　エ　**問５**　①　**問６**　ア　**3** **問１**　イ　**問２**　ウ　**問３**　ア　**問４**　廃藩置県　**問５**　Ｅ　**問６**　Ｅ　**4** **問１**　イ　**問２**　幕府　**問３**　エ　**問４**　イ　**問５**　ウ　**問６**　⑴　ウ　⑵　西南(戦争)　**5** **問１**　ウ　**問２**　イ　**問３**　法　**問４**　ウ　**6** **問１**　非核三原則　**問２**　イ　**問３**　広島　**問４**　エ　**7** **問１**　エ　**問２**　イ　**問３**　ア　**問４**　エ　**8** **問１**　イ　**問２**　ア　**問３**　ウ　**問４**　ウ

解　説

1 テーマにもとづく図についての問題

問１　図１には，日本の主な漁港名，日本の周りの主な海流，日本周辺の主な海の名前が記されている。よって，ウの主な都市の気温が誤りである。

問２　台風は北太平洋西部や南シナ海で発生し，勢力を強めながら，太平洋高気圧や偏西風《へんせいふう》の影《えい》響《きょう》を受けて進路を変える。台風は気圧のふちに沿って北上する性質を持つことから，太平洋高気圧が発達する夏から秋にかけては，日本列島に接近しやすい。

問３　イの富山県を走っているのは北陸新幹線，ウの東名高速道路が通っているのは東京都－愛知県間，エの新東名高速道路は東名高速道路と同じ区間を並走しており，静岡《しずおか》県を通ることから，誤りである。

問４　地図中の工業都市がすべて太平洋ベルトの臨海部に位置していることから，原料を輸入に頼《たよ》り，広大な工業用地が必要な石油化学工業の分布であると判断する。

問５　一般《いっぱん》的に，水力発電は川の上流にダムをつくり，ダムに貯めた水を放水した際のエネルギーを利用して電気をつくっている。したがって，内陸部に分布しているアが水力発電所である。なお，工業のさかんな地域の臨海部に分布が多いイは火力発電所，人口の少ない地域の臨海部に分布しているウは原子力発電所である。

問６　中国山地と四国山地に囲まれたイは，夏，冬ともに季節風がさえぎられることから，年間を通じて雨が少ないＡを選ぶ。なお，日本海側に位置するアは冬に降水量が多いＣ，太平洋側に位置するウは夏に降水量が多いＢである。

2 情報や統計にもとづく黒ぬり地図についての問題

問１　農地面積の広い北海道以外は「日本の米ぐら」とよばれる北陸地方と東北地方に集中していることから，米を選ぶ。

問２　2020年産の米の収穫量《しゅうかくりょう》は，１位が新潟《にいがた》県(D)，２位が北海道(A)，３位が秋田県(B)，４位が山形県(C)，５位が宮城県(E)である。

問３　最も北に位置するＡを選ぶ。日本は国土の大部分が温帯に属しているが，北海道は冷帯に属する。

問４　水温が高く，浅くて水質の良い海岸部に発達するサンゴ礁《しょう》は沖縄《おきなわ》県や鹿児島《かごしま》県で多く見られ，日本海側では新潟県，太平洋側では神奈川県と千葉県が分布の北限である。なお，北海道には十勝《とかち》平野や石狩《いしかり》平野，根釧《こんせん》台地，日高山脈などが位置している。

問５　地図中のＢは青森県ではなく秋田県である。

問６　山形県はさくらんぼのほか，西洋なしも生産量日本一をほこっている。なお，イのりんごは青森県，ウのぶどうは山梨《やまなし》県，エの日本なしは茨城《いばらき》県が生産量日本一である(2019年産)。

3 縄文《じょうもん》時代から明治時代についての問題

問１　Ａの征夷《せいい》大将軍は，本来は蝦夷征討《えみしせいとう》の指揮官を指したが，後に武家政権の首長の称号《しょうごう》となった。Ｅの執権《しっけん》は，鎌倉《かまくら》幕府における将軍を補佐《ほさ》する役職で，北条氏が独占《どくせん》した。なお，摂政《せっしょう》は天皇が幼いときや女性であったときに代わりに政治を行う役職，関白は成人した天皇を補佐する役職である。

問２　アの東大寺は都の奈良《なら》に聖武《しょうむ》天皇が開いた寺，イの中尊寺《ちゅうそんじ》は平泉《ひらいずみ》にある奥州藤原《おうしゅうふじわら》氏ゆかりの寺，エの清水寺《きよみずでら》は平安京遷都《せんと》以前から京都にあった寺である。

問３　人々が採集や狩猟《しゅりょう》，漁によって食料を得ており，土器を使用していたと書かれていることから，Ｃは縄文時代について述べられた文であると判断し，アの大森貝塚《かいづか》を選ぶ。なお，イの登呂《とろ》遺跡《いせき》とエの吉野ヶ里《よしのがり》遺跡は弥生《やよい》時代，ウの大仙古墳《だいせんこふん》は古墳時代の遺跡である。

問４　1869年に大名に領地と人民を天皇に返させる版籍奉還《はんせきほうかん》をおこなったが，大名が知藩事《ちはんじ》として領地を支配している体制に変わりはなかった。1871年，廃藩《はいはん》置県をおこなったことで，中央集権体制が確立した。

問５　東大寺南大門・金剛《こんごう》力士像が運慶《うんけい》・快慶らによってつくられたのは鎌倉時代である。

問６　Ａは安土桃山《あづちももやま》時代，Ｂは奈良時代，Ｃは縄文時代，Ｄは明治時代，Ｅは鎌倉時代である。よって，時期の早い順に，Ｃ→Ｂ→Ｅ→Ａ→Ｄとなる。

4　各時代の兵士についての問題

問１　防人《さきもり》は兵役についた者の中から選ばれ，九州沿岸の警備についた。任期は３年間で，農民にとって非常に重い負担となった。

問２　征夷大将軍を首長とする武家政権を幕府といい，鎌倉幕府，室町幕府，江戸幕府が12世紀末～19世紀中期まで断続的に続いた。

問３　鎌倉時代，将軍と御家人は土地を仲立ちにした御恩《ごおん》と奉公《ほうこう》の主従関係を結んでいた。竹崎季《たけざきすえ》長《なが》の役人への訴《うった》えは，この主従関係にもとづくものである。

問４　下線部④の戦いは，元の皇帝《こうてい》フビライ＝ハンの朝貢《ちょうこう》要求を執権北条時宗が退けたことによって起こった。なお，アの唐《とう》とウの明は漢民族の王朝，エの清は満州民族の王朝である。

問５　欧米《おうべい》諸国と対抗《たいこう》するために富国強兵をめざした明治新政府は1873年に徴兵令《ちょうへいれい》を出し，20歳以上の男子に３年間の兵役の義務を課した。なお，アの解放令は，1871年に明治政府が出した，江戸時代に差別されていた人々の身分や職業を平民と同じとすることを定めた法令，イの大宝律令《りつりょう》は701年に出された，唐の律令を手本に刑罰《けいばつ》や政治のしくみを定めた法令，エの治安維持《ちあんいじ》法は1925年に普通選挙法と同時に制定された，社会主義思想を取りしまるための法律である。

問６　⑴　長文の歌舞伎《かぶき》の脚本《きゃくほん》には，士族の親子が生活に困って死のうとしている様子が描《えが》かれている。その後の問題文に，幸兵衛が川に身を投げたものの助けられ，人の情けを知ることに触《ふ》れられていることに着目し，判断する。　⑵　西南戦争で，政府に不満を持った士族たちが徴兵令にもとづく近代軍隊に敗れて以降，反政府運動は武力によるものではなく，言論による自由民権運動へと移った。

5　夫婦別姓《べっせい》に関する裁判についての問題

問１　裁判所は違憲審査権《いけんしんさけん》を持ち，最終判断を下す最高裁判所は「憲法の番人」とよばれる。なお，アの有罪か無罪かの最終的な判断を下すのは内閣総理大臣ではなく最高裁判所，イの人々の間に起きた争いは民事裁判で扱《あつか》われ，和解をうながすこともあるが，裁判によって法にもとづく判決を下す。

問２　法律をつくる権能を立法権といい，国会が司る。なお，法律にもとづいて政治を行う行政権は内閣，法律にもとづいて，裁判で判決を下す司法権は裁判所が司る。

問３　「法の下の平等」を規定する憲法14条には「すべて国民は，法の下に平等であって，人種，信条，性別，社会的身分，又《また》は門地により，政治的，経済的又は社会的関係において，差別されない。」と規定されている。

問４　聖子さんは意見文の中で，“国際連合が，夫婦別姓の制度をとっていない日本に対して，民法の見直しを伝えている”と述べ，夫婦別姓を支持する立場を明確にしている。“司法に役割を果たしてほしかった”という文言から，聖子さんは違憲立法審査権を持つ最高裁判所の判断が適当ではなかったと考えていることがわかる。

6　核《かく》兵器についての問題

問１　非核三原則は，佐藤《さとう》栄作内閣の時に国会で決議され，佐藤栄作首相はノーベル平和賞を受賞した。

問２　アのPKOは国連平和維持活動，ウのSDGsは持続可能な開発目標，エのODAは政府開発援助《えんじょ》のそれぞれ略称である。

問３　1945年８月６日，広島に原子爆弾《ばくだん》が投下された。なお，長崎に原子爆弾が投下されたのは広島への原爆投下の３日後の８月９日である。

問４　Ａについて，アメリカの核兵器保有数が最大だったのは1960年代後半だが，世界終末時計が０分に最も近かったのは1953年(アメリカとソ連が水爆実験に成功した年)である。Ｃについて，アメリカとロシアの核兵器保有数が10000発以下に減少し続けたのは2000年以降だが，世界終末時計は０分に近づいている。これは，2001年のアメリカ同時多発テロや2007年以降続く北朝鮮《きたちょうせん》の核実験強行などの影響が大きい。

7　上野の国立博物館についての問題

問１　アの大久保利通，イの木戸孝允は新政府の役人，ウの坂本龍馬は薩長同盟《さっちょうどうめい》の仲だちをした人物である。

問２　新政府軍と旧幕府軍の戦いを戊辰《ぼしん》戦争といい，京都の鳥羽《とば》・伏見《ふしみ》の戦いから始まり，約１年半続いた。戦いは新政府軍の優位に進み，江戸城を無血開城した後，戦線は東北から北海道へと北上した。五稜郭《ごりょうかく》は，日米和親条約によって函館《はこだて》が開港することになったために，幕府が築いた城である。

問３　聖徳太子は熱心に仏教を信仰《しんこう》し，法隆寺《ほうりゅうじ》や四天王寺を建立した。法隆寺は現存する最古の木造建築としてユネスコの世界文化遺産に登録されている。

問４　土偶《どぐう》がつくられたのは縄文時代で，女性をかたどったものが多い。アの銅鐸《どうたく》は弥生時代に祭器として使われたと考えられている青銅器，イのかめ棺《かん》は弥生時代に遺体を葬《ほうむ》るときに用いた土製品，ウのはにわは古墳時代に古墳の上部や周囲に置かれた土製品で，円筒型《えんとうがた》のものや人や動物などをかたどったものがある。

8　女性議員の都道府県議会に占《し》める割合についての問題

問１　アは，総議員数が多いほど，女性有権者10万人当たり女性議員数の数値は小さいので誤り。ウは，女性議員数が多い都府県順と女性有権者10万人当たり女性議員数の数値の小さい順は一致《いっち》しないので誤り。エは，女性議員の多い都府県で最も北側に位置しているのは東京都ではなく秋田県，次に福島県なので誤りである。

問２　割合は，比べる量を全体の量で割ることで求めることができる。この場合，比べる量＝女性議員数，全体の量＝総議員数である。「女性議員数÷総議員数」に100をかけると，百分率(％)が算出できる。総議員に占める女性議員の割合が最も高い東京都でも，女性議員の割合は20％に満たず，先進国の中でも極端《きょくたん》に低い。

問３　秋田県と奈良県は女性議員数・総議員数ともに数値が等しく，兵庫県はどちらの数値もその倍数であるので，割り算をすると同じ数値になると考えることができる。

問４　兵庫県，秋田県，奈良県の割合が等しいグラフはウである。

理　科　＜第１回試験＞（35分）＜満点：100点＞

解　答

1 (1)　回路　(2)　①　イとカ　②　エ　(3)　**ア**　光　**イ**　垂直　(4)　①　(例)　温室効果ガスである二酸化炭素をはい出しない。　②　(例)　天気に左右され，安定した発電ができない。　**2** (1)　**A**　砂糖水　**B**　食塩水　**C**　アンモニア水　**D**　石灰水　(2)　二酸化炭素　(3)　酸性　(4)　オ　(5)　解説の図を参照のこと。　**3** (1)　21600回　(2)　イ　(3)　①　気管　②　肺胞　③　赤血球　④　二酸化炭素　(4)　(例)　(酸素が少ない血液の色は，酸素が多い血液と比べて)暗い赤色をしているから。　**4** (1)　①　西　②　東　(2)　③　低　④　高　(3)　ウ　(4)　積乱雲　(5)　ウ　(6)　(例)　雨つぶが縦長の雲の中を落下するときに，多くの水てきを吸収して大きな雨つぶとなるから。

解　説

1　**電気回路についての問題**

(1)　モーターや豆電球などを乾《かん》電池につないで電流が流れるようにしたときの，電流の道筋を回路という。

(2)　①　イは，一方の乾電池の＋極から出た電流がもう一方の乾電池の＋極に入るようなつなぎ方になっている。このとき回路には電流が流れないため，プロペラは回転しない。また，カは，上側の乾電池の＋極から出た電流が上側の乾電池の－極にもどってくるような回路になっておらず，下側の乾電池の＋極からは電流が流れ出ることができない。よって，プロペラは回転しない。　②　アとウは，乾電池２個の並列つなぎとなっていて，乾電池１個のときと同じ速さでプロペラが回転する。エは，乾電池２個の直列つなぎであり，乾電池の電流を流し出すはたらきが強くなるため，プロペラは乾電池１個のときよりも速く回転する。オは，上側の乾電池だけがモーターと回路を作るので，乾電池１個のときと同じ速さでプロペラが回転する。したがって，プロペラが最も速く回転するのはエとわかる。

(3)　光電池は，パネルに光が当たることで電気が発生する。光電池に光を当てる角度(パネルと光が作る角度)が垂直(直角)に近いほど，パネルに当たる光の量が多くなって，光電池が流し出す電流の大きさが大きくなり，それだけプロペラの回転は速くなる。

(4)　①　太陽光発電には，発電に石油などの燃料を必要としない，地球温暖化をもたらす二酸化炭素をはい出しない，太陽光さえ当たればどこでも発電できるなどの長所がある。　②　太陽光発電は太陽光が当たらなければ発電できないので，夜間には発電できない。また，太陽光の当たる量や時間に発電量が左右されるため，晴れの日とくもりや雨の日，また，昼が長い夏と昼が短い冬で発電量が変化してしまい，安定的に発電できない。

2 水よう液の性質と中和についての問題

(1)　ＡとＢは，BTB 液が緑色になったので中性であり，砂糖水か食塩水である。電気を通さないＡは砂糖水，電気を通すＢは食塩水となる。ＣとＤとＥは，赤色リトマス紙が青く変わったのでアルカリ性であり，アンモニア水，水酸化ナトリウム水よう液，石灰水のいずれかがそれぞれ当てはまる。この３つの水よう液を加熱すると，気体の水よう液であるアンモニア水では何も残らず，あとの２つの水よう液では白い固体が残るので，Ｃはアンモニア水とわかる。さらに，石灰水は二酸化炭素と反応して白くにごる性質を持つことから，Ｄは石灰水で，Ｆは二酸化炭素がとけている炭酸水と考えられる。すると，Ｅは水酸化ナトリウム水よう液，Ｇは塩酸となる。

(2)　Ｇの塩酸に石灰石を入れると，石灰石がとけて二酸化炭素を発生する。

(3)　Ｆの炭酸水は，BTB 液が緑色にならなかったので中性ではなく，赤色リトマス紙が青色にならなかったのでアルカリ性でもない。よって，酸性とわかる。

(4)　表より，Ｅ(水酸化ナトリウム水よう液)10cm^3はＧ(塩酸)15cm^3と完全に中和して中性になることがわかる。ここで，混ぜ合わせた液にさらにＥを10cm^3加えると，Ｅは全部で，10＋10＝20(cm^3)になり，これと完全に中和するＧは，$20\times\frac{15}{10}=30$(cm^3)である。したがって，オとわかる。

(5)　Ｇの体積が15cm^3以下のときは，Ｇに中和されるＥの体積は混ぜたＧの体積に比例するため，中和によってできる食塩の量もＧの体積に比例する。つまり，グラフは０から始まる右上がりの直線になる。ところが，Ｇの体積が15cm^3より多くなると，Ｅが混ぜたＧにすべて中和されるため，中和によってできる食塩の量はイのときの1.2ｇで一定になる。したがって，グラフは1.2ｇのところで横じくと平行になる。以上のことから，グラフは右の図のようになる。

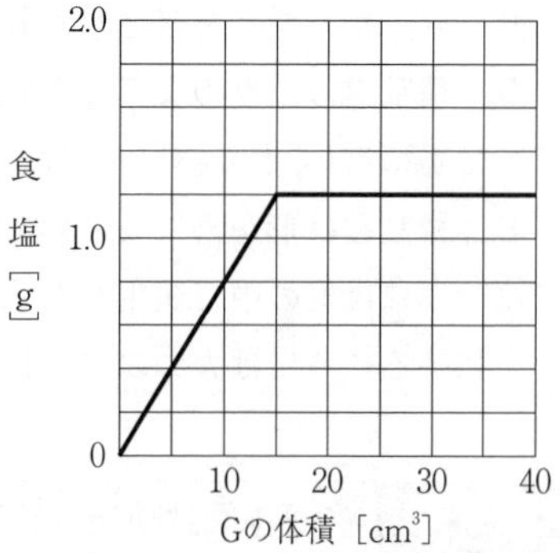

3 呼吸についての問題

(1)　１日は24時間，１時間は60分なので，１日を分にすると，24×60＝1440(分)である。したがって，１分間に15回呼吸しているとすると，１日では，15×1440＝21600(回)呼吸していることになる。

(2)　１回の呼吸で500cm^3の空気を吸ってはいているとすると，500cm^3は，500÷1000＝0.5(L)なので，１日では，0.5×21600＝10800(L)の空気を吸ってはいている。よって，イが最も近い。

(3)　①　鼻や口から吸いこんだ空気は，気管(や気管支)を通って肺に入る。　②　肺は肺胞《はいほう》という小さなふくろが無数に集まってできている。肺胞のまわりには毛細血管が取り巻いていて，そこを流れる血液との間で気体のやり取りが行われる。　③　肺胞内の空気中の酸素が血液に取りこまれると，血液中の赤血球と結びついて，からだの各部分に運ばれていく。　④　肺胞のまわりを流れる血液からは二酸化炭素が肺胞内の空気中に出され，はき出す息にふくまれて体外に捨てられる。

(4)　赤血球にはヘモグロビンという，酸素を運ぶはたらきをする物質がふくまれている。このヘモグロビンが酸素と結びついているときと結びついていないときで色が変化するため，酸素が多い血液はあざやかな赤色，酸素が少ない血液は暗い赤色に見える。

4 天気についての問題

(1)　表で雨の日に着目すると，５月10日には福岡で，５月12日には大阪で，５月13日には東京で雨が降っていて，雨が降っているところが西から東へ移動していることがわかる。よって，天気は西から東へ移り変わると考えられる。
(2)　低気圧は周囲と比べて気圧が低くなっているところをいい，上昇《じょうしょう》気流が発生して雲が発達しやすいため，一般《いっぱん》に低気圧がくると天気が悪くなる。それに対し，高気圧は周囲と比べて気圧が高くなっているところをいい，下降気流が発生して雲ができにくいため，一般に高気圧がくると天気がよくなる。
(3)　ア　南から日本に近づいてきた台風は，偏西《へんせい》風の流れにおされて進路が東寄りに変わる。
イ　日本付近の上空を飛ぶ飛行機にとって，西に向かって飛ぶときは偏西風の向かい風となり，東に向かって飛ぶときは偏西風の追い風になるため，西に向かって飛ぶときの飛行時間のほうが東に向かって飛ぶときの飛行時間よりも長くなる。　ウ　国際宇宙ステーションは空気のない宇宙空間を周回しているので，偏西風の影響《えいきょう》は受けない。　エ　中国の内陸部で上空まで巻き上げられた黄砂は，偏西風の流れに乗って東へ流れ，日本まで飛来してくる。
(4)　積乱雲は入道雲とも呼ばれ，強い上昇気流によって発生し，せまい範囲《はんい》に強い雨を短時間降らせたり，かみなりを落としたりする。
(5)　積乱雲は，ウのように上空までもくもくと大きく発達する雲である。なお，アは積雲(わた雲)，イは層積雲(くもり雲)，エは巻積雲(うろこ雲)である。
(6)　積乱雲は形が縦に長いので，雨つぶが落下するときには雲の中にいる時間が長くなる。すると，雨つぶには雲の中で発生した水てきが次々と吸収され，雨つぶが大きくなっていく。そのため，地上に降るころには大つぶの雨になる。

国　語　＜第１回試験＞（45分）＜満点：100点＞

解　答

一 **問１**　①　**1**　とっても大事にされている(犬。)　**2**　すてきな貴婦人のような(お母さん。)　②　せまいケー　**問２**　(例)　工場で子犬が活躍する話の本ではなく，商品がつくられるように，子犬たちがつくられていく話だということ。　**問３**　わたしはも　**問４**　(例)　ペットショップで子犬を買うとパピーミル業者がもうかるため，ますます子犬を産む機械のように扱われるお母さん犬が増える(から。)　**問５**　**A**　エ　**B**　イ　**問６**　**1**　ア　**2**　エ(順不同)　**問７**　(例)　ビブリオバトルに出て『子犬工場』の話をすることによって，本を読む人を増やし，かわいそうな犬について伝えようと考えた。　**問８**　ウ　**問９**　**3**　イ　**4**　エ　**問10**　イ・ウ　**問11**　イ　**問12**　ペットショ　**問13**　エ　**問14**　(例)　私の紹介したい本は「星の王子さま」です。なぜならば，読み返しても色あせることがなく，その時の心に合った言葉が見つけられ，自分にとっての「本当に大切なもの」や「愛」について深く考えさせられる本だからです。　**二** **問１**　**1**　あまど　**2**　しょうじき　**3**　つら(なる)　**4**　ちよがみ　**5**　みやげ　**問２**　下記を参照のこと。　**問３**　**1**　イ　**2**　イ　**3**　イ　**問４**　**1**　イ　**2**　ウ　**3**　ア　**4**　オ　**5**　エ　**問５**　**1**　ウ　**2**　エ　**3**　ア　**問６**　**1**　イ　**2**　エ　**3**　ア　**4**　ウ　**問７**　**1**　エ　**2**

イ　**3**　オ　**4**　ア　**5**　ウ

●漢字の書き取り

三 **問2**　**1**　照明　**2**　絶好　**3**　機関　**4**　憲法　**5**　糖分

解　説

一　**出典は『なみきビブリオバトル・ストーリー　本と４人の深呼吸』所収の「とどけ，わたしの声―藤谷アキの場合（松本聡美《まつもとさとみ》作）」による。**ペットショップで売られる子犬とその母犬の過酷《かこく》な状況を知ってショックを受けたアキが，本を紹介するビブリオバトルでその事実を多くの人に伝えることで，少しでもかわいそうな犬や猫を救おうとする話である。

問1　①「お母さん」犬に注目した部分は傍線《ぼうせん》部で初めて登場する。アキの予想は読み始める前のものだから，ここから傍線部②までの間にあることがわかる。「二つ」抜き出すようになっていることに注意する。②実際の「お母さん」犬の生活は本で紹介されているので，傍線部②から後の内容に着目する。

問2　傍線部直後に「…ではないってことに」とあるが，「…ではない」だけでは，本当に気づいたことがどんなことかわからない。そこでさらに先に進んで，キーワード「商品」が出てくる部分を探すと，「工場で次つぎに商品がつくられるように，子犬たちがつくられていく」とある。

問3　傍線部のような思いを一言で表すと「つらい」「悲しい」となる。アキがつらく悲しい気持ちに変わったのは，本を読み始めた傍線部②から後である。この中から「わたし」に注目した部分を探せばよい。

問4　続きの部分に注目して，「ペットショップで子犬を買う」から「パピーミル業者がなくならない」理由をまとめればよい。キーワードになっている「機械」は，傍線部の前のお菓子工場の説明の中で登場する。アキは，工場で機械がお菓子を作る様子と，お母さん犬が子犬を産む様子を重ね合わせているため，「お母さん犬が子犬を産む機械のように扱われている」という内容にまとめられる。

問5　**A**　ここから後には，「ペットショップで子犬を買う」ことと「パピーミル業者」の関係が説明されている。これは空欄《くうらん》Ａの直前の傍線部④と同じ内容である。　**B**　この空欄は「みたいに」というたとえ表現につながっている。

問6　直前に「体の中に重いものをつめこまれた気がした」とあることに注目する。ここから，「つらい」「悲しい」あるいは「納得できない」といった気持ちが読み取れる。イは「あきらめたい」ことがあるわけではないから間違い。

問7　何を「考えていた」のかをおさえるために，直後の部分に注目する。アキは「かわいそうな犬や猫のために」何ができるのかを考え，「あっ」という言葉とともに，ビブリオバトルに出て『子犬工場』の話をすることを思いついた。

問8　傍線部の直後に「子犬を見ると，きっとその子のお母さんのことを考えてしまうと思う」とある。エは「お母さん犬」ではなく「子犬」のことを想像しているという点が間違い。

問9　**3**　「胸をはる」は，自信をもち，誇《ほこ》りに思っている様子をいう。　**4**　「目にとまる」は，見えたものが不意に気になることをいう。

問10　「頭の中が真っ白になる」は，何も考えられない様子のことをいう。ここでは「えっ」という，予想していなかったことにおどろきとまどった様子だから，「わたし」はその本の「いいところ」のことについて考えていなかったといえる。

問11　傍線部は「一年生ぐらいの男の子」の質問に答えて起きた笑いである。笑いが起きたということは，予想していない意外なことや，その場にそぐわない変なことが起きたということである。「一年生ぐらいの男の子」に対してであれば「千四百円ぐらいです」で十分であるのに，「税金がつきます」という細かなところまで説明したから笑いが起きたといえる。

問12　彩乃ちゃんが知りたかったことなので，彩乃ちゃんの質問内容に着目する。

問13　傍線部のような気持ちは，順番が代わったこの場面で初めて登場するから，続きの部分に注目する。そこには「…“伝える”ことができたからかもしれない」と「…とどけることができたからかもしれない」とあるが，共通しているのは，思いを伝えることができたということである。

問14　書き出しの形が決められているので，それらを守って書く。特に大事なのは本の内容を説明する「なぜならば」から後の部分である。単に「おもしろい」「楽しい」などの感想を書くのではなく，どういう点がよいと思ったのかを，読んでいない人にも伝わるように，具体的に書く。また，他の作品にはないような，その作品にしかない特徴《とくちょう》を書くと強い説得力を持たせることができる。

二　漢字の読みと書き取り，四字熟語，慣用表現，助詞の識別，接続語の選択，文学作品の知識

問１　**1**　雨や風，寒さなどを防ぐために窓の外側に取り付ける戸のこと。　**2**　うそやごまかしがないこと。　**3**　切れずに続いていくこと。　**4**　花や模様をさまざまな色で刷った紙。　**5**　旅先などから持ち帰る，その土地で取れる，あるいは有名なもののこと。

問２　**1**　光を当てて明るくすること。　**2**　何かをするのにこの上なくよい様子のこと。　**3**　ある目的を達成するためにつくられた組織や施設《しせつ》のこと。　**4**　国の基本的なことがらを定めた，最高の決まりのこと。　**5**　糖類の成分のこと。

問３　基本的な送りがなの問題である。漢字そのものの正しい形と合わせて読み方，送りがなを覚えることを心がけたい。

問４　**1**「府・庁・座・庫」となる。　**2**「箱・笛・節・管」となる。　**3**「池・港・湖・泳」となる。　**4**「信・係・俵・休」となる。　**5**「速・迷・週・造」となる。

問５　**1**「こそ」は，あるものを取り立てて強調するのに使う。　**2**「さえ」には，①極端な場合を出して，他の場合を打ち消す使い方(「歩くことさえできないのに，走ることなどできない」など)，②これを満たせばあとはなんでもよいという最低限の条件を表す使い方，がある。ここでは「何もいらない」という言い方から②の方だとわかる。　**3**　ここでの「でも」は，程度の低いものを出して，その低さを強調するのに使われている。(「その店なら徒歩でも行ける」など。)

問６　**1**「おっしゃる通りです」とあるように，相手の言ったことに応じたことを言っている。　**2**「始めよう」は相手に呼びかける表現である。　**3**「また明日」と，別れのあいさつをする場面である。　**4**「まるで絵本のような風景だ」は感想を言ったものだから，その人の心の動きを表しているとわかる。

問７　文学作品の知識に関する問題である。頻出《ひんしゅつ》の作者とその代表作は確実におさえておきたい。

2022年度　玉川聖学院中等部

〔電　話〕　(03)3702－４１４１
〔所在地〕　〒158－0083　世田谷区奥沢７－11－22
〔交　通〕　東急東横線－「自由が丘駅」より徒歩６分
東急大井町線－「九品仏駅」より徒歩３分

【算　数】〈第２回試験〉（40分）〈満点：100点〉

1　次の計算をしなさい。ただし，(3) は途《と》中の計算も解答らんにかくこと。

(1)　$1234+321-654+123$

(2)　$1.5-0.8\times0.7+0.6$

(3)　$\left(0.5-\frac{1}{6}\times0.75\right)\div0.25$

(4)　$20.22+2.2\div0.11\times2$

(5)　$\left(1-\frac{7}{15}\div1\frac{2}{5}\right)\times\frac{5}{6}$

2　次の□にあてはまる数を入れなさい。

(1)　小数第２位を四捨五入して10.0になる最小の数は，□です。

(2)　時速80 kmで走る電車は，1 km走るのに□秒かかります。

(3)　$\frac{1}{5}$より大きく$\frac{1}{4}$より小さい分数で，分子が6で表される分数は，約分できるものもふくめて□個あります。

(4)　直径が18 cmで高さが10 cmの円柱の形をしたケーキを６人で等しく分けると，１人分は□cm^3になります。ただし，円周率は3.14とします。

(5)　生徒数が□人いる学校で調査をしたところ，眼鏡をかけている生徒は108人で，それは全体の24 %でした。

3　次の図は，ある立方体の展開図と見取り図です。展開図の点Pは見取り図の頂点Aから頂点Hのうち，どの点にあたりますか。

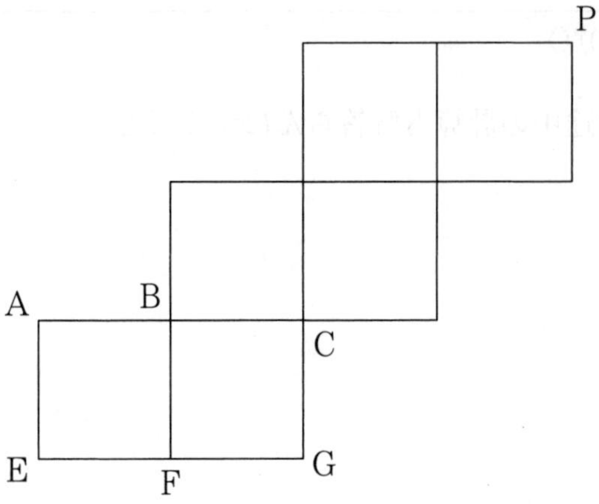

（展開図）

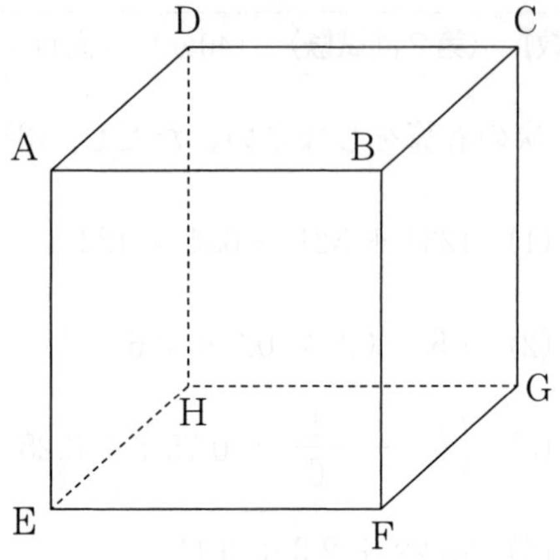

（見取り図）

4　2つの正三角形が重なっています。㋐と㋑の角の大きさを求めなさい。

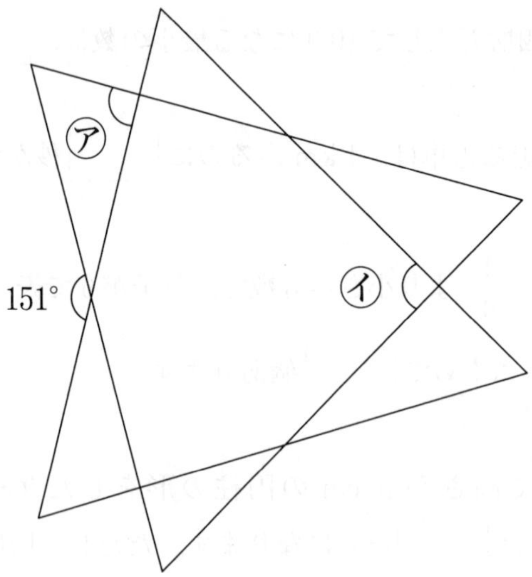

5　図の斜《しゃ》線部分の面積を求めなさい。ただし，途中の計算も解答らんにかくこと。

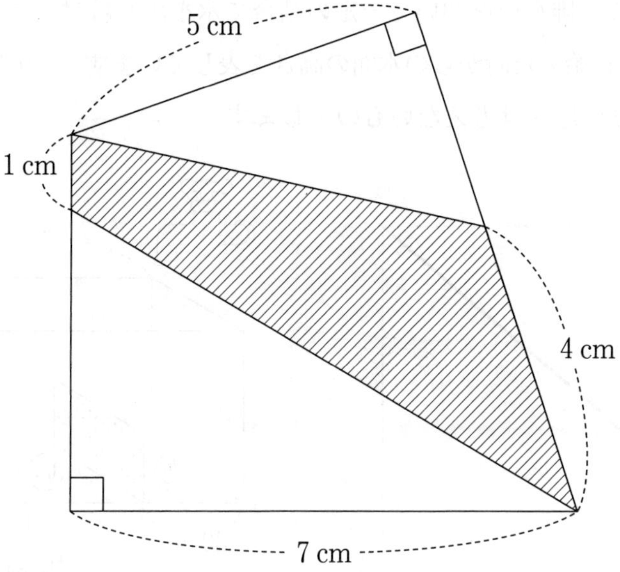

6　下の図は半径 3 cm の半円と直角二等辺三角形を組み合わせた図形です。図の斜線部分の面積を求めなさい。ただし，円周率を 3.14 とする。

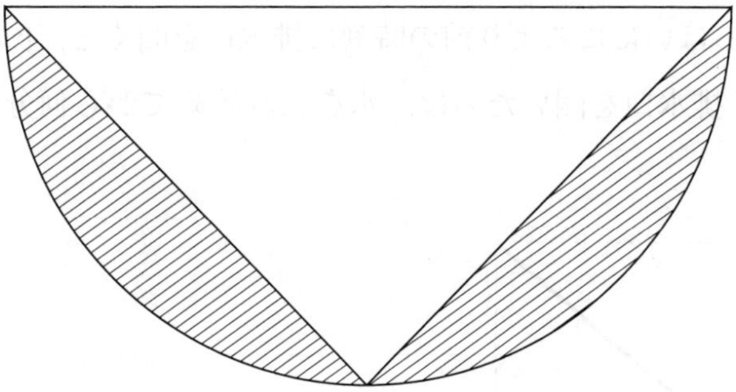

7　図のような仕切りのある直方体の水槽《そう》に，蛇《じゃ》口から毎分 10 L の割合で水を入れます。最初は排《はい》水口を閉めていますが，(い) の部分の水面の高さが仕切りの高さと等しくなったら，排水口を開いて一定の割合で水を出し続けます。グラフは (あ) の部分の，水を入れ始めた時からの水面の高さを表しています。次の問いに答えなさい。ただし，仕切りの厚さは考えないものとします。

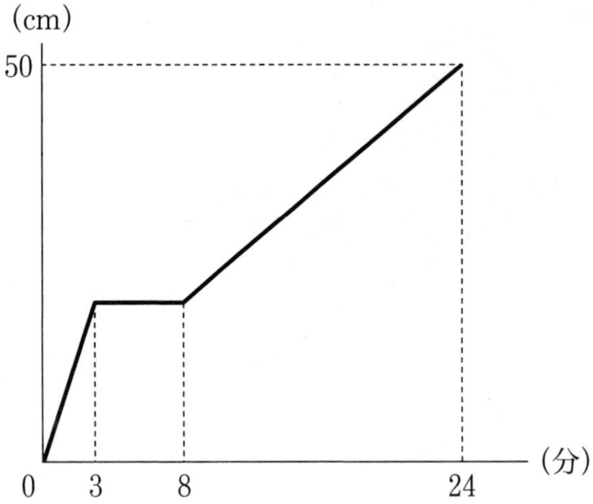

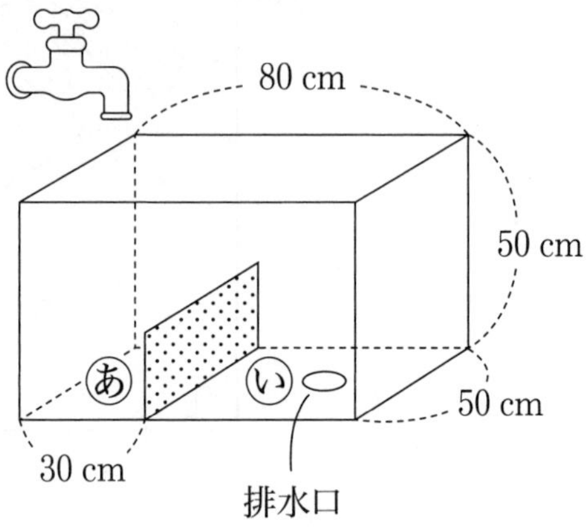

(1)　仕切りの高さは何 cm ですか。

(2)　排水口から出る水は，毎分何 L ですか。

(3)　(い) に水がいっぱいになるより前の時刻に排水口を開くと，下のようなグラフになりました。排水口を開いたのは，水を入れ始めてから何分後ですか。

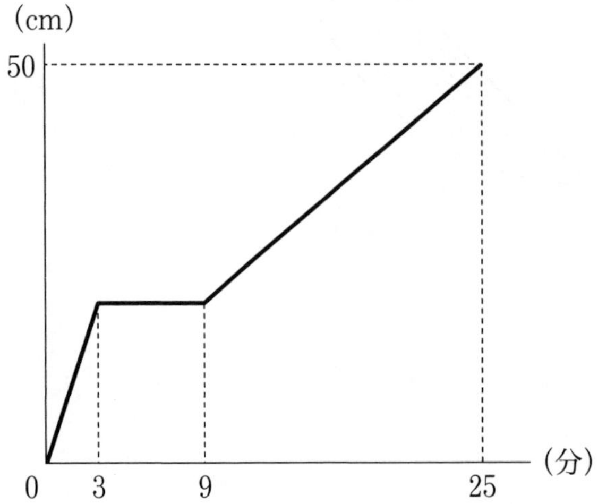

問四 次の文の――線部と同じ使い方のものを、後のア～エから選び、記号で答えなさい。

① 今にも枝が折れそうだ。

ア 名画が公開されるそうだ。
イ 彼女《かのじょ》はキャンプに参加するそうだ。
ウ 外は寒く、雪でも降りそうだ。
エ 電話でのやりとりも記録に残すそうだ。

② 風がとてもさわやかだ。

ア 私は小学六年生だ。
イ これから公園に行くところだ。
ウ 姉のアドバイスは確かだ。
エ ペンギンが水中に飛び込《こ》んだ。

問五 次の１～３について、□にあてはまるふさわしいものを、後のア～オから選び、記号で答えなさい。

１ □熟
２ □認
３ □景気

ア 否　イ 未　ウ 非　エ 不　オ 無

問六 次の□に入る漢字を(A)から、完成した故事成語の意味を(B)から選び、それぞれ記号で答えなさい。

１ □天のへきれき
２ 千載《ざい》□遇《ぐう》
３ □故知新

(A) ア 正　イ 温　ウ 優　エ 旧　オ 一　カ 青

(B)
キ 誰《だれ》もしたことがないようなことをする様子。
ク しきたりにこだわって融通《ゆうずう》が利かないこと。
ケ 少しのことを聞いてすべてを理解すること。
コ 古いことを調べて、そこから新しい知識を得ること。
サ 予期していなかった出来事が起こること。
シ 滅多《めった》に巡《めぐ》ってこないであろう、とてもよい機会。

問七 次の１～５の作者の作品名を、後のア～オから選び、記号で答えなさい。

１ 夏目漱石《なつめそうせき》　２ 壺井栄《つぼいさかえ》　３ 武者小路実篤《むしゃのこうじさねあつ》
４ 石川啄木《いしかわたくぼく》　５ 紫式部《むらさきしきぶ》

《作品名》
ア 『二十四《にじゅうし》の瞳《ひとみ》』　イ 『一握《いちあく》の砂《すな》』　ウ 『坊《ぼ》つちゃん』
エ 『源氏物語《げんじものがたり》』　オ 『友情《ゆうじょう》』

条件4　二文目は「そのために」という書き出しで、選んだ目標をどのようにして達成していけば良いかについて、あなたの考えを具体的に書くこと。

（資料１）「SDGs（持続可能な開発目標）17の目標」より

（注）２ 飢餓（きが）、３ 福祉（ふくし）、９ 基盤（きばん）

二　次の各問いに答えなさい。

問一　次の――線部の漢字の読みを答えなさい。

1　田舎に帰る。　　2　調査に基づく。

3　マフラーを編む。　　4　船旅をする。

5　別れが名残惜《お》しい。

問二　次の――線部のカタカナを漢字に直しなさい。

1　不便でコマる。　　2　電車でイドウする。

3　デントウを受け継《つ》ぐ。　　4　木のミを集める。

5　桜がカイカする。

問三　次の１～４の各文の二つの――線の関係としてふさわしいものを、後のア～オから選び、それぞれ記号で答えなさい。

1　妹が拾った落ち葉は、とてもきれいだ。

2　雨が止《や》んだので、外出した。

3　友人は明るくて優しい。

4　険しい山を越《こ》え、旅人はやってきた。

ア　並立の関係　　イ　補助の関係

ウ　主語・述語の関係　　エ　接続の関係

オ　修飾《しゅうしょく》・被修飾《ひしゅうしょく》の関係

問十二 ――線部９「三人はため息まじりにそう言うと、ぼくをちらっと見た」とありますが、ここに見られる「三人」の気持ちとして、最もふさわしいものを次から選び、記号で答えなさい。

ア ダイビングのヒーローである「マサさん」に、ゴミ拾いをしたごほうびとしてダイビングを教えて欲しいと、弟である「ぼく」からぜひ頼《たの》んでほしい。

イ ダイビングのヒーローである「マサさん」は、海のゴミ拾いをする姿までもカッコいいあこがれの存在であり、同級生の「ぼく」の兄とはどうしても思えない。

ウ ダイビングのヒーローからゴミ拾いに転落したと決めつけていた「ぼく」の兄の「マサさん」は、やはり海を守るヒーローにふさわしいと、認めざるを得ない。

エ ダイビングのヒーローがなぜゴミ拾いをするのかと、疑問に思っていたが、その理由がわかり、自分たちも「マサさん」のようになれるかと「ぼく」にたずねてみたい。

問十三 ――線部10「たぶん、また来ると思うな」とありますが、「ぼく」はなぜそう思ったのですか。その理由が書かれている部分を、「〜たから。」につながるように四十字以内でさがし、その初めと終わりの五字を、ぬき出して答えなさい。

問十四 ══線部『持続可能な開発目標』ＳＤＧｓの話」とあります。

「ＳＤＧｓ」とは「誰《だれ》ひとり取り残されることなく、人類が安定してこの地球で暮らし続けることができるように、世界のさまざまな問題を整理し、解決に向けて具体的な目標」として「国際社会が一致《いっち》団結して、二〇三〇年までに達成すること」を目的に掲《かか》げた目標です。

みなさんは二〇三〇年には二十歳《さい》を迎《むか》えます。そのころにはどのような世界になっていて欲しいですか、あなたの考えを説明しなさい。ただし、次の条件1〜4にしたがって答えること。

条件1 次の（資料1）の中からＳＤＧｓの目標を一つ選び、選んだ目標の番号を解答らんに明記すること。

条件2 二文に分けて、全体を八十字以上、百字以内で書くこと。

条件3 一文目は、どのような世界になっていて欲しいかを、選んだ番号をふまえて具体的に書くこと。文末は「〜世界になっていて欲しい。」とすること。

問七 ――線部４「翔ちゃんは、言葉を探しているようだった」とありますが、「翔ちゃん」が「三人」に言おうとしたのはどのようなことだと思いますか。あなたの考えを解答らんの「ということ。」につながるように、三十字以内で答えなさい。ただし、次の言葉を必ず入れて答えること。

（　タケ　／　ＳＤＧｓ　）

問八 ――線部５「ぼくらの青い海を、いっしょに守ろう」とあるが、「ぼく」たちはどのような思いで「ゴミ拾い」をしているのですか、最も具体的にわかる一続きの二文を探し、初めの五字をぬき出して、答えなさい。

問九 ――線部６「そういう反撃《はんげき》」とありますが、「ぼく」はどのような対応をしたのですか。それをまとめた次の文中の［Ｘ］にあてはまる言葉を自分で考え、十五字以内で答えなさい。

三人にからかわれたことに対して、仕返しをしようと相手に立ち向かうのではなく、［Ｘ］形で、その場をおさめるというやり方。

問十 ――線部７「ぼくも前は同じ気持ちだった」とありますが、これはどのような気持ちですか、解答らんの「という気持ち。」につながるように、本文中の言葉を用いて十五字以内で答えなさい。

問十一 ――線部８「少し離《はな》れたところからこっちを見ている」とありますが、このときの「三人」の様子を説明したものとして、最もふさわしいものを次から選び、記号で答えなさい。

ア　ずっと参加したかったゴミ拾いにようやく誘《さそ》われて来たものの、遅刻《ちこく》したために、「ぼく」に怒《おこ》られるのではないかと、びくびくしている様子。

イ　頭を下げた「ぼく」の顔を立てるために、一度はゴミ拾いに参加してあげようと思って来たが、全くやる気になれずに後悔《こうかい》している様子。

ウ　「ぼく」の言うようにゴミ拾いに一回は参加してみようかと、迷いながらも来てみたが、輪の中に入っていくことには、まだためらっている様子。

エ　初めてのゴミ拾いに参加しようと、わくわくしながら来たものの、長靴《ながぐつ》も軍手も忘れてしまったために、途方《とほう》に暮れている様子。

問四　――線部**２**「負け犬の遠吠《とおぼ》え」とありますが、「ぼく」は自分のどのようなところを、このように表現しているのですか。その説明として最もふさわしいものを次から選び、記号で答えなさい。

ア　本当は三人に言い争いで負けたのに、勝ったつもりになり強気になっているところ。

イ　仕返しされるのが怖いので、三人への悪口が聞こえない場所で言おうとしたところ。

ウ　聞こえるわけがないのに、三人のうしろ姿に負けおしみとも言える言葉をさけんだところ。

エ　三人に言えなかった言葉をさけんだら、気持ちが楽になるだろうと思ったところ。

問五　――線部**３**「思わず教室の反対側にいる翔《しょう》ちゃんと、目を合わせた」とありますが、このときの「ぼく」の様子を説明したものとして、最もふさわしいものを次から選び、記号で答えなさい。

ア　「ぼく」は、「先生」が「ぼく」の活動をほめるために、「ＳＤＧｓ」について取り上げてくれたと気付き、有頂天《うちょうてん》になって「翔ちゃん」にその思いを伝えている。

イ　「ぼく」は、「先生」が「三人」とのやりとりを見て「ＳＤＧｓ」について代わりに説明してくれたと気付き、自分のふがいなさを「翔ちゃん」に無言で伝えている。

ウ　「ぼく」は、「先生」が授業中に「ＳＤＧｓ」について取り上げたことにひどく驚《おどろ》き、「ぼく」の活動がみんなに知れ渡《わた》ることを恐《おそ》れて、「翔ちゃん」に助けを求めている。

エ　「ぼく」は、「三人」に説明できなかった「ＳＤＧｓ」について「先生」がタイミング良く取り上げてくれたことに驚き、「翔ちゃん」とその思いを確かめ合っている。

問六　本文中の［１］～［３］にあてはまる言葉として最もふさわしいものを次からそれぞれ選び、記号で答えなさい。

ア　たとえ　　イ　なにしろ　　ウ　しばらく

エ　でも　　オ　ずっと　　カ　だから

問一　本文中の A ～ D にあてはまる言葉の組み合わせとして最もふさわしいものを次から選び、記号で答えなさい。

ア　A「ざっと」　B「もごもご」　C「そそくさと」　D「ぽつりと」

イ　A「じっと」　B「もたもた」　C「さっさと」　D「ぼそっと」

ウ　A「そっと」　B「まごまご」　C「さっぱりと」　D「ひそひそ」

エ　A「じろじろ」　B「もぐもぐ」　C「ぱっと」　D「こそこそ」

問二　〜〜線部a「気が引ける」、b「顔をしかめる」の本文中の意味として最もふさわしいものを次からそれぞれ選び、記号で答えなさい。

a「気が引ける」

ア　臆病《おくびょう》でささいなことも気にする。

イ　細かいところにまで腹が立つ。

ウ　心に引っかかって心配になる。

エ　自信が持てず積極的になれない。

b「顔をしかめる」

ア　不快感で顔をゆがめる。

イ　恥《は》ずかしさで顔を赤くする。

ウ　恐怖で顔をこわばらせる。

エ　失望で顔を引きつらせる。

問三　――線部1「ぼくはこの三人が苦手だ」とありますが、「ぼく」は「この三人」のどのような点を「苦手」だと感じているのですか。その説明として最もふさわしいものを次から選び、記号で答えなさい。

ア　自分たちの言いたいことだけを一方的に言って、「ぼく」の話を聞いてくれない点。

イ　本当は海のゴミ拾いをしたくてたまらないのに、言い出せずに「ぼく」にからんでくる点。

ウ　「ぼく」の尊敬する「兄ちゃん」のことを、ひ弱であるとばかにしている点。

エ　三人は体が大きくて味方も多く、けんかをしたら勝てるわけがない相手である点。

9 三人はため息まじりにそう言うと、ぼくをちらっと見た。

「ていうか、ぼくらはみんなけっこうカッコいいと思うよ、今日は」

って言うと、三人はプッて笑った。

「ま、ちょっとイケてるよな。オレらも」

「だな」

ぼくらはそれからしばらく砂の上で遊んだ。

まだ風は冷たいし、今日は大きな雲もある。けど、光はすっかり早春のもので、海にキラキラと反射してまぶしい。

ぼわーっと風が吹《ふ》いて、いつのまにか雲が流れてなくなっていた。

太陽の光が、海水を思い切り照らすと、さっきまで黒々としていた海の色が、一気に青くなった。

「すげー、青い」

「きれいだよな」

「マジ、きれい」

「うん」

ぼくら五人はしばらく海に見とれて、それからランチの時間が近いことに気づいて解散した。

翔ちゃんとふたりで家に帰るときに、自転車で走り去る三人のうしろ姿を見ながら、翔ちゃんが聞いた。

「ねえ、タケ、あいつら、また参加すると思う？」

10 「たぶん、また来ると思うな」

「うん。ぼくもなんだか、そんな気がする」

「ちょっとずつでも、みんなが集まって長く活動すれば、けっこうな力になるよね。それで海の状態を変えていけるといいね」

「そうだね」

夜寝《ね》る前に、もう一度バルコニーに行って、海を見た。

今日は満月。

黒い海の上に満月がくると、月の真下の海水が照らされて、銀色に光る。

昼間はあんなに青くてキラキラして、ザップーンという大きな音とともに高い波しぶきをたてていた海が、今は光を受けている部分以外は真っ黒で、静かに息をしている。ザザザーンという控《ひか》えめな夜の波の音が聞こえてきそうだ。

（佐藤まどか『ぼくらの青
（おはなしＳＤＧｓ海の豊かさを守ろう）』による）

注　ブルーマリンガード……地元で海の豊かさを守るチームで海のゴミ拾いをしている。「タケ」はプロのダイバーである「兄ちゃん（マサ）」の働きかけで、この活動に参加するようになった。

日曜日はいつもゴロゴロして朝寝坊《あさねぼう》をするけど、その日はきっちり七時に起きて、朝ご飯を食べて、兄ちゃんといっしょにダイビングショップの前に行った。

　ショップは朝十時に開店するから、その二時間前にブルーマリンガードのメンバーが集まることにしているんだそうだ。ダイビングショップの店長さんや、会社員や、大学生や、町内会の人や、食堂浜屋《はまや》の翔ちゃん一家も参加する。

　みんな集まったところでさあ動こうとしていると、クラスの例の三人が、8少し離《はな》れたところからこっちを見ているのに気づいた。

「なんだあいつら、からかいに来たのかな？」

と翔ちゃんはb顔をしかめたけど、ぼくは三人に走り寄った。

「わあ、来てくれてありがと！　こっちこっち。長靴《ながぐつ》をはいていない人は、砂浜《すなはま》の上のものだけ拾ってください。軍手がない人は、あそこにいる店長さんが持っているゴミ拾いばさみを貸してもらってね」

　そう言いながら三人を誘導《ゆうどう》した。

　いやそうな顔をしていた三人に、大人たちが拍手をした。

　それからぼくらは、打ち上げられているゴミを拾いはじめた。

　嵐《あらし》の翌日じゃないから、前回よりは少なめだけれど、今日は広範《こうはん》囲《い》にわたって、バラバラとけっこうたくさんある。なんでこんなものが海に浮《う》かんでいたんだよっていうようなものまで。使い捨てマスクやミネラルウォーターやお茶のペットボトル、ビールやジュースの缶《かん》はもちろん、今日はシャンプーのボトルとかヘアジェルのチューブなんかまである。

「きったねー」

って、三人がさけぶのが聞こえてきた。

　ぼくがこの間言った言葉と同じだから、笑っちゃった。

　一時間半後、かなりの広範囲の浜のゴミ拾いが終わって、全員でガッツポーズをした。

　例の三人が、「つかれたー」「マジえらいわ、オレら」って、うれしそうにさけんでいるのが聞こえてきて、ぼくもなんだかうれしくなった。

「おつかれさまでしたー」のいつもの合図で解散。

　店長さんたちはすぐにダイビングショップに開店の準備をしに行った。

　兄ちゃんも続いてショップに行く前に、ぼくらのほうにいったん来た。

「翔ちゃん、それから、タケのクラスメイトのみんな、来てくれてありがとう。きみたちを誇《ほこ》りに思うよ。これからもどうぞよろしく！」

　そしてショップのほうに小走りで行ってしまった。

「やっぱカッコいいな、マサさん」「だな」「マジ」

翌日の社会の授業で、先生がなんと、『持続可能な開発目標』SDGsの話をした。

3思わず教室の反対側にいる翔ちゃんと、目を合わせた。

「この中で、SDGsの運動にかかわっている人はいますか？」

ときかれて、ぼくはおそるおそる手をあげた。それから、先生にきかれるままに、ぼくはブルーマリンガードの活動を話した。クラスのみんなが拍手《はくしゅ》をしてくれた。

放課後、例の三人が近づいてきて、

「おう、先生にほめられていい気になるなよ」「カッコつけちゃって」

と言ってきた。

ああ、もう、なんでこうからんでくるのかなあ。[1]正直いうと、兄ちゃんに連れていってもらわなかったら、ぼくもSDGsの話なんか聞いたところで、うっとうしいと思っただけかもしれない。

[2]もめないで無視しようとしたんだけど、翔ちゃんがすっ飛んできちゃった。

ケンカになったらまずくない？って思った。[3]相手は三人で十人分ぐらいある連中だし、こっちはふたりでやっとひとり分って感じ。

「あのさ、なんでいつもそうタケにからむのかな。タケは……」

4翔ちゃんは、言葉を探しているようだった。

「翔ちゃん、もういいよ。とにかくさ、もしよかったら、日曜日の朝八時に、ダイビングショップの前に来ない？　ゴミ拾いはたしかに楽しいことじゃないけど、5ぼくらの青い海を、いっしょに守ろうよ」

三人はびっくりした顔でたがいの目を見て、どう答えていいか困っているみたいだった。

「もし、一回でもいいから参加してくれると、すごく助かるし、うれしい。よかったら、軍手持参でぜひ来てください」

ぼくは頭をペコッと下げた。

三人は変な顔をしたまま、去っていった。

「すごいな、タケ。6そういう反撃《はんげき》もありかぁ」

翔ちゃんがやけに感心している。

「いや、反撃っていうか……7ぼくも前は同じ気持ちだったから、わからなくはないんだ。参加して、いろんな話を聞いて、ゴミまみれで死んでしまったウミガメをこの目で見て初めてわかったことだからさ」

「そっか。ぼくはとにかく日曜日の八時に行くからね」

「うん！」

ぼくらはハイタッチをした。

ちょっとずつ、拡《ひろ》がればいいな、この運動。

二〇二二年度
玉川聖学院中等部

【国　語】〈第二回試験〉（四〇分）〈満点：一〇〇点〉

一　次の文章を読み、後の問いに答えなさい。
（特別の指示がないかぎり、字数制限のある問いについては、句読点や記号も一字として数えます。）

学校に行くと、クラスの三人に呼び止められた。海でゴミ拾いをしていたときに、［Ａ］見ていたやつらだ。[1]ぼくはこの三人が苦手だ。

「ヤバいよな、おまえの兄ちゃん、ダイビングのヒーローから急にゴミ拾いに転落かよ」

「おまえまで手伝ってたじゃん」

「だっせー」

ムカーッとした。

「ぜんぜんわかってないな。あのさ」

兄ちゃんが言ってたＳＤＧｓ《エスディージーズ》のことを説明しようと思ったけど、うまく言えずに［Ｂ］していたら、三人は言いたいことだけ言ってぼくの話は聞かずに［Ｃ］いなくなった。

「なんだよ、あいつら！　人の話はぜんぜん聞かないでさ！」

ダッシュで遠ざかる三人のうしろ姿を見て、ぼくはさけんだ。聞こえるわけないのに。こういうの、なんていうんだっけ。[2]負け犬の遠吠《とおぼ》え？

「ごめん。ぼく、あいつら苦手でさ、なにも言えなかった」

そばにいた翔《しょう》ちゃんが［Ｄ］言った。

「いいんだよ、翔ちゃん。ぼくだってちゃんと言い返せなかったもん」

「ごめん、ほんと頼《たよ》りにならないよね。でもぼく、[注]ブルーマリンガードのチームには入りたい。じつは前にも、参加しろって親に言われてたんだ。うちの親も店の開店前は参加してるからさ。でも、参加者に子どもがほとんどいないから、[a]気が引けてたんだ。タケのおかげで、勇気が出たよ。ぼくも海のゴミ拾いやりたい」

「いいの？　あいつらに見られたら、なに言われるかわかんないよ？」

翔ちゃんはＶサインをした。

「うん、平気だよ。それに、からかわれるなら、ふたりいっぺんにからかわれるほうがいいしさ」

やっぱり翔ちゃんは幼なじみの翔ちゃんだ。

「ありがとう！　じゃあ、がんばろっ。」

「うん！」

2022年度

玉川聖学院中等部

▶解答

※編集上の都合により，第２回試験の解説は省略させていただきました。

算　数　＜第２回試験＞（40分）＜満点：100点＞

解　答

1 (1)　1024　(2)　1.54　(3)　$1\frac{1}{2}$　(4)　60.22　(5)　$\frac{5}{9}$　2 (1)　9.95　(2)　45秒　(3)　５個　(4)　423.9cm^3　(5)　450人　3 F　4 ㋐…91度，㋑…89度　5 $13\frac{1}{2}$cm^2　6 5.13cm^2　7 (1)　20cm　(2)　毎分2.5L　(3)　５分後

国　語　＜第２回試験＞（40分）＜満点：100点＞

解　答

一 **問１**　イ　**問２**　**a**　エ　**b**　ア　**問３**　ア　**問４**　ウ　**問５**　エ　**問６**　**1**　エ　**2**　カ　**3**　イ　**問７**　（例）　タケがSDGsの運動をみんなに知ってもらいたいと思っている(ということ。)　**問８**　ちょっとず　**問９**　（例）　苦手な三人をゴミ拾いに誘う　**問10**　（例）　ゴミ拾いは楽しいことではない(という気持ち。)　**問11**　ウ　**問12**　ウ　**問13**　例の三人が～さけんでい(たから。)　**問14**　（例：１を選んだ場合）　私が二十歳になる頃には，貧富の格差が今より小さい世界になっていて欲しい。そのために，私は世界の子どもを支援する募金活動や，フェアトレード商品を買うことなど，自分にできる小さなことをしていきたい。　二 **問１**　**1**　いなか　**2**　もと(づく)　**3**　あ(む)　**4**　ふなたび　**5**　なごり　**問２**　下記を参照のこと。　**問３**　**1**　ウ　**2**　エ　**3**　ア　**4**　イ　**問４**　①　ウ　②　ウ　**問５**　**1**　イ　**2**　ア　**3**　エ　**問６**　**1**　(A)　カ　(B)　サ　**2**　(A)　オ　(B)　シ　**3**　(A)　イ　(B)　コ　**問７**　**1**　ウ　**2**　ア　**3**　オ　**4**　イ　**5**　エ

●**漢字の書き取り**

二 **問２**　**1**　困(る)　**2**　移動　**3**　伝統　**4**　実　**5**　開花

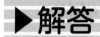

Memo

Memo

Memo

2025年度用
中学スーパー過去問

■編集人 声の教育社・編集部
■発行所 株式会社 声の教育社
〒162-0814 東京都新宿区新小川町8-15
☎03-5261-5061(代) FAX03-5261-5062
https://www.koenokyoikusha.co.jp

※本書の内容についての一切の責任は当社にあります。内容・解説・解答・その他は当社ホームページよりお問い合わせ下さい。

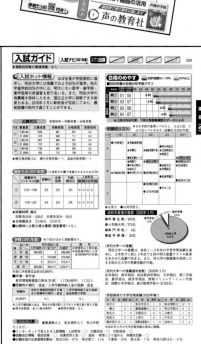

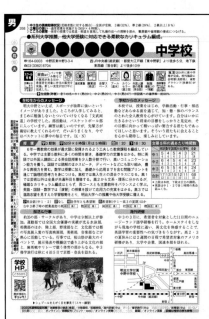

よくある解答用紙のご質問

01

実物のサイズにできない

拡大率にしたがってコピーすると，「解答欄」が実物大になります。配点などを含むため，用紙は実物よりも大きくなることがあります。

02

A3用紙に収まらない

拡大率164％以上の解答用紙は実物のサイズ（「出題傾向＆対策」をご覧ください）が大きいために，Ａ３に収まらない場合があります。

03

拡大率が書かれていない

複数ページにわたる解答用紙は，いずれかのページに拡大率を記載しています。どこにも表記がない場合は，正確な拡大率が不明です。

04

１ページに２つある

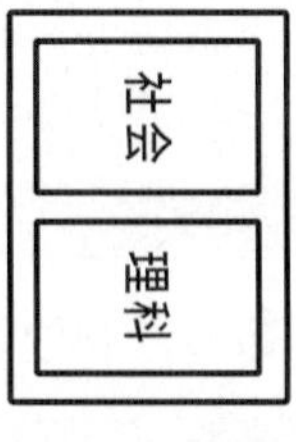

１ページに２つ解答用紙が掲載されている場合は，正確な拡大率が不明です。ほかの試験回の同じ教科をご参考になさってください。

【別冊】入試問題解答用紙編

解答用紙は本体からていねいに抜きとり、別冊としてご使用ください。

※　実際の解答欄の大きさで練習するには、指定の倍率で拡大コピーしてください。なお、ページの上下に小社作成の見出しや配点を記載しているため、コピー後の用紙サイズが実物の解答用紙と異なる場合があります。

●入試結果表

— は非公表

年度	回	項目	国語	算数	社会	理科	２科合計	４科合計	２科合格	４科合格
2024	第１回	配点(満点)	100	100	100	100	200	400	最高点	最高点
		合格者平均点	—	—	—	—	—	—	—	—
		受験者平均点	—	—	—	—	—	—	最低点	最低点
		キミの得点							133	241
	第２回	配点(満点)	100	100			200		最高点	
		合格者平均点	—	—			—		—	
		受験者平均点	—	—			—		最低点	
		キミの得点							133	
2023	第１回	配点(満点)	100	100	100	100	200	400	最高点	最高点
		合格者平均点	—	—	—	—	—	—	—	—
		受験者平均点	—	—	—	—	—	—	最低点	最低点
		キミの得点							121	240
	第２回	配点(満点)	100	100			200		最高点	
		合格者平均点	—	—			—		—	
		受験者平均点	—	—			—		最低点	
		キミの得点							124	
2022	第１回	配点(満点)	100	100	100	100	200	400	最高点	最高点
		合格者平均点	—	—	—	—	—	—	—	—
		受験者平均点	—	—	—	—	—	—	最低点	最低点
		キミの得点							120	214
	第２回	配点(満点)	100	100			200		最高点	
		合格者平均点	—	—			—		—	
		受験者平均点	—	—			—		最低点	
		キミの得点							100	

※　表中のデータは学校公表のものです。

声の教育社

2024年度　玉川聖学院中等部

算数解答用紙　第1回

番号		氏名		評点	/100

1	(1)	
	(2)	
	(3)	
	(4) 右の解答らんに記入	
	(5)	
2	(1) 分速	m
	(2)	円
	(3) 右の解答らんに記入	
	(4)	
	(5)	
3	(ア)	度
	(イ)	度

4		cm^2
5	体積	cm^3
	表面積	cm^2
6	(1) 分速	m
	(2)	m
	(3)	分　秒
7	(1)	
	(2)	
	(3)	
	(4) 右の解答らんに記入	

1	(4) $3\frac{1}{2} - \left(\frac{4}{5} \div \frac{8}{15} + \frac{2}{5}\right)$　　答え
2	(3)　　答え
7	(4) 先攻　・　後攻 (理由)

(注) この解答用紙は実物を縮小してあります。184%拡大コピーすると、ほぼ実物大で使用できます。(タイトルと配点表は含みません)

〔算　数〕100点(推定配点)

1　(1)～(3)　各4点×3　(4)　5点　(5)　4点　2　(1)～(3)　各5点×3　(4)　4点　(5)　5点　3　各3点×2　4～6　各5点×6　7　(1)　4点　(2)～(4)　各5点×3

2024年度　玉川聖学院中等部

社会解答用紙　第１回

番号		氏名	

評点	／100

1

問1			問2		問3		問4	①	⑤

2

問1	A	B	問2		問3		問4		問5	

3

問1		問2		問3		問4	
問5	X	Y	問6				

4

問1		問2		問3		問4	(1)	(2)	

5

問1		問2		問3		
問4		問5				

6

問1		問2		問3		問4	

7

問1		問2		問3		問4	

8

問1		問2		問3		問4	

（注）この解答用紙は実物を縮小してあります。Ｂ４用紙に133％拡大コピーすると、ほぼ実物大で使用できます。（タイトルと配点表は含みません）

〔社　会〕100点(推定配点)

1　各３点×６　2　各２点×６　3　各２点×７　4　問１～問３　各３点×３　問４　(1)　３点　(2)　各２点×２　5　問１　３点　問２～問５　各２点×４＜問３は完答＞6　問１～問３　各２点×３　問４　３点　7　各３点×４　8　各２点×４

2024年度　玉川聖学院中等部

理科解答用紙　第１回

番号		氏名		評点	／100

1

(1)			
(2) ①	②	③	④
(3)			
(4) m			

(5)

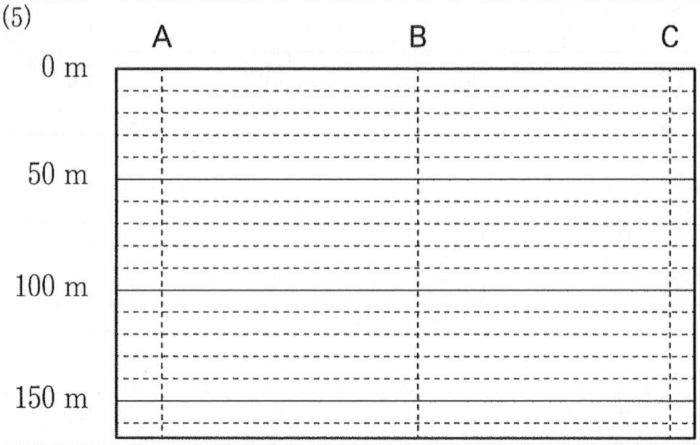

2

(1)	(2)	(3)	(4)	(5)
(6)				
(7) mL	(8)			

3

(1) あ	い
(2)	
(3)	理由
(4) う	え

(5)	(6)	(7)	

4

(1)	(2)	(3)	(4)	(5)

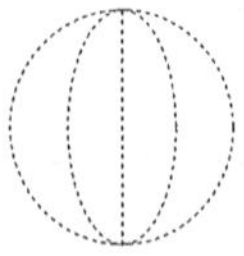

（注）この解答用紙は実物を縮小してあります。Ａ４用紙に115％拡大コピーすると、ほぼ実物大で使用できます。（タイトルと配点表は含みません）

〔理　科〕100点(推定配点)

1 (1)　５点　(2)　４点＜完答＞　(3)～(5)　各５点×３　**2** (1)～(5)　各３点×５　(6)　４点　(7)　３点　(8)　４点　**3** (1)　３点＜完答＞　(2), (3)　各４点×２＜(3)は完答＞　(4)　各２点×２　(5), (6)　各３点×２　(7)　各２点×２　**4**　各５点×５

二〇二四年度　玉川聖学院中等部

国語解答用紙　第一回

番号		氏名		評点	／100

一

問一

問二

問三　X　Y

問四

問五　Ⅰ　Ⅱ　Ⅲ

問六

問七　A　B　C

問八

問九　a　b　c

問十　荷物をまとめて　　　の店を　　　ということ。

問十一

問十二

問十三

問十四

問十五

二

問一　1　2　む　3　4　5　い

問二　1　2　3　4　5

問三　1 □人□色　2 □寒□温　3 □進□退　4 □発□中　5 □差□別

問四　1　2　3　4　5

(注) この解答用紙は実物を縮小してあります。A３用紙に163%拡大コピーすると、ほぼ実物大で使用できます。(タイトルと配点表は含みません)

〔国　語〕100点(推定配点)

一　問１　２点　問２　４点　問３　各２点×２　問４　４点　問５～問７　各２点×７　問８　６点　問９，問10　各２点×５　問11～問14　各４点×４　問15　10点　二　問１，問２　各１点×10　問３，問４　各２点×10

２０２４年度　玉川聖学院中等部

算数解答用紙　第２回

番号		氏名		評点	/100

1	(5) $\frac{4}{7} \div \frac{10}{21} \times \left(\frac{8}{9} - \frac{5}{6} \right)$	答え
5	(2)	答え　　cm²
6	(1)	

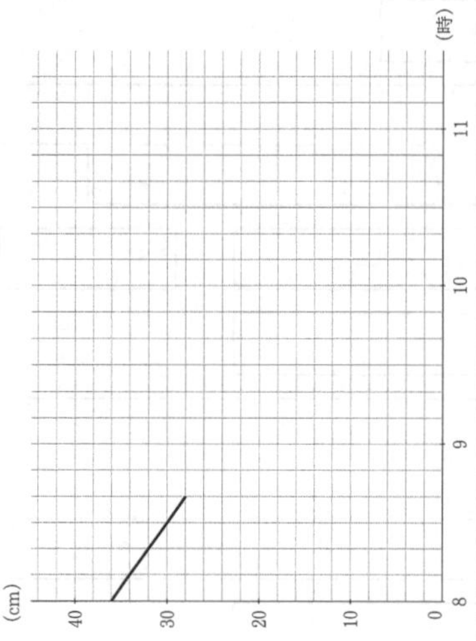

4			cm²
5	(1)		cm³
	(2)	右の解答らんに記入	
6	(1)	右の解答らんに記入	
	(2)	あ	cm
		い	cm
		う	cm
		え	回
		おか	時　分
		き	cm

1	(1)	
	(2)	
	(3)	
	(4)	
	(5)	右の解答らんに記入
2	(1)	分速　　m
	(2)	円
	(3)	cm
	(4)	本
	(5)	人
3	(ア)	度
	(イ)	度

(注) この解答用紙は実物を縮小してあります。184%拡大コピーすると、ほぼ実物大で使用できます。(タイトルと配点表は含みません)

〔算　数〕100点(推定配点)

1 (1), (2)　各５点×２　(3)〜(5)　各６点×３　2　各６点×５　3　各３点×２　4, 5　各６点×３　6 (1)　６点　(2)　各２点×６

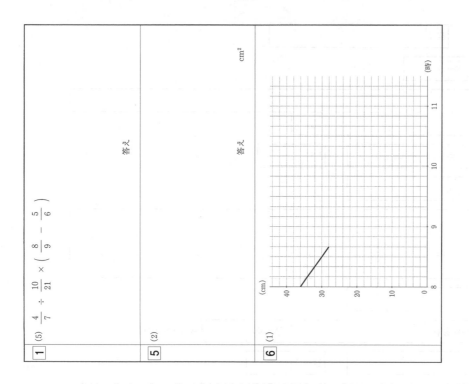

二〇二四年度　玉川聖学院中等部

国語解答用紙　第二回

番号		氏名		評点	／100

一

問一 a　b　c

問二

問三

問四

問五　から。

問六 A　B

問七

問八　32　40

問九

問十

問十一

問十二　64　80

という気持ちに気がついた。

問十三 選択

二

問一 1　2　3　4　しく　5

問二 1　2　3　4　5

問三 1 画目　2 画目　3 画目　4 画目　5 画目

問四 1　2

問五 1 →　2 →　3 →

（注）この解答用紙は実物を縮小してあります。185%拡大コピーすると、ほぼ実物大で使用できます。（タイトルと配点表は含みません）

〔国　語〕100点（推定配点）

一　問1　各2点×3　問2～問5　各4点×4　問6　各2点×2　問7　4点　問8　8点　問9～問11　各4点×3　問12，問13　各10点×2　二　問1，問2　各1点×10　問3～問5　各2点×10

２０２３年度　玉川聖学院中等部

算数解答用紙　第１回

番号		氏名		評点	/100

1	(1)	
	(2)	
	(3)	
	(4)	右の解答らんに記入
	(5)	
2	(1)	個
	(2)	秒
	(3)	一番小さい奇数
		一番大きい偶数
	(4)	cm
	(5)	右の解答らんに記入

3	㋐	度　㋑　度
4		cm^2
5	体積	cm^3
	表面積	cm^2
6	(1)	毎分　L
	(2)	毎分　L
	(3)	時間　分　秒後
7	(1)	→　→　→　→
	(2)	
	(3)	右の解答らんに記入

1	(4) $\frac{3}{8} \div \left(\frac{3}{4} - \frac{3}{10} \times 2\right)$　答え
2	(5)　答え　分　秒
7	(3)　カ　ク

（注）この解答用紙は実物を縮小してあります。185%拡大コピーすると、ほぼ実物大で使用できます。（タイトルと配点表は含みません）

〔算　数〕100点(推定配点)

1　各５点×５　2　(1), (2)　各５点×２　(3)　各２点×２　(4), (5)　各５点×２　3　各２点×２　4　５点
5　体積…５点　表面積…６点　6　(1), (2)　各５点×２　(3)　６点　7　各５点×３

2023年度　玉川聖学院中等部

社会解答用紙　第１回

番号		氏名		評点	／100

1

問1		問2	(1)	(2)	(3)	(4) 上流 ・ 下流
問3						

2

問1		問2		問3		問4		問5		問6	

3

問1		問2		問3		問4	
問5	X	Y	問6				

4

問1	幕府	問2		問3		問4	
問5	(1)	(2)					

5

問1		問2		問3		問4		問5	

6

問1		問2		問3	(1)	(2)

7

問1		問2		問3		問4	

8

問1		問2		問3		問4	

（注）この解答用紙は実物を縮小してあります。Ａ３用紙に134％拡大コピーすると、ほぼ実物大で使用できます。（タイトルと配点表は含みません）

〔社　会〕100点（推定配点）

1　各３点×６　2　各２点×６　3　各２点×７　4　問１，問２　各２点×２　問３～問５　各３点×４　5　問１～問４　各２点×４　問５　３点　6　問１～問３　⑴　各２点×３　問３　⑵　３点　7　各３点×４　8　各２点×４

2023年度　玉川聖学院中等部

理科解答用紙　第１回

番号		氏名		評点	／100

1

(1) ゴムA

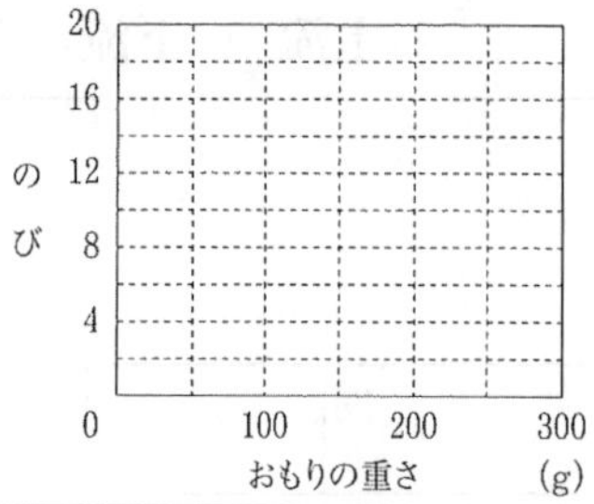

ゴムB

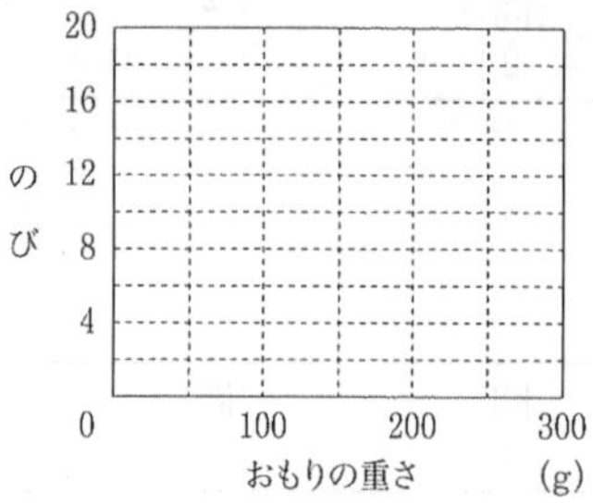

(2)

(3) ゴムA　ゴムB

(4)

(5)　理由

2

(1)	(2)	(3)	(4)
(5)		(6)	(7) g

3

(1) A	B	(2)	(3)
(4)			
(5)			

4

(1)		
(2) 周囲のようす	川の中のようす	(3)
(4) 2番目	3番目	(5)

（注）この解答用紙は実物を縮小してあります。Ａ４用紙に115％拡大コピーすると、ほぼ実物大で使用できます。（タイトルと配点表は含みません）

〔理　科〕100点（推定配点）

1 (1)～(4)　各３点×６　(5)　３点，理由は４点　**2** (1)～(5)　各３点×６　(6)，(7)　各４点×２　**3** (1)　各４点×２　(2)　３点　(3)　４点　(4)　各２点×３　(5)　４点　**4** (1)　各２点×３　(2)～(5)　各３点×６

二〇二三年度　玉川聖学院中等部

国語解答用紙　第一回

番号		氏名		評点	/100

一

問一 24 30

問二

問三

問四 A B C

問五

問六 A B C

問七

問八 32 40

問九 ⑧ ⑨　問十

問十一 28 35

問十二 ア イ ウ エ　問十三

問十四 80 100

二

問一 1 2 3 しい 4 5

問二 1 2 3 4 5 す

問三 1 2 3 4 5

問四 1 2 3 4 5

問五 1 2 3 4 5

問六 1 2 3 4 5

（注）この解答用紙は実物を縮小してあります。188%拡大コピーすると、ほぼ実物大で使用できます。（タイトルと配点表は含みません）

〔国　語〕100点(推定配点)

一　問1　6点　問2，問3　各3点×2　問4　各2点×3　問5　3点　問6　各2点×3　問7　3点　問8　6点　問9　各2点×2　問10　3点　問11　6点　問12　各2点×4　問13　3点　問14　10点

二　各1点×30

２０２３年度　玉川聖学院中等部

算数解答用紙　第２回

番号		氏名		評点	/100

問題	小問	解答欄
1	(1)	
	(2)	
	(3)	
	(4)	
	(5)	
2	(1)	時間　分
	(2)	%
	(3)	
	(4)	人
	(5)	右の解答らんに記入

問題	小問	解答欄
3		度
4		右の解答らんに記入
5	(1)	cm^3
	(2)	右の解答らんに記入
6	(1)	グラフ
7		毎分　m
	(2)	m
	(3)	毎分　m

2 (5)

答え　点

4

答え　cm^2

5 (2)

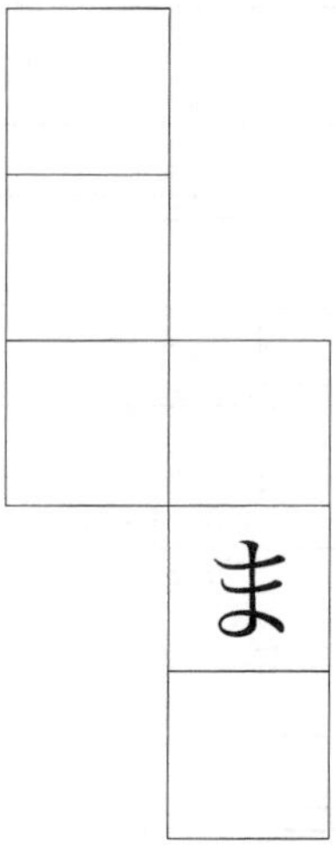

（注）この解答用紙は実物を縮小してあります。185％拡大コピーすると、ほぼ実物大で使用できます。（タイトルと配点表は含みません）

〔算　数〕100点(推定配点)

1　各６点×５　2　各６点×５　3　５点　4　６点　5　(1)　５点　(2)　６点　6　(1)　グラフ…２点　速さ…４点　(2), (3)　各６点×２

二〇二三年度　玉川聖学院中等部

国語解答用紙　第二回

番号　　氏名　　評点　／100

一

問一 A　C

問二

問三 （48）（60）

問四

問五

問六 はじめ　終わり

問七

問八

問九

問十 ①　②　③　④

問十一 （24）（30）なったということ。

問十二 （32）（40）

問十三 （12）（15）行いの第一歩となるということ。

問十四

二

問一 1　2　3　4 い　5

問二 1　2　3　4　5 もに

問三 1　2　3　4　5

問四 1　2　3　4　5

問五 1　2　3　4　5

問六 1　2　3　4　5

（注）この解答用紙は実物を縮小してあります。178%拡大コピーすると、ほぼ実物大で使用できます。（タイトルと配点表は含みません）

〔国　語〕100点(推定配点)

一　問1　各2点×2　問2　4点　問3　6点　問4，問5　各3点×2　問6　4点　問7～問9　各4点×3　問10　各2点×4　問11　4点　問12，問13　各6点×2　問14　10点　二　各1点×30

２０２２年度　玉川聖学院中等部

算数解答用紙　第１回

番号		氏名	

評点	/100

1	(1)	
	(2)	
	(3)	
	(4)	右の解答らんに記入
	(5)	
2	(1)	3 □ 4 □ 6 □ 8 = 10
	(2)	道のり　m
		分　秒
	(3)	，　，
	(4)	cm
	(5)	円

3	(1)	cm^2
	(2)	cm
4	㋐	度
	㋑	度
5		cm^3
6	(1)	分速　m
	(2)	時　分
	(3)	右のグラフ用紙に記入
		到着した時刻　時　分
7	(1)	最大の数
		最小の数
	(2)	右の解答らんに記入

1 (4) $\left(2-\frac{4}{7}\right)\div\frac{2}{21}\times4.2$

答え

6 (3)

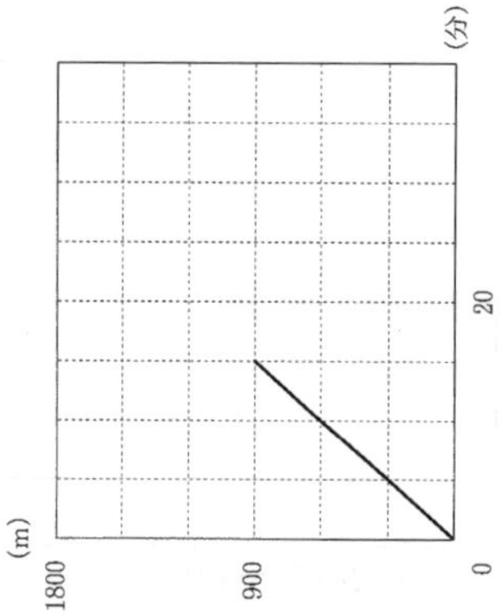

7 (2)

最大の数

最小の数

（注）この解答用紙は実物を縮小してあります。179％拡大コピーすると、ほぼ実物大で使用できます。（タイトルと配点表は含みません）

〔算　数〕100点(推定配点)

1～6　各４点×20　7　各５点×４

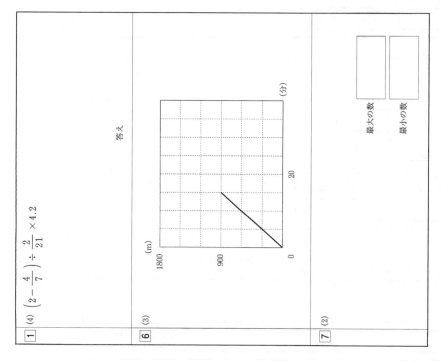

2022年度　玉川聖学院中等部

社会解答用紙　第１回

番号		氏名		評点	／100

1

問1		問2		問3		問4		問5		問6	

2

問1		問2		問3		問4		問5		問6	

3

問1		問2		問3		問4	
問5		問6					

4

問1		問2		問3		問4	
問5		問6	(1)	(2) 戦争			

5

問1		問2		問3		問4	

6

問1		問2		問3		問4	

7

問1		問2		問3		問4	

8

問1		問2		問3		問4	

（注）この解答用紙は実物を縮小してあります。Ｂ４用紙に123％拡大コピーすると、ほぼ実物大で使用できます。（タイトルと配点表は含みません）

〔社　会〕100点(学校配点)

1 各２点×６　2 各３点×６　3 問１　３点　問２～問５　各２点×４　問６　３点　4 問１～問５　各２点×５　問６　各３点×２　5 問１，問２　各２点×２　問３，問４　各３点×２　6 問１，問２　各２点×２　問３，問４　各３点×２　7 各３点×４　8 各２点×４

2022年度　玉川聖学院中等部

理科解答用紙　第１回

番号		氏名		評点	／100

1

(1)	(2) ①　と	②	(3) ア	イ
(4) ①				
②				

2

(1) A	B
C	D
(2)	(3)
(4)	

(5)

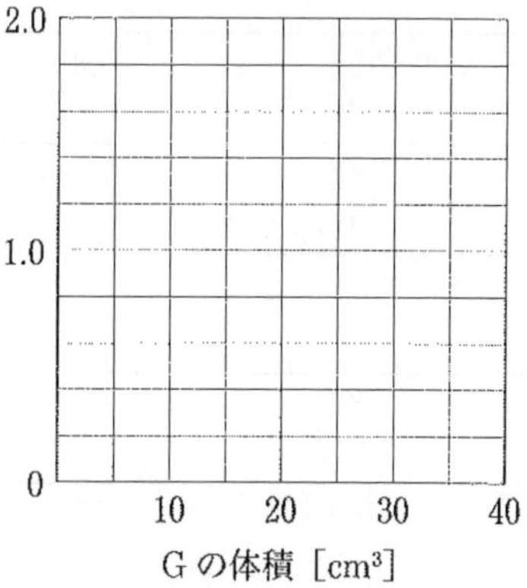

3

(1)　回	(2)	(3) ①	②
③	④		
(4) 酸素が少ない血液の色は，酸素が多い血液と比べて			

4

(1) ①	②	(2) ③	④
(3)	(4)	(5)	
(6)			

（注）この解答用紙は実物を縮小してあります。Ａ４用紙に109％拡大コピーすると、ほぼ実物大で使用できます。（タイトルと配点表は含みません）

〔理　科〕100点（推定配点）

1 (1)～(3)　各３点×５　(4)　各５点×２　**2** (1)～(4)　各３点×７　(5)　５点　**3** (1)～(3)　各３点×６　(4)　５点　**4** (1)～(5)　各３点×７　(6)　５点

二〇二二年度　玉川聖学院中等部

国語解答用紙　第一回

番号		氏名		評点	/100

一

問一 ① 1 ＿＿犬。 2 ＿＿お母さん。 ②

問二

問三

問四 ＿＿から。

問五 A　B

問六 1　2（順不同）

問七

問八

問九 3　4

問十

問十一

問十二

問十三

問十四

二

問一 1　2　3 ＿＿なる　4　5

問二 1　2　3　4　5

問三 1　2　3

問四 1　2　3　4　5

問五 1　2　3

問六 1　2　3　4

問七 1　2　3　4　5

（注）この解答用紙は実物を縮小してあります。179%拡大コピーすると、ほぼ実物大で使用できます。（タイトルと配点表は含みません）

〔国　語〕100点(学校配点)

一　問1　各3点×3　問2　6点　問3　3点　問4　6点　問5，問6　各2点×4　問7　6点　問8　3点　問9　各2点×2　問10，問11　各3点×3　問12，問13　各3点×2　問14　10点　二　各1点×30

２０２２年度　玉川聖学院中等部

算数解答用紙　第２回

番号		氏名		評点	/100

1	(1)	
	(2)	
	(3) 右の解答らんに記入	
	(4)	
	(5)	
2	(1)	
	(2)	秒
	(3)	個
	(4)	cm^3
	(5)	人

3		
4	㋐	度
	㋑	度
5	右の解答らんに記入	
6		cm^2
7	(1)	cm
	(2) 毎分	L
	(3)	分後

1 (3) $\left(0.5-\frac{1}{6}\times0.75\right)\div0.25$

答え

5 途中の計算

答え　cm^2

(注) この解答用紙は実物を縮小してあります。179%拡大コピーすると、ほぼ実物大で使用できます。(タイトルと配点表は含みません)

〔算　数〕100点(学校配点)

1 (1), (2)　各５点×２　(3)～(5)　各６点×３　2　各６点×５　3　６点　4　各３点×２　5　６点　6　６点　7　各６点×３

二〇二三年度　玉川聖学院中等部

国語解答用紙　第二回

番号　　氏名　　評点　／100

一

問一

問二　a　b

問三

問四

問五

問六　1　2　3

問七　（24）（30）という こと。

問八　初め

問九　（12）（15）

問十　（12）（15）という気持ち。

問十一

問十二

問十三　初め　〜　終わり　たから。

問十四　選んだ番号　（80）（100）

二

問一　1　2　づく　3　む　4　5

問二　1　る　2　3　4　5

問三　1　2　3　4

問四　①　②

問五　1　2　3

問六　1 (A)　(B)　2 (A)　(B)　3 (A)　(B)

問七　1　2　3　4　5

（注）この解答用紙は実物を縮小してあります。Ａ３用紙に171％拡大コピーすると、ほぼ実物大で使用できます。（タイトルと配点表は含みません）

〔国　語〕100点(学校配点)

一　問1　4点　問2　各2点×2　問3～問5　各4点×3　問6　各2点×3　問7　6点　問8　4点　問9，問10　各6点×2　問11～問13　各4点×3　問14　10点　二　各1点×30

Memo